Guide archéologique illustré
du Touriste en Gironde

# GVIDE ARCHÉOLOGIQVE ILLVSTRÉ DV TOVRISTE EN GIRONDE

PAR

## D. REGINALD BIRON

Membre de la Société Archéologique de Bordeaux
Lauréat de l'Académie de Bordeaux
et de
la Société Académique d'Agen,
Curé de Dieulivol.

BORDEAUX
FÉRET et FILS, Éditeurs
9, rue de Grassi, 9
MCMXXVIII

# PRINCIPALES ABRÉVIATIONS

abb. = abbaye.
anc. = ancien.
Bx. = Bordeaux.
cant. = canton.
chât. = château.
constr. = construit.
CR. des M. H. = Compte-Rendu des Monuments historiques.
dr. = droite.
e. = est.

extér. = extérieur
g. = gauche.
goth. = gothique.
intér. = intérieur.
n. = nord.
N.-D. = Notre-Dame.
o. = ouest.
qq. = quelques.
rom. = roman.
s. = sud ou siècle.
V. = Vierge.
V. Egl. = Vieilles églises.

## Ouvrages le plus fréquemment cités

**Brutails**. — *Les vieilles églises de la Gironde*, gr. in-4, près de 400 gravures dont 16 pl. hors texte. Bx, 1912 (Grand-Prix Gobert).

**Le même**. — *Album d'objets d'art existant dans les églises de la Gironde*, in-4, 47 pages, 75 pl. Bx., 1907.

**Drouyn (L.)** et **Lamothe (L. de)**. — *Choix des types les plus remarquables de l'architecture au Moyen-âge dans le département de la Gironde, dessinés et gravés à l'eau-forte par L. D. et L. de L*, in-folio. Bx., 1846.

**Drouyn (L.)**. — *Album de la Grande-Sauve* (Eaux-fortes et texte ). In-folio. Bx., 1851.

**Le même**. — *La Guienne Militaire*, 1865, 2 tomes, in-4. –

**Le même**. — *Variétés girondines* ou *Essai historiq. et archéolog. sur a partie du dioc. de Bazas renfermée entre la Garonne et la Dordogne*. 3 in-8. Bx., 1876-87.

**Marionneau (Ch.)** — *Description des œuvres d'art qui décorent les édifices de la ville de Bordeaux*, in-8. Paris-Bx., 1861,

**Rebsomen (A.)**. — *La Garonne et ses affluents de la rive gauche, de La Réole à Bx*. Préface de Jullian. In-4. Bx., 1913, 240 phototypies.

*Compte rendu des travaux de la Commission des Monuments historiques*, 19 fascicules, in-8, 1840-55, 1 fasc. 1866.

*Société archéologique de Bx.*, 40 in-8, 1874-1925.

*Revue Catholique de Bordeaux*, 1880-97.

**Drouyn (L.)**. — *Notes archéologiques*, manuscrites, 4 vol. aux Archiv. municipales de Bx.

# Préface

Nos maîtres en archéologie, les Auguste Brutails, Léo Drouyn, Léonce de Lamothe, Emilien Piganeau, marquis Guillaume de Castelnau d'Essenault et autres ont maintes fois décrit avec amour nos belles et nombreuses églises girondines[1].

Malheureusement, leurs travaux, qu'on ne cessera jamais de consulter, sont enfermés en de volumineux ouvrages, devenus rares et fort coûteux, ou dispersés dans des collections de Revues peu accessibles au grand public.

Il nous a paru qu'un petit livre d'un format portatif, rédigé en style de guide, concis, suffisamment clair pour tous, et englobant la quasi totalité des 800 églises ou chapelles actuellement existantes sur notre territoire, pouvait, non certes tenir lieu de ces œuvres savantes, mais avoir son utilité pour les touristes ou les amateurs désireux de visiter de façon intelligente et avec fruit les remarquables monuments religieux du département.

Adoptant l'ordre alphabétique, le plus rationnel en l'espèce, nous consacrons une notice plus ou moins développée à chacun des édifices religieux de la Gironde. Les monuments — ou objets mobiliers — *classés* sont distingués des autres par des caractères gras. Une bibliographie succincte accompagne, s'il y a lieu, certaines notices.

On nous a demandé de signaler aussi, de manière très concise, les monuments civils (enceintes de villes, châteaux, tumuli, moulins, hôtels-de-ville, etc., etc.), capables d'intéresser l'amateur ou le touriste.

---

1. On sait que le regretté M. Brutails († 1926), non content de publier ce très beau livre qui s'appelle *Les Vieilles églises de la Gironde*, a légué toute sa fortune à l'Institut, dont il faisait partie, pour la restauration de nos édifices religieux de la Gironde et des Landes. Puisse ce geste généreux susciter des imitateurs !

De la sorte notre petit guide traite de toute l'architecture religieuse et civile de la Gironde dans le passé.

Dans un travail que nous avons voulu aussi complet, aussi détaillé que possible, sous sa forme un peu sèche, on trouvera inévitablement des erreurs, on regrettera peut-être des lacunes. Nous accepterons avec reconnaissance toute correction, toute suggestion utile pour que notre manuel archéologique girondin devienne toujours plus parfait et plus pratique. Nous réservons, d'ailleurs, à la fin du volume, plusieurs pages en blanc, qui permettront déjà aux lecteurs de rectifier tel ou tel détail.

> *Si quid novisti rectius istis*
> *Candidus imperti : si non, his utere mecum*[1].

Nous serions amplement récompensé si, grâce à nous, le public pouvait mieux connaître et partant mieux aimer nos églises girondines et nos autres richesses archéologiques.

R. B.

1. Horace, *Epist.*, L.

# Introduction

## Quelques notes d'Archéologie locale

### 1. *Archéologie religieuse.*

La Gironde ne possède pas d'église antérieure au
xie siècle[1]. Les quelques édifices religieux que men-
tionnent les textes à partir du ive siècle[2], furent
ruinés par les Wisigoths, les Sarrasins et les Normands qui, par le glaive et la captivité, changèrent
pour de longues années le pays en une vaste solitude
(viiie-ix[e] siècles). La plupart d'ailleurs de ces édifices devaient être construits en bois.

Il est à peu près constant que les églises dédiées
à St Martin (près de 100 dans le Bordelais et le Bazadais), à St Romain et à St Etienne ont été élevées
sur l'emplacement d'édifices romains[3]. D'ailleurs, la

1. Peut-être une portion de la crypte de St-Seurin de Bordeaux pourrait remonter aux temps mérovingiens. Nous
avons aussi quelques débris d'ornementation pré-romans
à St-Seurin, à Bayon, à Casseuil.

2. A l'intérieur des murs de Bordeaux, la cathédrale et
la basilique St-Pierre; dans les faubourgs, l'abbaye de Ste-
Croix, le monastère des filles de Ste-Eulalie, les basiliques
St-Etienne et St-Seurin, et, dans la campagne, les égl. de
Langon, bâtie par St-Delphin (ive s.), de St-Denis, par l'évê-
que Amélius (ve s.), de Rions, mentionnée par Grégoire de
Tours (vi[e] s.), de St-Martin, de St-Vincent-s-Garonne, de
St-Amand de Preignac, œuvres de l'évêque Léonce le Jeune
(vi[e] s.), de La Réole, de Casseuil, construites par Charlemagne
(viiie s.), de Bazas, St-Romain de Blaye, Belin.

3. On peut du reste citer nombre d'églises sous un autre
vocable, également construites au-dessus ou dans le voisinage
de villas gallo-romaines, ainsi Baigneaux, Bellefond, St-
Brice, Casevert, Cessac, St-Christophe de Caudrot, Ste-Colombe, Daubèze, Doulezon, Frontenac, St-Genès-de-Lombaud,
St-Genis-du-Bois, St-Georges-de-Montagne, St-Germain-du-

plupart de nos paroisses rurales existaient sans doute déjà et póssédaient un lieu de culte durant la période mérovingienne et carolingienne.

Vers l'an 1000, notre pays, à l'exemple des autres parties de la Gaule, « se dépouille de ses antiques haillons pour se couvrir d'une robe blanche d'églises » (Raoul Glaber). C'est du xie siècle, en effet, et surtout du siècle suivant que datent le très grand nombre de nos églises bordelaises et bazadaises dont quelques-unes sont fort intéressantes.

L'art roman est par conséquent largement et bien représenté chez nous. Tous les édifices qu'il éleva sont en pierre, car notre département est riche en carrières de pierre à bâtir[1]. Notons toutefois que l'appareil est très pauvre dans l'ouest et dans le Bazadais, ce qui s'explique par l'absence ou le mauvais état des chemins et par les difficultés de transport à cette époque.

Il serait fastidieux et superflu de vouloir dresser ici une liste complète des églises romanes, qui se sont conservées jusqu'au xxe siècle sur notre territoire.

La plupart étaient d'un plan simple; elles comprenaient une nef un chœur et une abside. Quelques-unes cependant avaient une nef, un transept, une abside et 2 absidioles[2]. Seules, les plus importantes (Ste-Croix de Bordeaux, Ste-Eulalie d'Ambarès, Guîtres, La Sauve, Soulac et Vertheuil) ont eu dès l'origine des bas-côtés. D'ordinaire, l'abside, le chœur et le transept étaient recouverts d'une voûte, tandis que la nef, surtout en Bazadais, avait une charpente apparente ou était sous lambris.

Il est de toute évidence que les églises des grands monastères de la région, nés ou reconstruits à l'époque romane, eurent une influence sur les édifices religieux qui s'élevèrent dans leur voisinage. On com-

Puch, Loupiac, St-Macaire, Marimbaut, Moulis, Martres, Lugasson, Postiac, Ste-Présentine, Le Puy, Romagne, Sallebruneau, etc.

1. Carrières de Barsac, Cérons, Rauzan, Grézillac, St-Laurent-des-Combes, Montagne, Fronsac, St-Germain et St-Michel-de-la-Rivière, Bourg, La Roque-de-Tau, St-Gervais, Cambes, St-Emilion, etc., etc.

2. Ainsi, en Bordelais, Andernos, Cadaujac, Cars, St Christoly-de-Médoc, Civrac, sa voisine, St-Denis-de-Piles, St-Georges-de-Montagne, Labrède, Landiras, Léognan, Lignan-de-Créon, Listrac, Loupiac-de-Cadillac, Martillac, Montagne, Moulis, Rions, Salignac, Tauriac; en Bazadais : Aillas, St-Ferme, Mauriac, Roaillan.

prend que les chefs des paroisses aient utilisé la présence des artistes habiles attirés dans la contrée par les abbayes ou les prieurés importants[1]. Mais il ne s'ensuit nullement que les églises sous la dépendance de ces monastères, situées parfois très loin d'eux, aient été copiées sur le type de leur maison-mère. Tout au contraire, ces églises filiales sont très dissemblables les unes des autres. Signalons cependant une exception. Les églises des Hospitaliers et des Templiers semblent en Gironde avoir été modelées sur un patron uniforme. Elles sont presque toutes rectangulaires, à chevet droit percé d'une triple fenêtre, sans fenêtres latérales, à contreforts larges et plats[2].

A quelle école régionale se rattachent nos églises romanes girondines?

On trouve, il est vrai, de manifestes inspirations de l'art normand à Moulis, de l'art auvergnat à Gaillan, de l'art périgourdin en quelques localités (coupoles de St-Emilion, de Ste-Geneviève de Fronsac, de St-Philippe d'Aiguilhe, de Pellegrue, de Peujard), mais c'est surtout, semble-t-il prouvé, à la Saintonge et à l'Angoumois (subdivisions de l'école poitevine) que nos constructeurs romans ont emprunté leur faire. Les rapports sont, en effet, étroits entre l'architecture des deux pays. Nos églises à nef unique et faux-transept sous clocher, l'allongement du chœur principal, les arcs de décharge à l'intérieur des parements, les grands arcs ou arcs plus petits jumelés à l'extérieur des absides et des chœurs, les portes sans tympan, les portes feintes, les arcatures au-dessus de la porte, et d'autres détails, ont été sans nul doute copiés dans les Charentes. L'analogie entre les deux contrées est plus frappante encore s'il s'agit de décoration et les plus belles de nos façades et de nos absides sont de toute évidence tributaires de l'art

---

1. C'est ainsi que l'on peut expliquer par la présence d'artistes dans une région des traits de ressemblance entre les portes de St-Cibard et de Cornemps, les chevets de Moulis et d'Avensan, les églises de Préchac et de Noaillan, l'ordonnance extérieure d'une travée de Blasimon et le chevet de Pujols, les églises de St-Ferme et de Mauriac. Léo Drouyn a pu écrire quelques pages sur l'*Influence architectonique de l'égl. de N.-D. de la Grande-Sauve sur les églises des environs*. Il reconnaît plus d'une analogie par ex., entre l'église abbatiale et les églises d'Aubiac, près Verdelais, de Lugasson, de Courpiac, de St-Sulpice-d'Izon, de Cessac, de Bouliac.

2. Par exemple, Cadarsac, Lalande-de-Pomerol, Magrigne, Sallebruneau, Villemartin.

saintongeais ou angoumoisin[1]. Ces rapports s'expliquent par la soumission aux XIe et XIIe siècles de notre province aux ducs d'Aquitaine en résidence à Poitiers. Il va pourtant de soi que la ressemblance s'atténue à mesure qu'augmente l'éloignement et que les édifices s'écartent davantage des vieilles voies romaines d'Aubeterre à La Réole ou de Saintes à Bordeaux (par Blaye, St-André-de-Cubzac et Montferrand), par lesquelles s'est opérée chez nous la pénétration de l'art angoumoisin ou saintongeais.

En Gironde, comme ailleurs, la sculpture romane est très variée. Les artistes sont, au début, peu originaux, primitifs, malhabiles. Ils s'inspirent des modèles byzantins ou orientaux (feuilles d'acanthe stylisées, damiers, figures d'animaux, lions mêlés aux feuillages) ou de l'ornementation carolingienne et franque (dents-de-scie, rosaces, étoiles, têtes d'oiseaux à bec crochu, montés sur des quadrupèdes, animaux bicorporés, griffons, basilics). Les figures sont gauchement traitées. Le sens de la proportion fait défaut à nos imagiers; leurs personnages sont parfois trop trapus, parfois trop allongés, des mains sont trop longues, des têtes énormes. Il arrive que les archéologues se divisent pour décider quel est exactement le sujet que l'artiste a voulu traiter. Cependant, et dès la fin du XIIe siècle, quelques sculpteurs essaieront de se libérer des antiques formules et puiseront leurs créations dans une étude plus directe de la nature.

Parmi les ornements décoratifs, on rencontre surtout chez nous les billettes, les damiers, les dents-de-scie, les dents-de-loup, les entrelacs, les pointes-de-diamant, les festons perlés, les fleurs à 4 ou 6 pétales, les rinceaux.

Quant aux sujets historiés, nos artistes, comme ailleurs du reste, en ont pris le thème surtout dans l'Ancien et le Nouveau Testament. On retrouve, en effet, les scènes de la Bible assez souvent représentées dans les voussures ou sur le tympan des portes, sur les chapiteaux des colonnes des portails, de l'arc triomphal, des arcs doubleaux ou des absides, parfois

---

1. Entre autres, les façades de Tauriac, Ste-Colombe, Montagne, St-Palais, Aillas, le bas de la façade de Moulis; les portes de Vertheuil, Ste-Croix de Bordeaux, Castelvieil, etc ; les absides notamment de l'arrondissement de Libourne, sur la lisière nord. Notons par ailleurs que certaines de nos églises (portes de Nérigean, de Blaignac, intérieur du chevet du Nizan) sont étrangères à l'art particulier de notre pays.

même dans les corbeaux des corniches. Les plus fréquentes des représentations sont le Péché originel, St Michel en lutte avec le dragon, le Sacrifice d'Abraham, Daniel dans la fosse aux lions, Tobie et son poisson, Samson luttant avec le lion ou contre Goliath, Jonas rejeté par la baleine, le Dieu de Majesté dans une auréole, Dieu le Père bénissant et, parmi les épisodes de la vie du Christ, la Nativîté, la Présentation, l'Adoration des Mages, la Fuite en Egypte, le Baptême de N. S., puis les 24 vieillards de l'Apòcalypse, le Pèsement des âmes, des épisodes de la vie de St Pierre ou de quelque autre saint, patron d'église (St Jean-Baptiste, St Etienne, St Laurent, St Quentin). Le chrisme est fréquent sur nos tympans. En dehors des sujets bibliques, nos portails romans nous montrent encore les Vertus et les Vices sous des figures de Vierges ou de monstres, les signes du zodiaque, les travaux des mois, la femme au crapaud ou aux serpents, symbole de la luxure, le Tireur d'épine, les sirènes, etc. Les modillons à baril, les cordages sont également très répandus en Gironde; les musiciens et les bateleurs n'y sont pas rares. Nous ne noterons que d'un mot les corbeaux grivois et même franchement obscènes, que feu Brutails n'aurait pas même osé montrer « à des capitaines de cuirassiers ».

La transition de l'art roman à l'art gothique ou plus exactement à l'art français, né vers le milieu du XIIe siècle dans l'Ile-de-France et en Normandie, se fit insensiblement. La croisée d'ogives, qui caractérise cet art, s'implanta, semble-t-il, d'assez bonne heure chez nous, sans qu'il soit cependant possible de fixer une date. Assez longtemps du reste, on constate dans nombre d'églises la juxtaposition des deux styles roman et ogival; beaucoup d'édifices, en effet, romans de fondation, ont été complétés ou remaniés par des constructeurs gothiques[1]. Hâtons-nous d'ajouter que l'art roman trouvera des adeptes jusqu'au début du XVII[c] siècle (Francs, 1605)[2].

---

1. Par exemple à la nef de la cathédrale St-André, dans la collégiale de St-Seurin, dans les abbatiales de Ste-Croix, de la Sauve, de St-Emilion, de St-Ferme, de Guîtres, de Blasimon, dans les églises de Ste-Eulalie de Bordeaux, de St-Macaire, etc.

2. Parmi les églises franchement gothiques du XIIIe s., nous citerons la cathédrale de Bazas et l'église bénédictine de St-Pierre de La Réole.

Au début du XIVe siècle, l'élection à la papauté d'un archevêque de Bordeaux, Bertrand de Goth, qui sera Clément V, donna un essor nouveau aux constructions d'églises dans le pays. Le pontife les favorisa par des concessions d'indulgences et des subventions[1].

Malheureusement, la guerre de Cent Ans fut particulièrement funeste aux églises bordelaises. Un certain nombre disparurent, d'autres furent ruinées, abandonnées qu'elles étaient par les populations décimées. Il faudra attendre à peu près la seconde moitié du XVe siècle pour constater un renouveau, une résurrection. Les paroisses étant redevenues populeuses, force fut de relever, d'agrandir et aussi de voûter pas mal d'églises. Çà et là un ou plusieurs bas-côtés furent ajoutés aux vieux édifices romans[2].

Beaucoup d'églises furent fortifiées en Gironde, mais seulement après coup, aux XIVe et XVe siècles, et surtout aux XVIe et XVIIe siècles[3].

Nos grandes églises gothiques sont nettement imitées des églises de l'Ile-de-France; les autres dérivent, comme à la période romane, de l'école poitevine ou angevine. Les églises sans déambulatoire ni chapelles rayonnantes, à 3 nefs, quelques-unes, les plus récentes, situées en Bazadais, rappellent la cathédrale de Poitiers. Mais la famille gothique la plus répandue

---

1. De cette époque datent notamment le chœur et l'abside de la cathédrale de Bordeaux, la collégiale d'Uzeste, les églises de Casseuil, Cudos, Langon, Noaillac; les églises aujourd'hui détruites de Villandraut et de Sallebœuf.

2. Le nombre est considérable de ces bas-côtés ajoutés. — Au XVe s. appartiennent entre autres l'importante église de St-Michel de Bordeaux, l'abside de St-Pierre, les clochers de Pey-Berland, de St-Michel, de Bazas, d'Uzeste, de St-Emilion, les églises de Podensac, de St-Albert, d'Arbanats, de Cadillac, de Camblanes, de Castelnau, de Condat, de Libourne, de Coutras, de Lormont, de St-Symphorien et, au début du XVIe s., les églises de Baigneaux, de Bernos, de Bègles, de Baleyssac, de Créon, de St-Pierre-de-Mons, de St-Léger-de-Balson.

3. Nous ne mentionnerons ici que quelques-unes : St-André-de-Cubzac, Bellebat, Birac, Blaignac, Bouliac, Courpiac, St-Ferme, St-Gervais, St-Jean-de-Blaignac, St-Laurent-d'Arce, Lugasson, Macau, Mauriac, Mourens, Naujan, Nérigean, Marcenais, Martres, Montarouch, St-Mariens, Pellegrue, Pondaurat, Pujols, St-Quentin-de-Baron, Rimons, Romagne, Sadirac, Sendets, Salignac, St-Seurin-sur-l'Isle, Targon, Ste-Terre, St-Vincent-de-Pertignas, St-Vivien-de-Monségur. Dans ces églises fortifiées après coup, ce sont généralement les parties hautes de l'édifice et du clocher que l'on a transformées par des créneaux, des archères et des mâchicoulis.

dans le département est celle des églises à nef voûtée d'ogives sur plan rectangulaire. Deux édifices seulement, appartenant à l'ancien diocèse d'Agen, Riocaud et Margueron, sont à deux nefs (xv^e ou xvi^e siècle). Nous n'avons pas, si nous en exceptons les deux églises de bastides, Monségur et sans doute Sauveterre, d'église sur le type de l'école languedocienne, à nef unique bordée de chapelles latérales.

Manifestement la sculpture gothique est de beaucoup supérieure à la sculpture romane. Elle a laissé chez nous de véritables chefs-d'œuvre (ainsi aux portes de la cathédrale St-André et surtout à la porte royale, à St-Seurin, à Bazas, à Blasimon, à St-Emilion, à Uzeste, etc.). A noter, la place de choix que prend la Vierge au cours du xiii^e siècle, dans l'iconographie girondine. C'est encore des écoles du Poitou et de l'Anjou qu'au point de vue de la décoration nos églises sont tributaires.

La fin du xvi^e et les débuts du xvii^e siècle sont à nouveau fatals à nos églises. C'est, en effet, l'époque des guerres de religion et des luttes de la Fronde. Les églises sont systématiquement abattues ou incendiées et dépouillées de leur antique et riche mobilier. Il ne faudra pas moins d'une cinquantaine d'années au grand évêque de Pontac et à ses héritiers (1583-1635) pour réparer les dévastations commises par les Huguenots dans la magnifique cathédrale de Bazas.

Le renouveau artistique qui, sous le nom de Renaissance, s'élabore à partir des règnes d'Henri IV et de Louis XIII et qui inaugure dans l'art de bâtir la période dite moderne, n'est marqué chez nous que par deux églises : St-Michel de Rieufret (1590) et St-Bruno de Bordeaux (1611).

Sous le règne personnel de Louis XIV et sous ses successeurs, l'architecture subit, comme on sait, au plus haut point l'influence italienne. C'est, en effet, de l'église du Gésù de Rome, du style jésuite, que s'inspireront nos églises bordelaises bâties au cours des xvii^e et xviii^e siècles : St-Paul de Bordeaux (1676), Notre-Dame (1684-1707), et aussi St-Romain de Blaye (1667-1684), Barsac (1707), Castillon (1740-46), Preignac et Cantenac (1770), et la chapelle des Filles de N.-D., à Bordeaux, aujourd'hui temple protestant, rue du Hâ (1625)

La Révolution, chez nous comme ailleurs, a niaisement anéanti, d'ailleurs sans nul profit pour ses idées, « une portion considérable de notre patrimoine artistique ».

Les quelques églises bâties dans la première moitié du XIX<sup>e</sup> siècle sont des pastiches de l'antiquité et ne méritent guère de retenir l'attention. Le grand rêve du cardinal Donnet (1837-82) fut de voir s'élever sur tous les points de son diocèse des clochers à flèche. Très nombreuses sont les églises édifiées sous son long épiscopat. Qu'on nous permette cependant de regretter la disparition de vieux clochers que nous devions à nos maîtres-d'œuvre romans.

Il serait injuste de ne pas reconnaître les louables efforts tentés par les architectes contemporains. Sans doute, ils se sont jusqu'ici contentés de remettre en honneur les formes architecturales du passé, le style roman et gothique surtout, sans parvenir à créer un style moderne. Il n'en est pas moins vrai que certaines de leurs constructions méritent d'être étudiées et admirées.

Parmi les églises récentes, dont quelques-unes hélas ! sont pauvrement exécutées, avec des matériaux qui ne sauraient résister longtemps aux attaques du temps, il y a lieu de mentionner et de louer, tout au moins pour certains détails, à Bordeaux, St-Ferdinand, St-Louis, Ste-Marie de la Bastide, le Sacré-Cœur, les chapelles des Carmes, de la rue Mandron, de l'ancien Grand Séminaire, rue du Hamel, des Dames de la Foi, rue St-Genès, de l'externat du Sacré-Cœur, rue Turenne ; en dehors de Bordeaux, entre autres les églises de Quinsac et du Teich et quelques-unes en Médoc notamment Ste-Hélène.

Nous ne possédons encore que deux églises construites en ciment armé : N.-D. de Lourdes du Cypressat et Ste-Geneviève de Bordeaux, non encore achevée. Cette dernière, de style byzantin, (l'unique dans le diocèse), promet d'être intéressante.

### 2. *Archéologie civile.*

Si, au point de vue architecture religieuse, le département de la Gironde est incontestablement l'un des plus intéressants de la France, sous le rapport de l'architecture civile et militaire, il n'occupe certes pas le dernier rang. Ici encore, les monuments, que les siècles nous ont laissés, méritent attention et considération.

La période préhistorique, dans ses divers stages de l'âge de la pierre éclatée, de la pierre polie, du bronze (2.000 ans environ av. J.-Ch.), du fer (900 ans av. J.-Ch.), nous offre des spécimens d'habitations

et de sépultures, sinon de capital intérêt, du moins
qu'on ne saurait dédaigner.

Vraisemblablement, la plus ancienne de ces habitations, datant de l'âge de la pierre éclatée, est la caverne de Pair non Pair, découverte à Marcamps
par Fr. Daleau. Les parois de cette grotte sont ornementées de dessins d'animaux, gravés au trait, assez
artistiques. Mentionnons aussi la Grotte de Fontarnaud à Lugasson découverte par feu l'abbé Labrie.

Les monuments mégalithiques (grandes pierres) :
allées couvertes, dolmens (dalles verticalement dres-
sées et servant de support à une table horizontale)
menhirs (hautes pierres fichées en terre) sont sans
doute beaucoup plus rares qu'en d'autres contrées.
Nous pouvons pourtant signaler aux touristes le
beau dolmen conservé dans sa position horizontale
de Curton, à Jugazan, découvert en 1904 par feu
l'abbé Labrie, les deux dolmens renversés de Peyrelebade ou du Sabatey, à Bellefond, 2 autres dolmens
et une allée couverte à Ste-Présentine, le dolmen du
château de Pitray, à Gardegan, reconnu en 1908,
(il a perdu ses tables), celui de Cabut, à Anglade, en
partie détruit, celui, également incomplet, de Puy-
Landry, aux Salles. Onze autres dolmens, entre autres ceux de Pujols de Gensac et de Mauriac, jadis
connus, ne subsistent plus qu'à l'état de souvenir.
Mentionnons aussi le remarquable menhir debout
de Pierrefite, à St-Sulpice de Faleyrens, les 2 menhirs entamés de Lugasson, appelés les Grandes Bornes, le menhir renversé de Blasimon, la « grande
boyne » de Balette, à Mauriac. Un plus grand nombre
de menhirs, autrefois connus, ont été détruits.

Nos musées départementaux et nos collections particulières renferment une quantité d'instruments
taillés dans la pierre et le silex, ainsi que des instruments de bronze et de fer recueillis çà et là dans toutes les parties de notre territoire girondin.

Quelques tumuli ou tertres artificiels, qui servaient
de sépultures à nos ancêtres, se voient encore dans
certaines de nos localités; quelques-uns recouvrent
des dolmens.

Signalons encore les Clottes, cavités coniques, profondes, de 1 à 10 m. de long sur 15 à 20 m. de large,
que l'on rencontre sur les bords du Ciron et que l'on
attribue aux Gaulois.

De l'époque de la domination romaine (56 av.
414 ap. J.-C.), il nous reste à Bordeaux les ruines
d'un amphithéâtre du III<sup>e</sup> siècle., le Palais-Gallien.
En dehors de Bordeaux, il serait malaisé d'énumérer

les vestiges nombreux de villas ou d'ateliers gallo-
romains épars dans le sol. Nous avons dû renoncer à
en tenter même sommairement la fastidieuse et inu-
tile nomenclature. Beaucoup, d'ailleurs, de ces vestiges, signalés autrefois, ont disparu totalement;
de ceux dont on peut actuellement soupçonner l'exis-
tence, les débris qui subsistent sont assez souvent
sans importance et fréquemment le soc des charrues
met à découvert en tous lieux une multitude de substructions (Andernos, Lamothe), de mosaïques (Hure,
Plassac, Les Lèves, Loupiac-de-Cadillac, Podensac),
d'aqueducs (Villenave-d'Ornon), de bains.

Quelques tronçons de voies romaines subsistent en
différents points, ainsi le chemin de La Vie, dans les
marais du pays d'Ambarès, la Caussade, en Blayais,
la Lébade, en Médoc, etc.

A l'époque de la féodalité (IXe-XIIe siècles), le pays
se hérisse de châteaux-forts dont il reste des vestiges
ou des ruines assez nombreux. Les plus anciennes de
ces forteresses (IXe-XIe siècles) étaient souvent faites
de bois, ce qui explique leur totale disparition. Elles
s'élevaient sur des mottes ou buttes, sur des tumuli
romains, sur des retranchements en terre entourés de
fossés. Ces mottes sont chez nous conservées en
grand nombre, mais dépourvues le plus souvent de
toute muraille. Ainsi, avons-nous encore, entre autres,
le Fort de la Motte, à Aillas, la Tusque, à Ste-Eulalie
d'Ambarès, le Tuco de Lamothe à Budos, la Motte-
Soudane à St-Antoine-sur-l'Isle, d'autres buttes à
Branne, Cabanac, Cabara, Carcans, Moulon, Soussans, etc. etc.

Aux XIIIe-XIVe siècles, sous la domination an-
glaise, on reconstruit, on remanie un nombre incal-
culable de châteaux importants, on en élève de nouveaux. Ils constituent aujourd'hui. sur les hauteurs
ou dans les plaines, de grandioses et pittoresques ruines envahies par le lierre et d'autres plantes parasi-
tes. Au hasard, citons ceux de Benauge, à Arbis, de
Bossugan, de Blanquefort, de Curton et de Preyssac,
à Daignac, de Gensac, de Guilleragues, de Labrède
qui, rebâti, a conservé son ancien plan irrégulier, de
Landiras, de Langoiran, des Tours à Montagne, de
Duras, à Rauzan, des Quate-Sos à La Réole, le Château du Roi, à St-Emilion, de Pujols, de Vayres, la
Tour de Veyrines. Quelques-uns, et non des moin-
dres, ont été édifiés par notre pape Bazadais, Clément V, ou par des membres de sa famille, ainsi Budos, Fargues, Villandraut, Roquetaillade, à Mazè-

res, que Viollet-le-Duc nous a, au cours du xixe siècle, restitué dans son état primitif.

La Gironde possède, à La Réole, le plus ancien Hôtel-de-Ville de France, datant du xiie siècle.

Pour leur ancienneté et leur style, les moulins fortifiés du pays doivent d'être particulièrement mentionnés, par exemple ceux de Bagas, de Labarthe à Blasimon, de Daignac, d'Espiet, de Labatut à Langoiran, etc.

Nous conservons des restes fort importants des fortifications de villes, xiiie-xiv[e] siècles. Le touriste ne pourra pas s'empêcher d'admirer les vestiges des enceintes murales de Bazas, Bourg, Castelmoron d'Albret, Cadillac, Ste-Foy, Langon, Libourne, Monségur, La Réole, Rions, St-Emilion, St-Macaire, Sauveterre. Il n'aura garde d'oublier les places centrales entourées de couverts ou galeries des bastides de cette époque, notamment à Bazas. Libourne, Cadillac, Monségur, Créon, Sauveterre, etc.

De l'architecture des xve et xvie siècles, nous pouvons montrer à Bordeaux les portes Cailhau et la Grosse-Cloche, qui sont des restes bien conservés des anciens remparts. A Bordeaux et dans maintes localités, Bazas, St-Emilion, La Réole, Gensac, St-Macaire, St-Emilion, etc., etc., se voient aussi des hôtels ou des maisons de pierre de cette époque. Des maisons antérieures, quelques-unes à pans de bois, se conservent, d'ailleurs, çà et là.

A la Renaissance proprement dite, appartient le splendide château de Cadillac-sur-Garonne, élevé par le fameux duc d'Epernon, à partir de 1599, et qui fut en son temps le rival de celui du Louvre. Chacun sait que les châteaux des xviie et xviiie siècles, si nombreux dans le pays, ont perdu l'aspect guerrier et rébarbatif des forteresses antérieures; ils ressemblent plutôt à des palais et à des maisons de plaisance.

Sous les intendants et, tout particulièrement, sous le plus illustre d'entre eux, Tourny, Bordeaux s'enrichit de monuments civils majestueux, à la fois nobles et élégants : les Hôtels de la Bourse et de la Douane et les maisons qui les avoisinent, le Grand Théâtre, le chef-d'œuvre de l'architecte Victor Louis, qui est encore parmi les plus beaux spécimens de ce genre d'architecture, l'Hôtel-de-Ville, primitivement Palais archiépiscopal, dû à la munificence des archevêques de Rohan et de Cicé. On nous dispensera de signaler dans le détail les magnifiques hôtels particuliers, aux façades décorées de frontons et de pilastres, surmontées de balustres, et aux intérieurs ornementés de boiseries richement sculptées et de chefs-d'œuvre de ferronnerie.

Nous souhaitons que notre modeste guide fasse aimer d'un grand nombre toutes ces belles et grandes choses, que nous ont laissées en héritage les siècles défunts, et éveille chez une élite (pourquoi pas?) la vocation d'archéologue si passionnante.- Nous ne pouvons pas croire que les de Lamothe, les Piganeau, les Léo Drouyn, les Brutails, n'aient plus en Gironde de disciples épris comme eux de la poésie des vieilles pierres.

# A

**ABZAC** (St-Pierre). Canton Coutras. -- Egl. retournée après coup. 1857.

Châteaux d'Abzac, xɪvᵉ siècle, rebâti xvɪɪᵉ s., — de Beaulieu, xvɪɪɪᵉ s.

**AIGNAN** (St-). Cant. Fronsac. — Egl. rom. inspirée de l'Angoumois. — Abside xɪɪᵉ s., à larges arcatures extér. retombant sur des piliers armés d'une colonne engagée, montant jusqu'à la corniche sur modillons. — Clocher formant porche, refait 1687. — Croix de cimetière xvɪᵉ s. (eau-forte de L. Drouyn, *Rev. Cathol. Bx.* 1888, 343).

Chât. de Plein-Point, xvɪᵉ s., jadis fortifié.

**AILLAS-LE-GRAND** (N.-D. de Mouchac). Cant. Auros. — Egl. rom. avec abside et absidioles. Bas-côté xvɪᵉ s., ou xvɪɪᵉ s. — Longueur totale 34 m., largeur de l'abside 4 m. 65, du transept 15 m., de la nef 9 m. 50. Epaisseur du mur de façade 2 m. 50. Hauteur de la façade jusq. corniche 9 m. 50. — Nef à charpente et bas-côté restaurés, 1902 par Léon Drouyn. — **Façade curieuse**, restaurée 1843, à 3 divisions horizontales, 5 archivoltes à chapiteaux frustes (personnages et animaux, animal bicorporé à longues jambes, 2 individus en lutte, sirène tenant de chaque main une de ses queues. 2 personnages appuyés sur la tête et les mains, pieds en l'air, Tobie et le poisson). 2 fausses arcatures latérales. Dans niche, au S., bas-relief carré, peut-être rapporté (2 évêq. mitrés, non crossés). Au-dessus de la porte, 8 arcatures feintes. Corniche sur corbeaux sculptés (femme nue accroupie, 3 billettes, animal avec bâton entre ses dents, bossages, peut-être obscœnum mutilé, poissons, homme nu, accroupi, tête de bœuf ou bélier, personnage nu faisant la cabriole, animal tenant du tigre et du cochon, homme accroupi, serpent dévorant tête). Chrisme sur le tympan — Abside à 3 fenêtres sans décoration; 5 arcatures aveugles à l'extér. — Chapiteaux du chœur (St Michel et serpent, chute. Daniel dans la fosse oiseaux affrontés). — Absidiole de dr. dédiée à St Michel, de g. à St Martin, jadis à Ste Madeleine. — Clocher sur croisée du transept, 1843. — Cloches 1526 et 1538.

*Bibl.* Lapouyade, *Compte rendu M. H.* 1849, p. 9 avec plan abside, façade. — Brutails, *Vieilles Egl.* 25-26, plan — abbé C. Thibaut, *Rev. Cath. Bx.* 1897, 230-44, 3 vues.

A 3 km. du bourg, traces du Fort de la Motte, butte. — Qq. rares traces des fossés et pan de mur du **vieux chât.** — Tout auprès, chât. de Verduzan, remanié 1868, 2 salles sculptóes, xviii<sup>e</sup> s. — Ruines du chât. de Razens, xiv<sup>e</sup> s. — Chât. Péricot, xviii<sup>e</sup> s. remanié v. 1840. — Fontaines de Cugnos, près Verduzan — de Péricot; les 2 recouvertes d'une voûte ogivale, xiv<sup>e</sup> s.

**AILLAS-LE-VIEUX** (St-Martin, auj. N.-D.). Commune Sigalens. — Pèlerinage à la V., où se rendent les nourrices; on leur distribue grains de lait (boules en verroteries); interrompu à la Révolution, repris 1872. — Egl. sans doute xviii<sup>e</sup> s.

**ALBERT** (St-). Comm. Lamothe-Landerron. — Egl. 1477, très remaniée. Bas-côté N. — Abside semi-circul., et 2 chapelles formant transept, de date postérieure. — Largeur de la nef 8 m. 65, hauteur 6 m. 40; épaisseur des murs 1 m. 05 — Au sud, vers l'ouest, oculus dans une dalle. — Porte xv<sup>e</sup> s. — Clocher-pignon à contreforts obliques. — Socle de la croix. du cimetière xv<sup>e</sup> — Porche xiv<sup>e</sup> s.

**AMBARES** (St-Pierre). Cant. Carbon-Blanc. — Façade et **chevet** seuls rom., reste restauré 1835-38 et 1897-98; bas-côtés milieu vii<sup>e</sup> s. — Portail à 5 voussures nues retombant sur 6 colonnes à chapiteaux sculptés; corniche à corbeaux, prolongée, 1835, sur les bas-côtés, soutenant 5 arcatures dont 4 aveugles aux archivoltes sculptées et retombant chacune sur 2 colonnes jumelles; autre corniche à modillons soutenant 15 autres arcatures. — Clocher sur porche 34 m. 50; flèche 1835. — Largeur de l'égl. 20 m., hauteur de la nef 10 m. 25. Cloche 1806. — Inscription 1470 sur poutre de la voûte d'ogives au-dessus de la voûte moderne. — Charpente 1456. — Plus. tableaux (scènes franciscaines).
*Bibl.* L. Drouyn, *Bull. Soc. arch.* 1875 62-66, dessin du portail. — Brutails, *Inscript. gothiq. de l'égl. rom. d'A.* dans *Bull. Soc. Antiquaires de Fr.* 1917, 175-76.
Vieux Chemin de La Vie. — Chât. du Gua, xiv<sup>e</sup> s. — Peychaud, xvii<sup>e</sup> s. — de Tillac, xvii<sup>e</sup> s.

**AMBES** (N.-D.). Cant. Carbon-Blanc. — Egl. 1899. Chât. de Ste-Barbe, xviii<sup>e</sup> s. constr. par V. Louis.

**ANDERNOS** (St-Eloi). Cant. Audenge. — Egl. rom., 3 absides, ayant perdu l'absidiole sud. — Axe du chevet infléchi vers sud. — Cul-de-four de l'absidiole nord en pierres et briques mêlées; elle est ornée de fleurs de lys au poncif. — Près de l'égl., substructions de basilique gallorom., découverte 1902.
*Bibl.* Ducaunnès-Duval, *Notes historiques sur A.* dans *Rev. Hist. Bx.* 1927.
Station paléolithique et néolithique.

**ANDRE-DE-CUBZAC** (St-). Canton. — Egl. rom., plan de croix latine. — Axe inclinant vers le nord. — Façade retouchée xvi<sup>e</sup> s., encadrée de 2 grosses tours carrées avec meurtrières; sur celle du sud échauguette avec mâchicoulis. — Nef, au lieu de voûte en berceau sur doubleaux, reçut xiii e s. voûte d'ogives bombée, assise sur piliers nouveaux adossés aux murs; nef alors divisée en 2 travées fort longues; sur flanc sud, contrefort, 4 m. 20, ne correspondant pas au pilier intér. — Arc triomphal plein cintre, plus tard doublé sur chaque tête d'un arc brisé. — Transept carré, remanié xve ou xvi s.; au-dessus de la chapelle N.-D. du bras nord, clocher rom. et carré mais avec voûte d'ogives, il comprend soubassement et 4 étages, le dernier de 1589. — Chœur et nef surhaussés pour la fortification xvie s. restent crénelés. — Jolie abside polygonale, plus. fois remaniée et défigurée; murs surélevés, xiiie s. et plus tard. Le 1er de ces remaniements a masqué une corniche sur corbeaux.

*Bibl.* Brutails, *V. Egl.* 96-97, vue de l'abside, plan du clocher au rez-de-chaussée et 1er étage. — L. Drouyn, *Rev. Cath. Bx.* 1890, 209-11.

Chât. de Lacaussade, fin xvie s. — du Bouilh, xviiie s., élevé par Louis; de l'anc. chât. xive s. — Dans le bourg vieilles maisons.

**ANDRE-DU-BOIS** (St-). Cant. St-Macaire. — Egl. xvie s. refaite v. 1860.

Chât. Malromé, tour xvie s. avec meurtrières. — Ruines du chât. de La Salle d'Argadens ou d'Arche, fin xvie s.

**ANDRE-DU-GARN** (St-). Cant. La Réole. — Egl. moderne. Chât. de la Providence.

**ANDRONY** (St-). Cant. Blaye. — Egl. 1877, clocher 1900. — Croix de cimet. fort anc., sans ornements. — Portrait de Barthélemy des Martyrs, archev. de Braga, — 1590, toile xviie d A Lamothe, 2 pans de murs de la Motte Caudjas.

**ANGLADE.** Cant. St-Ciers-s-Gironde. — Eglise v. 1850· A Cabut, portion de dolmen. — A Dehès, mottes en terre, l'une, le Terrier des Fées ou Corps de Loup, 100 m. de diamètre, 15 m. de haut; l'autre, le Terrier des Piniers, 50 m. de diam.; 10 m. de h. — Qq. restes du chât. La Barrière, fin xve s., habité par Mme de Maintenon.

**ANTOINE-DE-L'ISLE** (St-). Cant. Coutras. — Egl. 1855. Tumulus de la Motte-Soudane. — Chât. de Laforêt. xvie s. — de St-Antoine, jadis aux Antonins, xvie et xviie s.

**ANTOINE-DU-QUEYRET** (St-). Cant. Pellegrue, patron St Pierre. — Egl. rom., très retouchée à divers. époques. — Chevet carré à contreforts obliq. — Au n. bas-côté enlevé ou amorcé. — Porte en arc brisé avec chapiteaux très endommagés, mais jolis tailloirs. — Bénitier extér. — Charmante piscine sur côté s. du chevet, xiiie s., autre piscine dans mur s. de la nef. — Egl. restaurée 1889.

**APPELLES** (St-Martin). Cant. Ste-Foy-la-Grande. — Egl. 1707 et 1781, clocher 1852. Chât. de la Siguenie, xvie s.

**ARBANATS** (SS. Hippolyte et Radegonde). Cant. Podensac. Petite égl. fin XVᵉ s., sur fondations romaines. — Chapelle N.-D. 1664. — Anc. statue saint Hippolyte sur façade. — Fontaine sainte Radegonde avec statue.

**ARBIS** (St-Martin). Cant. Targon. — Petite égl. assez curieuse, fin XIIᵉ ou début XIIIᵉ s. — Corbeaux à la façade et à l'abside. — 3 cadrans solaires rudimentaires sur les murs.
Remarq. ruines du **chât. de Benauge**, fin XIIIᵉ s. reconstr. v. 1430, remanié début XVIIᵉ ou XVIIIᵉ s. Restes de fortifications, double rempart, 2 portes ogivales; tours rondes et donjon carré ruiné, ogival et à façade Renaiss.; mur de défense percé de barbacanes. Enceinte du parc 1750. Chapelle XVᵉ s. de style flamboy., avec traces de peintures.— Dans le bourg, vieilles maisons.

**ARCACHON** (N.-D.-de-Bon-Port). Canton. — Vieille chapelle près de laq. se retira un Cordelier, Thomas Illyricus, début XVIᵉ s., rebâtie 1722, enfermée 1856-61 dans une égl. paroiss. à 3 nefs de style ogival XIIIᵉ s., agrandie 1883-84. — **Vierge et l'Enfant, statue, marbre** XVIIᵉ s. Couronnée 1873, centre de pèlerinage; fête des Marins, 25 mars, avec bénédict. des barques.

**ARCINS** (St-Jean, auj. N.-D.). Cant. Castelnau. — Egl. 1840.

**ARES** (St-Vincent-de-Paul). Cant. Audenge. — Egl. 1851, clocher 1877.

**ARSAC** (St-Germain). Cant. Castelnau. — Très **riche portail rom.**, mal exécuté, 5 voussures sculptées. — Reste de l'égl. 1878.
*Bibl.* L. Drouyn, *Rev. Cath. Bx*, 1883, 574-81, eau-forte du portail.
Dans les landes, vestiges du chemin de La Lébade. — Plus. tumuli. — Moulins anc. — Anc. chât.

**ARTIGUELONGUE** (St-Antoine). Cant. St-André-de-Cubzac. — Anc. égl. d'Antonins, jadis fortifiée. — **Abside terminée à l'E.** par pavillon octogonal formant clocher. — Dévotion à St Antoine.

**ARTIGUES** (LES) (S. Cœur). Cant. Lussac. — Egl. 1852. — Pèlerinage à St Antoine, 17 janvier.
Qq. rares vestiges du cloître de l'abb. cistercienne de Faize XIIᵉ et XVIᵉ s. (Cf. *Compte rendu M. H.* 1854, 6, dessin des ruines).

**ARTIGUES** (St-Seurin). Cant. Carbon-Blanc. — Egl. rom., ruinée, relevée par le curé Rebière, 1656. — Abside semicircul. inclinant vers le N.; sanctuaire 2 m. de long, chœur 5 m. moins larges que nef, 12 m. 50. — Chœur cachant ossuaire; jolies fenêtres ornées de pointes de diamant, doucines gros tores; colonnettes lourdes et courtes; belle corniche à cercles tangents renfermant étoiles à 7 ou 8 rayons; 5 cor-

beaux (oiseaux dévorant animal ou buvant). — Intér. retouché surtout à l'époq. ogiv. et xviie s., cependant 5 chapiteaux mérovingiens (personnages jouant instruments). — Porche de 5 m. 50. — Clocher carré, 1er étage à petite fenêtre rom., soutenue par contrefort percé de meurtrières et renfermant l'escalier; 2 baies sur chaque face de l'étage supér. — A l'intér., statue de St Roch. xviie s. peinte et dorée.— Statue de la V. avec l'Enfant habillé, pierre peinte et dorée, xve s. — Autre statue de la V. debout, et Enfant dans ses bras, xve s. — Cloche xvie s. — Pèlerinage à Ste Germaine.
*Bibl.* L. Drouyn, *Rev. Cath. Bx*, 1880, 299, 323, 341, eauforte.
Chât. de Betaille ou d'Artigues. — Lestrille, anc. rendez-vous de chasse du duc d'Epernon; belle cheminée xviie s.

**ARTIGUEVIEILLE** (St-Laurent). Comm. Cudos. — Pèlerinage à St Michel.

**ARVEYRES** (N.-D.). Cant. Libourne. — Egl. 1842. — Christ bois fort laid, xvie s.
Ruines d'un manoir de l'O. de Malte, portail xvie s.

**ASQUES** (St-Jean). Cant. Fronsac. — Egl. peut-être ogivale à l'orig. très restaurée, fin xviiie s. — Croix de cimet. xvie s.
Beau chât. de Barès, xiiie s., rebâti xve s.

**AUBIAC** (St-Pierre). Cant. Bazas. — Cloche fin xve s. avec inscription.

**AUBIAC** (St-Maurice). Comm. Verdelais. — Egl. rem. xie s. près la Garonnelle, désaffectée. — Sanctuaire, auj. étable à vaches; abside, porcherie. — 4 anc. chapiteaux sur façade (Adam et Eve, 2 personnages en lutte, sagittaire dardant flèche contre animal à tête humaine et corps d'oiseau, 2 oiseaux superposés avec feuilles). — A l'intér., qq. autres chapiteaux sur l'arcade du transept, au S. — Charpente apparente.

**AUBIE** (St-Martin). Cant. St-André-de-Cubzac. — Egl. rom., abside voûtée, nef lambrissée, mais jadis aussi voûtée. — Bas-côté S. xive ou xve s. — Vierge, pierre xvie s. au fronton de la porte. — Dévotion à St Sicaire.

**AUBIN** (St) Comm. St-Germain-la-Rivière — Ermitage ou Grotte où l'on accède par couloir de 22 m. de long sur 0 m. 55-2 m. 50 de large, creusé dans le calcaire. — Murs de petit appareil avec arases de briques. — Source.
*Bibl.* Rabanis, *Compte rendu M. H.* 1847, 7, plan, vue, reproduit dans Lenoir, *L'architecture monastique*, I, 2 et 3 et par C. Jullian, dans *Rev. des Etudes anc.* 1925, 122-24.

**AUBIN** (St-). Cant. Blanquefort. — Egl. rom., remaniée, refaite, 1867.— Abside de 4 m. 93 d'ouverture; à l'intér., chapiteaux archaïques. — **Pierre tumulaire** de Lancelot de Ferron, 1583. — Croix de cimet. 1744.

Chât. de Cujac, rebâti par Louis, xviiie s. — Mais. noble de La Salle occupée par des Trappistes 1826.

**AUBIN-DE-BLAIGNAC (St-).** Cant. Branne. — Egl. rom. de transition. — Chevet à fenêtre ogivale. — Contreforts du S. et voûtes xvie s. — Travées de plus en plus larges de l'O. à l'E., sur clef de voûte (Dieu le Père bénissant et tenant le globe du monde), sur une autre (armes de France). — Moitié orient. du clocher, rom., le reste moderne; jadis il passait pour le plus beau de l'archiprêtré de Jugazan; sommet tronqué. — Sacristie 1715. — Bénitier extér. xvie s.

*Bibl.* L. Drouyn. *Var. gir.* I, 59-64, plan, eau-forte de l'égl., plan du clocher.

Chât. de l'Hérisson, début xvie s., avec bâtiments xviie s. — Maisons nobles du Bedat, xvie s. — de Conques, xviie s. — Moulin d'Estrabol, sur l'Engranne, xve s. — Substructions romaines.

**AUBIN-LA-LANDE (St-).** Cant. St-Ciers. — Egl. rom. à 3 nefs lambrissées.

A Lalande, douc ou tumulus.

**AUDENGE** (St-Paul, 25 janvier). Cant. — Egl. 1877-78. — Pèlerinage à St Yves très fréquenté, 19 mai.

Dans les landes, 2 tombelles. — Chât. de Certes, xvie s., remanié 1770. — Découverte d'une Station de l'âge de fer par le Dr. Peyneau à la Vignotte (1913).

**AURIOLLES** (St-Pierre). Cant. Pellegrue. — Chevet carré, voûte d'ogives, à contreforts obliq. — Arc triomphal stré étranglé, 2 m. 58 de large, portant clocher-arcade récent. — Nef, 6 m. 08 de larg. — Egl. exhaussée dans toute sa longueur. — Cloche fondue par Poulange.

Motte de Bel-Air, anc. tumulus.

**AUROS** (N. D). Canton. — Anc. chapelle castrale, xiie s. paroiss. depuis 1577, remaniée 1858 et 1878. — Stalles de l'abbaye du Rivet. — Croix de carrefour anc. — Anc. égl. paroiss. St-Germain, ruinée par les Huguenots, auj. séchoir à tabac.

Tour flánquée de 2 corps de bâtiments du vieux chât.

**AUZAC** (St-J.-Bapt.). Comm. Grignols — Chapiteaux intéress. du sanctuaire. — Clocher-pignon à ressaut et 5 ouvertures.

**AVENSAN** (St-Pierre). — Cant. Castelnau. Egl. rom. xiie s., à axe brisé v. le N., voûtée ap. 1860. — Chevet seul intéress. très ornementé à l'extér. et à l'intér., réparé 1886; extér., mieux conservé rappelant, par variété des chapiteaux et des corbeaux, Bayon, St-Vivien, Langoiran, mais moins riche; 2 arcatures superposées, colonnes engagées, corniche sur modillons à personnages; riches arcatures intér. avec chapiteaux historiés. — Clocher v. 1860. — 4 bas-reliefs (Christ nimbé suivi de personnages, Christ avec SS. Pierre et André, martyre de St Pierre, Martin V sacrant Pey-Berland, 1431) plus 4 figurines. — Calice de Pey-Berland légué par lui. — Agnus Dei argent XVe s. — **Croix processionnelle**, argent sur âme de bois, XVIIIe s. — Jolie croix de carrefour. — Au milieu des bois, chapelle St-Raphaël, fondée par Pey-Berland dans sa maison paternelle; pèlerinage, 16 juillet.

*Bibl.* Brutails, *V. Egl.* 46-47, abside et plan du chevet. — abbé R. Corbin et Dr Berchon, *Bull. Soc. Arch.* 1886, 141-239, 10 pl. — Lopès-Callen, *L'Egl. St-André de Bx* II, 292, 293, 301. — Piganeau, *Bull. Soc. arch.* 1881, 141-43, 3 pl. — Berchon, *ibid.* 1888, 69-81, 1 pl. — *Compte rendu M. H.* 1845, 7. — L. Drouyn, *Notes archéol.*, t. 48, 162-67.

Chât. ruiné de St-Genès-de-Meyre. — Restes de l'anc. chât. fortifié de Citran, XIIIe s., douves pleines d'eau.

**AVIT-DE-SOULEGE** (St-). Cant. Ste-Foy-la-Gde. — Egl. sans intérêt.

Ruines d'une Commanderie.

**AVIT-DU-MOIRON** (St-). Cant. Ste-Foy. — Egl. rebâtie 1781, restaurée 1868. — Cloche 1688.

Chât. de Barathon, XVIIe s. — Tertre des Goulards (débris romains).

**AYGUEMORTE** (St-Clément). Cant. Labrède. — Egl. XIXe s.

Restes de voie romaine dans les bois de Tartas.

# B

**BAGAS** (N.-D.). Cant. La Réole. — Egl. rom. intéress. — Abside XIIe s. en petit appareil en bas, puis en briques. — Chœur voûté d'ogives. — Nef lambrissée plus large que l'arc triomphal. — Bas-côté. — Porte et porche au N. — Clocher-arcade sur arc triomphal, avec escalier rampant sur flanc N. — Chapiteaux (Daniel dans la fosse, David et Goliath, etc.). — Bénitier avec chapiteau antique très mutilé.

Maisons Montauzé, XIIIe s. — Intéress. moulin fortifié, sur le Dropt, XIIIe ou XIVe s., avec échauguettes aux angles.

**BAIGNEAUX** (SS. Pierre et Paul). Cant. Targon. — Egl. 1538, retournée après coup, 1854. — 4 travées à nervures saillantes se croisant en diagonale et s'appuyant sur des faisceaux de colonnes. Clefs de voûte (1er personnage avec manteau, tête ceinte d'une couronne, portant sceptre et arc; 2e V. et Enf. Jésus; 3e personnage debout avec glaive). — Croix de cimet. XVIe s.

*Bibl. Compte rendu M. H.* 1845, 13-14.

A Plaisance, tumulus. — Chât. du Couturier.

**BALEYSSAC** (N.-D.). Cant. La Réole. — Egl. rom. plus. fois incendiée, remplacée xvie s. — Nef unique, jolie charpente. — Cloche 1564.— Bénitier orné, provenant des Cordeliers de La Réole.

**BALIZAC** (St-Martin). Cant. St-Symphorien. — Egl. rom. refaite 1866-67.
A Pinot, ruines insignifiantes du chât.

**BARIE** (Ste-Catherine). Cant. Auros. — Egl. 1776; clocher v. 1865.

**BARON** (St-Christophe). Cant. Branne. — Egl. rom., restaurée de façon fantaisiste, xxe s. — Façade rebâtie en entier, début xive s. portail ogival à plus. voussures en retrait. Clocher-pignon, auq. on accède par 2 portes placées à une grande hauteur au-dessus du sol, à l'intér., et à l'extér. — Nef avec fenêtres flamboyantes. — Chœur à 4 groupes de colonnes accouplées ayant un très beau chapiteau commun, (2 dragons affrontés mordant des entrelacs; 4 colombes, la queue terminée en corps et tête de serpent, buvant dans des calices; 2 basilics affrontés dont 2 aspics mordent le cou; St Michel et le dragon). — Abside semi-circul., contreforts plats; 3 fenêtres plein-cintre. — Sous le sanctuaire, **belle crypte rom.**, à 3 nefs, au niveau du sol. Aménagement intér. plus récent. Extér. semi-circul. avec 6 contreforts plats. Nef centrale et moitié des bas-côtés en voûte d'arêtes. Chapiteaux originaux des 4 colonnes trapues; tailloir en échiquier. Longueur de la crypte 8 m. 30, largeur 7 m., hauteur 2 m. 60 environ. Jadis, but de pèlerinage fréquenté pour guérir les enfants de la peur, d'où le nom de La Peur-de-Baron donnée à la crypte. Statue informe, aux yeux peints en rouge, de N.-D. de-la-Peur.
*Bibl.* L. de Lamothe, *Actes de l'Acad. de Bx*, 1843. — *Compte rendu des M. H.* 1853, 5. plan et coupes.— L. Drouyn, *Rev. Cath. Bx*, 1880, 81-85. — Brutails, *V. Egl.* plan de la crypte, 153.
Au chât. du Crain, vestiges d'habitations romaines. — Chât. Pimpoix, xve s. — de Raymond, xve et xvie s.

**BARP** (LE). (St-Jacques). Cant. Belin. — Egl. xixe s.; clocher 1893. — Cloche 1729.
Camin Roumieu, voie romaine de Bx à Bayonne.

**BARSAC** (St-Vincent). Cant. Podensac. — **Belle et fort curieuse égl.** 1703-08, archit. Joyneau. — 3 nefs, abside, transept. — Abside polygonale 1786. — Transept correspondant à la travée du milieu des nefs. Nefs de 4 travées dont la dernière occupée par une triple vaste et belle tribune en arcs en surplomb et trompes plates d'André Mollié, 1752-56 — Voûtes d'ogives de conception très originale. — 3 portes. — Clocher relié à la façade par des trompes, refait 1845 après incendie. — Derrière le chevet, 2 jolies sacristies, l'une à lambris du menuisier Combes, de Podensac, l'autre, celle du Conseil, à panneaux de plâtre, de Bourgès, dit la Vertu, 1774.

— 5 autels et confessionnaux faisant corps avec l'édifice, 1761-69. — Escalier pour les combles à noyau évidé et main-courante en spirale. — Cloches 1761.

*Bibl.* Brutails. *V. Egl.* 27-30, plan, vue intér., tribune. — *Compte rendu M. H.* 1864-65, 52; 1866, 51-54, plan.

Au chât. moderne de Rolland, tour carrée à 3 étages, accolée d'une tour plus petite avec bretèche, xvie s. — Chât. de Bastard, de style Louis XV, maison natale de Mlle de Lamourous, fondatrice de la Miséricorde de Bx.

**BASSANNE** (St-Pierre). Cant. Auros. — Abside semi-circul. — Nef unique sans voûtes, sans doute remaniée xvie s. — Contreforts obliques à l'O.

**Moulin fortifié de Pils** ou de Bassanne, xiiie s., flanqué d'une tour hexagonale, xvie s. avec meurtrières. — Moulin moins anc. de Flaujagues.

**BASSENS** (St-Pierre). Cant. Carbon-Blanc. — Egl. ro m. remaniée. — Façade et nouveau clocher à flèche, 1854. — 3 nefs, fin xve ou début xvie s., voûtées en ogives à nervures; 2 clefs de voûte aux armes des Montferrand, dans la nef et dans le bas-côté dédié à St-J.-Bapt.; — Anc. clocher barlong d'un seul étage, avec colonnettes à chapiteaux sculptés (parfois une tête d'homme ou d'animal soutient le tailloir). Murs de soubassement très épais. — 1re travée du chœur voûtée en plein cintre; 2e supportant le vieux clocher, en berceau ogival; arcs doubleaux retombant sur une colonne engagée à chapiteaux grossiers, mais curieux (feuilles courtes et striées, avec tête humaine et pomme de pin aux angles, volutes naissant dans des moulures losangées, pyramide tronquée aux angles épannelés en forme de feuilles d'eau).— Abside polygonale, 5 pans extér. et intér. colonnes engagées très frustes, corniche sur modillons non moins barbares. Fortifiée xvie ou xviie s. — Chandeliers à 2 branches, cuivre, xvie s.— Pierre brisée d'un couvercle de sarcophage, de St Sicaire, croit-on, fondateur de Bonlieu, † 1162; on y dépose les petits enfants pour leur donner des forces. — Plus. tableaux, surtout Christ couronné d'épines, fin xvie s. — Grilles fer forgé, provenant de Bonlieu, xviie s.

*Bibl.* L. Drouyn, *Bull. Soc. arch.* 1875, 66-74 vue du clocher et de l'abside, dessins de chapiteaux.

Vestiges de la voie romaine de La Vie — Tumulus de la Matusque, avec fossés. — Chât. de Beauval, xve s. reconstr. 1725. — 2 sarcophages romains, pierre, découverts 1821, auj. au Louvre.

**BAURECH** (St-Saturnin). Cant. Créon. — Egl. de diverses époques. Long. 30 m., larg. 18. — Abside rom., contreforts plats. — Charpente de type gothiq. portant toiture aiguë. — Bas-côtés allongés xvie s. — Clocher a 3 étages et flèche, commencé 1506, réédifié 1612-13, d'après 3 inscriptions, et 1841, 1873.— Statue anc. de St Saturnin, au-dessus de la porte latérale du clocher. — Cloches, 1683 et 1696.

Près de l'égl., dans la mais. noble de Montaut, cheminée pierre avec moulures Renaiss.; sur clef de l'arc d'une grange, date 1642. — Chât. de Bellevue; ruines de l'anc. colombier; portail en pierre; cheminée avec moulures — de Lacaussade, donjon carré à 3 étages et petite tour cylindrique — de Lyde, xviiᵉ s., avec chapelle.

**BAYAS** (Ste-Marie-Egyptienne, auj. Ste-Croix). Cant. Guîtres. — Egl. moderne. — Corbeaux à têtes d'animaux au-dessus de la porte, soutiens d'un porche disparu. — Clocher xviᵉ s., côté oriental en planches.
Chât. Lamothe, anc. mais. noble.

**BAYON** (N.-D.). Cant. Bourg. — Anc. égl. prieurale, « un des plus beaux types de l'archit. rom. en Gironde », malencontreusement réparée 1861. — Riche abside xiiᵉ s., remaniée xixᵉ s., ronde en dedans, à 7 pans au dehors, groupes de colonnes montant à la corniche. 3 étages d'arcatures super posées décroissant de bas en haut, très larges au rez-de-chaussée, doubles au 2ᵉ étage, sous arcades de couronnement aveugles. Corniche (bandeau percé de trous oblongs) posée sur modillons géométriques simples. — 2 chapelles formant transept, 1862. — 3 travées de nef à contreforts à ressaut. — Joli clocher formant porche, augmenté d'un étage, 1877. et surmonté d'une belle statue de la V. par Mora, laq. serait mieux ailleurs. Intér. corniches superposées à multiples corbeaux, et colonnes engagées. Ensemble intéressant. — Dans mur N. de l'égl., trace d'une porte 1655, donnant accès au cloître démoli. — Dans mur S., **pierre enchâssée**, 1 m. 03 de haut × 0 m. 70 de large, sans doute support d'autel gallo-rom. — Dans jardin du presbytère, colossal chapiteau corinthien, ayant servi de fonts baptism. — Dans l'égl., beau tableau, la Ste Famille, attribuée au Poussin ou à l'un de ses élèves. — Cloche 1584, proven. de St-Seurin-de-Bourg.
*Bibl.* L. de Lamothe, *Compte rendu M. H.* 1848, 12, plan et l lévation extér. N. — Brutails, *V. Egl.* 31-32, plan, vues de abside et du clocher. — Dalle mérovingienne reproduite par de Caumont dans son Abécédaire.
Chât. Tayac, xviᵉ ou xviiᵉ s. — de Falfas, xviiᵉ s. — Mais. noble des Eyquems, xviiᵉ s. jadis chât. Laroque — de Lacroix ou Millorit.

**BAZAS** (St-J.-Bapt.). Canton. — **Anc. cathédrale**, l'une des plus belles du S.-Ouest. — D'un édifice réédifié v. 1070, consacré 1095 par Urbain II, il reste partie infér. du clocher (rez-de-chaussée et contrefort). — Cathédr. actuelle élevée 1223, continuée au cours du xiiiᵉ s. et sous Clément V, 1313. Façade terminée 1535. — Egl. en grande partie détr. par Huguenots, sauf portail, 1577 et 1578, relevée par l'év. Arn. de Pontac et sa famille, 1583-1635, de nouveau consacrée, 1635. Triple portail, le plus riche, le plus fouillé en Gironde. Façade cependant déparée par un fronton, 1724-25. Au portail central, trumeau surmonté d'une statue récente de St Jean-Bapt.; 5 voussures peuplées d'anges; de chaque côté, 2 rangs d'arcatures dépouillées de leurs statues; superbe tympan, bordé de feuilles de vigne vierge, à 4 compartiments superposés : 1° en haut, Christ assis entouré de personnages, couronné par 2 anges; 2° Jugement dernier; 3° Résurrection générale; 4° en bas, décollation de St Jean, festin d'Hérode, archange Gabriel et Zacharie, naissance de St Jean, sa prédication.— Voussures des autres portails aussi garnies d'anges, papes, évêq., scènes de la vie d'Adam et Eve (portail N.) rois de la Bible, travaux agricoles de chaque mois, signes du zodiaque (portail S.) 290 personnages dans les 3 portails. — Tympan N. (vocation de St Pierre, l'apôtre s'enfonçant dans les flots, pêche miraculeuse, crucifiement de Pierre, Pierre tranchant l'oreille de Malchus, Christ remettant à Pierre les clefs du Paradis). — Tympan S. (Mort de la Vierge, entourée des 12 Apôtres, anges portant son âme au ciel, V. dans la gloire auprès de son fils). — Balustrade dans toute la largeur de la façade. — Splendide rosace, 5 m. de diamètre, au-dess. du portail principal. — Clocher relié au portail N., surélevé xv<sup>e</sup> s., flèche octogonale xviii<sup>e</sup> s. 53 m. de h. — « Nef, le plus grandiose vaisseau gothique du département, de même que façade, encore que privée des saints de ses niches, par l'abondance et qualité de ses sculptures, le plus bel exemple de statuaire goth. de la Gironde. » (Brutails). — Déambulatoire. — Abside à 5 pans et 5 chapelles. — Magnifique autel, style Louis XV, et grille, fer forgé, proven. de l'abbaye du Rivet. — Belle chaire, pierre et panneaux marbre. — Dans le bénitier de dr. se reflète toute la voûte renversée. — Chandelier pascal, bois, xvii<sup>e</sup> s.

*Bibl.* Duphot. *C. R. des M. H.* 1851, 4, plan, coupe en long. — L. Drouyn, *Choix des types...*, grande eau-forte du bas de la façade. — Brutails, *V. Egl.*, 32-35, façade, vue extér. — Abbé Brun, *La cath. de B. pendant la Révolution*, 1787-93, dans *Bull. Soc. arch.* 1905, 67-94. — R. d'Anglade et P. Cadars, *B., cath. St-J.-Bapt.*, recueil de 25 phototypies, avec texte, s. d. (ap. 1912). — Abbé Corbin, *L'anc. cath. de B.* 1871.

**N.-D. du Mercadil** ou Mercadieu. Vieille égl désaffectée à l'angle S.-O. de la place. — Façade S. percée de 6 fenêtres à lancettes de style xiii<sup>e</sup> s.; corniche sur modillons. — Sur voûte d'une porte, inscript. 1636.

St-Michel-de-la-Prade, anc. égl. paroiss. abandonnée.

Vieux remparts, xiii<sup>e</sup>, xv<sup>e</sup>, xvi<sup>e</sup> s. au N. à l'E. ou S. Au N. porte Gisquet, encadrée de 2 tours, xv<sup>e</sup> s. renversée par Huguenots, 1577, réparée 1607, 1709, 1875. — A côté, anc. Collège des Barnabites, xvii<sup>e</sup> s. auj. Ecole normale de filles. — Au N., S. et O. de la Grande-Place, galeries à arcades. — Vieilles maisons, près la cathédr. (d'Andrault, Pierron), rues des Religieuses (Sauteyron), Taillade, Fondespan, de Bragous, place St-Martin (Lucmau). — Hôtel de ville, xvi<sup>e</sup> s. en partie reconstr. 1733. — Hôpital, intéress. collection de pots de pharmacie.

**BEAUTIRAN** (St-Michel). Cant. Labrède. — Egl. rom. 3 nefs, abside et absidioles. — Sur un chapiteau des piliers intér. du portail, armes des de Pontac. Portail à 4 arcades en retrait ornées d'étoiles, d'entrelacs, de têtes de clous. 2 portes feintes.— Bénitier, marbre, fait d'un fragment du mausolée des ducs d'Epernon.

Chât. de Balambits, xviiie s. — Sur les bords du Gua-Mort, chât. de Beautiran. — Maison xve s., auj. moulin.

**BEGADAN** (St-Saturnin). Cant. Lesparre. — Egl. rom. orientée presque S.-E.; nef et clocher xixe s. — **Abside et chœur** fort beaux et riches surtout à l'extér., malheureusement en assez mauvais état. Abside à 5 pans, aux angles 3 colonnes engagées et accolées, la centrale montant à la corniche et se terminant par un chapiteau de style rude et primitif. Au rez-de-chaussée, soubassement fait de grosses moulures superposées. 2 étages d'arcatures superposées : une fenêtre au 1er étage, 2 arcatures aveugles au 2e. Fenêtres avec archivolte décorée, reposant, ainsi que les arcatures supér. sur colonnettes à chapiteaux curieux. Double cordon de palmettes sous l'appui des fenêtres; autre cordon de pointes de diamant à l'imposte des fenêtres. Parmi les corbeaux, sauvagement traités, de la corniche, 2 corbeilles antiques de marbre. A la naissance du chœur, 2 tourelles pleines de 1 m. 25 de diamètre, servant jadis de contreforts. Ordonnance intér. plus simple, plus pauvre; arcature sans archivolte entourant les fenêtres et retombant sur colonnettes logées dans une échancrure des pieds-droits. On regrette percement d'un œil-de-bœuf dans le chœur. — Sur mur du bas-côté S., vieux reliquaires (parcelle du crâne de St J.-Bapt., etc.)

*Bibl.* Brutaïls, *V. Egl.* 35-36, plan du chevet. — L. Drouyn, *Notes archéol.* 47, 232-39, nombreux dessins de chapiteaux.

Atelier de potier néolithique, à l'E. de Canissac, découvert 1896. — Chât. du Barrail, anc. mais. noble de La Bernède.

**BEGLES** (St-Pierre). Banlieue de Bx. — Egl. à abside 1495, le reste 1537, suivant **2 inscriptions**, sur flanc S. et sur contrefort S. de l'abside. — Voûtes en ogives; fenêtres trilobées; piliers sans chapiteaux. — Belle charpente. — Clocher 1507, cloche 1707. — Egl. agrandie 1830.

Restes d'un aqueduc antique. — Chât. de Francs, où séjourna Charles IX en 1565. — de Birambits, xviie s. — de l'artifume, xviiie s. — Mais. noble de Coulon.

**BEGUEY** (St-Saturnin). Cant. Cadillac. — Egl. 1864. — Chapiteaux et arcatures de l'anc. portail conservés au domaine de Rolland à Laroque. — Chaire, stalle, confessionnaux, œuvres du curé Rolland, xixe s.

Entre route nationale et égl. chapelle N.-D.-du-Casse. 1630, auj. désaffectée.

**BELIET** (St-Maurice). Cant. Belin. — Egl. 1858. — Croix de cimet. xiie s. — Cloche 1783. — Fontaines St-Antoine et St-Eutrope. — Vieux plat à quêtes, cuivre (cf. ab. Royer, *Bull. Soc. arch.* 1920, 46-50). — Pietà xvie s., pierre tendre, 0 m. 80 de haut, mutilée.

A Graoux, 2 tumuli. — Camin Roumiou. — Reste d'hospitalet.

**BELIN** (Ste-Quitterie, auj. St-Pierre et Ste-Quitterie). Canton. — Egl. 1863. Cloche 1813.

Grand tumulus. — Voie romaine. — Ruines d'un pont antiq. sur la Leyre.

**BELLEBAT** (St-Christophe, auj. St-Jacques). Cant. Targon. — Egl. primitivement rom., fortifiée, formant auj. le sanctuaire de l'égl. actuelle. — Chapiteaux entourés de médaillons en forme de tour; pattes de lion ornant base et sommet des fûts des colonnes. — **Cloche avec inscription**, 1554. — Au-dessus de la porte, crucifixion dans un quatre-feuille.

A Ballet, camp romain avec fossés, 300 m. × 160.

**BELLEFOND** (St-Eutrope). Cant. Targon. — Anc. égl. prieurale St-Sulpice, xiie s. Plan vaste, mais nef restée à l'état de projet; seuls construits : abside, 2 absidioles polygonales, chœur et transept. — Abside voûtée en cul-de-four; groupe de colonnes; à l'extér., fenêtres encadrées de larges arcades; jolie corniche (rang de festons perlés entre 2 files de dents de-loup) sur modillons (3 obscènes); chapiteaux cubiques et godronnés. — **Fonts baptismaux**, pierre, xive s. — Porte ogivale à l'O. — Autre porte avec bénitier dans le mur. — Fontaine de dévotion.

*Bibl.* Brutails, *V. Egl.* 36-37, plan, vue extér. de l'abside. — L. Drouyn, *Var. gir.* I, 373-80, eau-forte de l'égl., chapiteaux, modillons, plan du prieuré.

Motte de Trignan, mentionnée 1375, de Bergey, ment. 1508. — Au Sabatey, 2 allées couvertes ou **dolmens de Peyrelebade**.

**BELVES** (N.-D.). Cant. Castillon. — Egl. xixe s. — Chapiteau gallo-rom. servant de bénitier.

Chât. de Castagens, xve s.

**BENON** (N.-D.). Comm. St-Laurent-Médoc. — **Egl. templière**, xiie ou xiiie s., fortifiée, voûtée. — Chevet plat, corniche à la naissance du pignon. — Nef unique en berceau brisé sur doubleaux, 6 m. 05 de larg.; épaiss. des murs 0 m. 97. — Escalier pour voûtes, partant d'une certaine hauteur audessus du sol. — Jolie façade, porte à voussures moulurées, 5 arcatures au 1er étage (pilastre armé de colonnes géminées); corniche sur corbeaux; pignon trapézoïde. — Autre pignon au-dessus de la chapelle latérale N. — Sacristie actuelle, peutêtre égl. primitive xiie s. — Cloche 1776. — Centre de pèlerinage. — Fontaine St-Queyran.

Vieux moulin de Bernos.

**BERLIN** (St-Martin). Comm. Aillas. — Egl. auj. grange. — Cloche 1526 à Aillas.

**BERNOS** (N.-D.). Cant. Bazas. — Egl. à 3 nefs, 1523, agrandie 1838. — Sur un des piliers, nom du fondateur, Amédée de Cazeneuve.

Chât. Libet, xvie s. — Manoir de La Graville, antér. au xviie s. — Mais. féodale du Brésigua. — Qq. restes de l'hôpital de Beaulac, aux Antonins depuis 1603.

**BERSON** (St-Saturnin). Cant. Blaye. — Fort curieuse égl. rom. Long. 30 m. 50 sur 7 m. 10 à la nef, 16 m. 50 au transept. — Superbe façade saintongeaise, xive s., porte à 4 voussures ogivales, 2 fausses-portes étroites; archivolte d'extrados des 3 portes décorée de feuillages; corniche, puis rosace, entourée d'un cordon sculpté et accostée de niches gothiq. à l'arc intér. trilobé. — Nef, xive s. clef de voûte accompagnée de 4 angelots entre les nervures. — 3 absides rom., séparées par un espace, voûtées en cul-de-four; groupes de colonnes. Abside centrale à 5 pans. Corniche gothiq. (cavet garni de feuillages et surmonté de moulures). — Cloche 1590, avec inscription. *Bibl.* de Lamothe. *C. R. des M. H.* 1854, 5, plan, abside.

3 anc. tours rondes à demi-ruinées et murs de l'anc. chât. du Boysset; fossés remplis d'eau. — Chât. Puynard, xviie s., remanié, — Peyredoulle, xvie s.

**BERTHES** (St-Raphaël). Cant. Auros. — Egl. rom. restaurée 1676, incendiée en partie, 1883. — Chapelle N.-D. bénite 1685. — Millésime 1648 sur clocher-pignon, date de réfection.

Anc. chât. de La Bassanne, fin xve s. auj. métairie.

**BEYCHAC** (St-Marcel). Cant. Carbon-Blanc. — Egl. rom., jadis fortifiée, restaurée 1874. — Abside à 7 pans, divisés par pilastre armé d'une seule colonne montant à la corniche, chapiteaux et corbeaux dégradés; autres corbeaux en saillie à une certaine hauteur sur le milieu des pans; murs exhaussés pour la défense.— Chœur de 2 travées, voûté en berceau, à plus. doubleaux. — 2 chapelles latérales; arc d'ouverture sur la nef, surbaissé; fenêtres en arc brisé avec remplage de style flamboyant abâtardi, xviie s. sans doute.— Nef à lambris à pénétration, avec lunettes s'ouvrant sur les fenêtres. — Clocher, tour carrée xiiie s. — Cloche 1762. *Bibl.* Drouyn, *Bull. Soc. arch.* 1875.

**BIEUJAC** (N.-D.). Cant. Langon. — Egl. 1884 (eau-forte de L. Drouyn dans *Rev. Cath. Bx*, 1885). Moulin de Repassac, jadis au xve s. à l'abbaye du Rivet.

**BIGANOS** (SS. Gervais et Protais). Cant. Audenge.— Egl. 1866. — Cuve baptismale quadrilobée, xive ou xve s. proven. du prieuré de Comprian.

A Lamothe, découverte 1902, des substructions d'une basilique chrétienne à une nef sans abside. — Voie romaine. — Anc. chât. du Castera. — Qq. bâtiments du prieuré de Comprian. — 3 stations de l'âge de fer, le Gallard, la Houn de la Peyre‘ le Bos de Caubet. découvertes par le Dr Peyneau. 1917

**BIJOUX** (N.-D.). Comm. Birac. — Egl. fin xve ou xvie s., bas-côté S., restaurée 1866 et 1873. — **Vierge, pierre,** xve s., objet de pèlerinage. — Fontaine pour femmes enceintes.

**BILLAUX** (LES) (St-Georges). Cant. Libourne. — Egl. réparée 1858.

**BIRAC** (St-Laurent). Cant. Bazas. — Egl. rom., remaniée et fortifiée xvie s., avec tour carrée à créneaux et abside semi-circul. — Bas côté S. xvi<sup>e</sup> s. — **Peintures murales** détériorées, xv<sup>e</sup> s. Sur mur N. Purgatoire et Paradis (ange retire d'une chaudière, des personnages coiffés de couronnes, mitres, tiares; ces âmes, hommes en caleçon et femmes nues, sont conduites au ciel par 3 anges, l'un joue de la viole, l'autre de la flûte et du tambourin, le 3<sup>e</sup> présente une âme à St Pierre en manteau blanc et clef sur l'épaule dr. Château crénelé représentant le Paradis, surmonté de 3 anges. soufflant dans des trompettes). Sur face opposée S. Enfer. (énorme gueule de diable, ouverte et vomissant reptiles, au-dessus, chaudière où cuisent les réprouvés; sur une porte, démons tourmentant les damnés). Au fond de l'égl. (Christ sur globe du monde, entouré de tétramorphes; à sa g. la V. en châtelaine xv<sup>e</sup> s. et St-J.-Bapt.). A la voûte, 4 anges de la Résurrection jouant des trompettes.

*Bibl.* Piganeau, *Bull. Soc. arch.* 1879, 5-30, 10 pl. et fig. Ruines des Casterasses de Bonneau, xv<sup>e</sup> s.

**BLAIGNAC** (St-Saturnin). Cant. La Réole. — Egl. rom. jadis fortifiée, en partie refaite 1868. — **Porte S. rom.** à voussures et à riche ornementation. Chapiteaux (Jésus sur les genoux de la V., animaux, guerriers, personnages aureolées bateleurs, pommes de pin). Chrisme sur tympan dont linteau décoré de curieuses arabesques. Corniche en échiquier sur corbeaux, fenêtre xiii<sup>e</sup> s., Porche 1755. — Nef lambrissée en anse de panier, 14 m. 60 × 7 m. 55. 6 m. 55 de h.; épais. des murs 0 m. 85. — Arc triomphal étranglé. — A l'intér. de l'abside, **chapiteaux** encastrés servant de crédences, xii<sup>e</sup> s. — Cloche 1510, venant de Montphélix. — Dans le voisinage de la porte, tête supposée antique.

*Bibl. C. R. des M. H.* 1849. 11.

Chât. de La Grave, porte d'entrée xvii<sup>e</sup> s., tour à l'angle S.-O. — La Bastide, anc. propriété des Chartreux, auj. métairie.

**BLAIGNAN-CAUSSAN** (St-Pierre). Cant. Lesparre. — Ruines de l'égl. rom. xii<sup>e</sup> s.

Chât. de Ramefort, des Granges-d'Or, de Blaignan, anc. mais. nobles.

**BLANQUEFORT** (St-Martin). Canton. — Egl. xii<sup>e</sup> s. et, xvi<sup>e</sup> s., très restaurée, xix<sup>e</sup> s. à 4 nefs. — Massif clocher laide pyramide. — Statue de St Antoine, xiv<sup>e</sup> s. restaurée 1874.

*Bibl.* A. Girault, *Bull. Soc. arch.* 1874, 87-89, 1 pl.

Ruines considérables du **chât. de Blanquefort** ou de Duras, fin xiii<sup>e</sup> s., 6 grosses tours, fort beau spécimen de l'archit. milit. du Moyen-âge. — Chât. Dillon, début xviii<sup>e</sup> s. — Salle de Breillan. xvii<sup>e</sup> s.

**BLASIMON** (St-Nicolas). Cant. Sauveterre. — Anc. **égl. abbatiale bénéd.** St-Maurice, paroiss. dep. 1778. Des xii<sup>e</sup>, xiii<sup>e</sup>, xiv<sup>e</sup> et xvi<sup>e</sup> s. Sur plan rectangulaire. — Façade fort intéress., de 2 époques : rez-de-chaussée et 1<sup>er</sup> étage divisés en compartiments verticaux par colonnes accouplées, fin XIIe s. ; 2e étage couronné par pignon obtus de 5 baies ogivales, fin XVIe s. Portail rom., de l'école poitevine, le plus beau de cette période en Gironde, à 6 voussures. Sur voussure interne (4 anges adorent un agneau nimbé), 2e et 3e voussures (feuillages perlés); 4e (vertus représentées par 4 femmes armées, décapitées, foulant au pied un monstre ou vice); 5e (feuillages flabelliformes); 6e (divers animaux, scènes de chasse). Chapiteaux et tailloirs formant frise d'entrelacs, de feuillages, de personnages, d'animaux et de monstres, le tout d'un beau style. A noter personnage tenant une épée de chaque main et luttant contre 2 animaux fantastiques; autre personnage entre 2 animaux, sans doute Daniel et les lions; 3 personnages dont 2 jouant d'instruments; monstre accroupi s'ouvrant la bouche. « Les statues sont trop immatérielles. Elles sont un rêve, mais un rêve d'artiste. Un architecte des Mon. Historiq. me disait naguère que le moulage de cette porte devrait être au Trocadéro. Un tel hommage n'a rien d'excessif » (Brutails). A dr. et à g., 2 portes feintes. Etage supér. porté par des consoles (masques et personnages). Large fenêtre géminée aux chapiteaux historiés. — Nef unique de 3 travées en allant de l'O. à l'E. 7 m. 57, 9 m. 65, 8 m. 10, XIIe et XIIIe s. Une 4e 7 m. 70 forme le sanctuaire à chevet dr. début XIIIe s. Ces diverses travées, d'abord couvertes de coupoles, puis voûtées en ogiv. goth. XIIIe s. Sur flanc N. de la travée O., 2 arcatures brisées, fenêtres à colonnettes avec tête d'arc et archivolte sculptées, contreforts gothiq. ne correspondant pas aux doubleaux intér. Sur même flanc N., escalier dans tour carrée en saillie, placé à une certaine hauteur du sol; on y accède de l'intér. par une échelle. Flanc S. avec porte d'accès au cloître. Chapiteaux de la nef (figures humaines et coquilles). Arcs ogives retombant sur groupe de colonnettes terminé par 3 figures de Bienheureux à dr., 3 de damnés à g. Clefs de voûtes historiées. Mur du chevet percé de 3 longues meurtrières. Au S. de l'égl., qq. arcatures du cloître et de la salle capitulaire. XIIe et XIIIe s., aux chapiteaux curieux. — Cloche 1622.

Au bourg, chapelle N.-D.-de-Bonne-Nouvelle, reconstr. 1880, et source, pèlerinage.

*Bibl. C. R. des M. H.* 1853, 9-10, vue de la façade. — L. Drouyn, *Var. gir.* III, 47 et suiv. 2 eaux-fortes, plan, dessins de chapiteaux et culs-de-lampe, faisceau de colonnes. — Le même, *Choix de types*, vue N.-O., dessin du bas de la façade. — Brutails, *V. Egl.* 38-41, plan, vue extér. de la travée O., porte, fragment de la porte.

Menhir renversé. — Ruines XIVe ou XVe s. du chât. de Blazimon. — du chât. d'Augars. — Chât. de Cugat, porte fortifiée, XIVe et XVIIe s. — de Poussebourre, XVIe s. — Maison Brischau, XVIe s. — Moulin fortifié de La Barthe, XIVe s., tourelle XVe s. — de La Borie, XIIIe s., partie O. refaite 1776.


**BLAYE** (St-Romain). Canton. — Anc. égl. abbat. de Chan. Rég. de St-Augustin, 1667-84, 49 m. × 13. — Clochers inachevés — Restauration 1890. — Voûtes très hardies. — Christ de St-Sauveur.

(Ste-Luce). Egl. 1660, réparée 1783 et v. 1865.

Egl. des Minimes, à l'intér. de la citadelle, 1601, auj. magasin, à moitié dépavée. — Dans sacristie, peintures dégradées.

Ruines du chât. xiie xiiie s. dans la citadelle. — Citadelle. constr. par Vauban, 1685-88, où fut enfermée la duchesse de Berry, 1832, avec hôpit. de siège, 1739. — Dans une île de la Gironde, Fort Pâté, 1669. — Partie de la façade de l'Hôpit. fort anc. — Chât. de Saugeron, portions xviie s. — de La Grange, 1641, à côté du beau chât. 1856. — Statue de la V. xiie s., dans le mur d'une maison à Blaye. — Cloche de l'Hôtel de Ville, 1666.

**BLEZIGNAC** (St-Roch). Cant. Créon. — Egl. templière rom., mais constr. fin période goth. — Abside semi-circul. xve ou xvie s., 5 pans, colonnes engagées s'arrêtant avant la corniche. — Bas-côté N. xvie s., voûté en étoile. — Bénitier dans la nef, 1622. — **Chapiteau rom.** (lavement des pieds de St Pierre), très barbare. — **Pierre tombale** du curé Vialle, avec statue couchée, début xvie s. — Très jolie **croix de cimet.** goth. xvie s. en partie refaite. — Cloche 1827 ou 1828.

*Bibl.* L. Drouyn, dans *Rev. Cath. Bx*, 1887, 300-04 ; 2 eaux-fortes (pierre tombale et croix du cimet.).

Chât. de Blézignac, xvie s., restauré xviiie s. — Vieux moulins d'Auduguey et de Ramefort.

**BOMMES** (St-Martin). Canton Langon. — Egl. 1840, clocher 1878. Encastrés dans mur de la cure, **chapiteaux romans** (corbeille, oiseaux affrontés, treillis, xiie s.) de l'anc. égl.

Chât. Peyraguey ou Pichard-Lafaurie, xiiie s. remanié. — Rabaud-Promis, fin xviiie s., œuvre de Louis.

**BONLIEU** (N.-D.). Comm. Ste-Eulalie-d'Ambarès. — De cette abbaye cisterc., il reste vaste salle, xve s. à 2 nefs de 3 travées, couverte de voûtes d'arêtes et bâtiments xviiie s.

**BONNETAN** (St-Martin). Cant. Créon. — Egl. rom., chevet plat. — Clocher-arcade devenu tour carrée par addition de 3 côtés. — Chaire xviiie s., noyer, proven. de l'égl. de la Merci de Bx.

*Bibl.* de Lacolonge, *C. R. des M. H.* 1847, 17.

Chât. de La Loubière, xvie s. — Tumulus.

**BONZAC** (St-Genès). Cant. Guîtres. — Egl. moderne, clocher 1855. — Croix de cimet. xvie s., 4 statuettes sous dais.

Chât. Richon, xve s. — La Roque-Peyraud, xviiie s. — La Grave, xviiie s., au duc Decazes.


## BORDEAUX : ARCHITECTURE RELIGIEUSE :


**ANDRE** (St-). **Eglise cathédrale**, consacrée (1096) par Urbain II. De ce 1er édifice rom., il reste les murs infér. de la nef. Plan en croix latine à nef unique. 124 m. de long., 18 m. de large au transept, 23 m. de haut dans la nef, 29 m. dans le chœur.

*Extérieur.* — Mur de l'O. sans décoration à cause de la proximité des remparts. — Sur le flanc N. : Contrefort de style Renaissance refait par l'archev. Ch. de Grammont (1530-33). — Porte-Royale (1re moitié xiiie s.) aux sculptures fort remarquables. Statues sous riches dais, véritables chefs-d'œuvre, moulées par Viollet-le-Duc pour être reproduites à N.-D. de Paris (Apôtres). Largeur de la porte 7 m. 80, hauteur 9 m. 36. Trumeau ayant perdu sa statue. Linteau (Résurrection générale, rois, ducs, évêques, autres figures nues). Tympan (Jugement dernier, Christ nimbé avec la V. et St Jean, anges tenant les instruments de la Passion, d'autres en diverses attitudes). 4 voussures (10 anges à la voussure interne, 10 autres à la 2e, 4 autres et 6 vierges ou martyres à la 3e, 12 saints à la 4e, parmi lesq. St Thomas, St Jacques le Majeur, David, tous sous dais et riches socles; dernière voussure garnie d'une riche guirlande de feuillages, oiseaux, fruits). Aux naissances de cette bordure, 2 personnages imberbes vêtus de longues tuniques (peut-être bienfaiteurs de la Cathédrale); à dr. de l'un de ces personnages, en saillie, autre personnage avec à ses pieds un cochon. Au-dessus des voussures, galerie de 10 statues en pierre, de 2 m. de haut, quelques-unes récentes (6 évêques, 2 personnages vêtus royalement). — Porte nord, à l'extrémité du transept (milieu xive s.). Pure merveille, 8 m. 65 de large, 11 m. de haut. Moulages au Trocadéro et au South-Kensington à Londres. Belles statues de Clément V sur le trumeau et de 6 évêques ou cardinaux (têtes du pape et d'un autre évêq. modernes (xixe s.). Tympan divisé en 3 zones (en bas, Cène eucharistique, au centre, Ascension, en haut, Triomphe du Rédempteur). 3 voussures (anges, 12 Apôtres, 14 personnages de l'Anc. Testament; toutes ces figurines sur riches socles et sous petits dais merveilleusement exécutés). Rosace (xve s.), refaite (1510), restaurée (1850). 2 tours à flèches élancées, un peu grêles, 81 m. de haut. — Entre ce portail et l'abside, 3 contreforts surmontés de niches vides, mais avec socles historiés (femme à demi nue, le sein mordu par 2 monstres, homme perçant un lion de son épée, moine accroupi et barbu, autre moine, singe à cheval sur un chien rongeant un os, personnage imberbe à longu chevelure, cavalier perçant un ours de son épée, 2 hommes en lutte, moine accroupi, femme vêtue et glands). — A noter, parmi les statues décorant le chevet, celles de St Thomas et de Ste Marguerite en courtisane du Moyen-âge. — Abside et chapelles jusqu'à la porte sud garnies de balustrades, clochetons, pinacles gargouilles, délicatement fouillés et ciselés (choux frisés, figurines, animaux). — Portail sud, à l'extrémité du transept (fin xiiie ou début xive s.) Trumeau, tympan, statues des jambages, enlevés (Révolution). Fragments du tympan (Couronnement de la V.) gisant abandonnés sur face nord de la cathédrale. 7 m. 05 de large, 9 m. 30 de haut. 3 voussures (10 anges, Vierges sages et folles, 12 Apôtres, plusieurs statuettes mutilées). Bas-reliefs du soubassement, mutilés, d'un bon style comme les figurines des voussures. Pointe du gâble récemment refaite (1891). 2 tours sans flèches. — A noter aussi les contreforts du flanc méridional et de l'abside (xiiie, xive, xve s.). — Sacristies constr. par Abadie (1865) à la place d'un cloître (xive s.) dont des débris se voient dans le jardin voisin et au Musée de la rue Mably.

*Intérieur*. — En entrant par la porte de l'O. contre le mur du fond, 2 **bas-reliefs** (Résurrection, Jésus aux Limbes) de 2 m. 45 sur 3 m. 35, provenant de l'anc. jubé (1531), démoli (1804). — Tribune de l'orgue, constr. (1531) par l'archev. de Grammont, remaniée (1810). Orgue du bénédictin dom Bedos (v. 1748), jeu venant de Ste-Croix de Bx, meublé (xviiie s.) du prieuré de la Réole. — Très vaste nef (av. 1150) de 7 travées, remaniée dans le haut (xve et xvie s.). Voûtes reconstr. vers la tribune (1508-21), vers le transept (fin xive ou xve s.) Clefs de voûte (armes de France, martyre de St André, Christ en croix, feuillages, rosaces, armes de Jean de Foix, xve s.). Chapiteaux intéressants (du xie s. à la Renaissance). A g., **chaire** de Cabirol (xviiie s.), provenant de l'anc. égl. St-Remi; tombeau du cardinal de Cheverus, archit. Mialhe, sculpteur Maggesi (1840-49); parmi les corbeaux soutenant la balustrade, 3 figures (peut-être d'Eléonore d'Aquitaine, de l'un de ses époux, et de l'archev. Geoffroy du Louroux). A dr., à partir du haut, tableau de la **V. et l'Enfant-Jésus**, faussement attribué à Léonard de Vinci, avec cadre italien de la Renaissance; tombeau du card. Donnet, du statuaire Delaplanche (1890); **Résurrection**, toile attribuée à Al. Véronèse (xviie s.), à côté du banc-d'œuvre; **Christ en Croix**, de Jordaens, peinture fort belle (xviie s.); Christ devant Pilate, attribuée à Gérard Honthorst (1592- v. 1662); **Portement de croix**, attribué à Annibal Carrache (1593 ou 1598). Autres tableaux : Résurrection de Lazare, de Jadin (1877), à dr.; au-dessus de la chaire **Cène**, attribuée à Claude-Guy Hallé; au-dessus du tombeau du card. de Cheverus, Martyre de St Sébastien, de Souchon (v. 1830), etc. — Très beau chevet, de style rayonnant, œuvre de l'école du Nord (début xive s.); parties hautes du transept (xve s.); à remarquer dans le chœur, le dessin du Triforium, les chapiteaux élevés, avec corbeilles nues et tailloirs ronds. Déambulatoire. Chapelles rayonnantes. — Chœur : **Porte, bois**, au fond de l'abside, provenant de la Chartreuse (xviie s.); maître-autel, marbre boiseries, grilles, provenant de St-Pierc de La Réole; jolies **crédences, fer forgé** (xviiie s.); **stalles**, bois sculpté, de Jean Tournier (xviie s.), les 2 des extrémités, de Queva († 1850); **lutrin**, bois sculpté et fer forgé (xviiie s.); vitrail de de Nozan (1842). — Chapelles et déambulatoire, d'abord à g. : 1° Chapelle du Mont-Carmel, restaurée (1856); **statue de la V.** albâtre dite N.-D. de la Nef (xive ou xvie s.); peintures murales de Savinien Petit (1868); tombeau de Mgr de la Bouillerie, coadjuteur, archit. Morin, statuaire Bonnassieu (1888); vitraux de Villiet (1857) représentant l'histoire de la V. — 2° Chap. de l'Annonciation; peintures murales de Richome (1866). — 3° Ste Marguerite; **mausolée**, pierre et marbre, d'Antoine de Noailles, lieutenant du roi (xvie s.); 2 petits **bas-reliefs**, albâtre (Résurrection, Assomption, xve s.); statue de Ste Marthe (xvie s.) proven. de l'anc. hôpital St-André; vitrail de Villiet (1856). — 4° Sacré-Cœur. Chevet de l'abside; bas-reliefs intéressants (Annonciation, Visitation, Nativité, Circoncision, Massacre des Innocents, Fuite en Egypte); toile inache-

vée du S.-Cœur, du jeune peintre bordelais Jean Sarrail (1819);
**Boiseries** provenant des Chartreux; verrières de Villiet (1852,
58). — Dans le .déambulatoire : Ste **Anne et la V. enfant**,
groupe pierre (**xiv**e s.); V. et Enfant-Jésus, groupe de Maggesi (**xix**e s.); derrière ces groupes, **enfeu** que l'on croit de
l'archev. Pey-Berland († 1458), avec **statuette d'évêque**, albâtre, de date plus reculée; **enfeu** de l'archev. Arnaud de
Canteloup († 1332); un peu plus loin, statue gisante du cardin.
Lecot, marbre blanc sur bloc de pierre († 1908), sculpteur
G. Leroux-Veunevot. — 5° Chapelle Ste Anne; beau **reliquaire**
bois peint (fin xve s.); vitrail de Villiet (1856 et 1898). — 6°
St Charles : tombeau de Mgr d'Aviau († 1826), archit. Poitevin, statuaire Romagnesi. — 7° St-Joseph : peintures d'A.
Denuelle et Savinien Petit (xixe s.); verrières de Villiet (1860
et 1898). — Dans le croisillon nord du transept, **enfeu** de
l'archidiacre de Médoc, Raymond de Landiras († 1362),
abritant la sépulture, corps gisant, du cardin. Guilbert († 1889)
— Rosace nord conservant quelq. vestiges des anc. vitraux,
meneaux refaits (1847). — Dans la sacristie, **Crucifix d'ivoire**
(fin xve s.). — **Bénitier** aux armes du cardin. de Sourdis,
marbre (xviie s.). — Rochet de St Charles Borromée.

**Statuette** de Sophocle en argent, trouvée dans l'ancien
cloitre (1813) — actuell. à la Bibliothèque Nationale à Paris
(Braquehaye *Bul. Sté Archéol.* t. XI, 89.91 1 pl. et Berchon,
id., t. XIII 83-104 4 pl.).

**Tour Pey-Berland**. Clocher isolé près du chevet de la cathéd.
constr. peut-être sur chapelle antérieure du cimetière (1440-
66), vendu (1793), racheté (1850), couronné (1863) d'une
statue colossale de N.-D. d'Aquitaine, métal doré, redorée
(1925). — Enorme bourdon de 11.000 kil. (1853), (1873),
3 autres cloches (1869).
*Bibl.* L. de Lamothe, *Essai hist. et archéol. sur l'égl. cath.
St-A. de B.* dans *Actes de l'Acad. de Bx* 1842. — Mgr Donnet
(et Ch. Des Moulins), *Monographie de l'égl. primatiale de
St-A. Bx*, 1851. — Ch. Marionneau, *Description...* 9-146. —
Brutails, *V. Eg.* 1-8, avec coupe en longueur, plan de la nef,
soubassement de la porte sud, statues de la Porte-Royale,
vue intér. — Abbé Xaupi, *Dissertat. sur l'édifice de l'égl.
primat. de St-A. Bx* 1751. — Plan du chœur par Lacourrière
dans *Compte rendu M. H.* 1850; de la nef par Roberty, *ibid.*
1851. — L. Drouyn, *Choix des types*, flèches, portail nord,
sculptures de la P. Royale. — de Lamothe, fenêtres, rosace,
pyramides, coupe de piliers, *Compte rendu M. H.* 1848, 8;
statue de Clément V, p. 20; statue de Pey Berland, 21; tympans de chapelles, reliquaire, *ibid.* 1849, 26; jubé, 1850, 14;,
contreforts, 1851, 9; porte royale, 1852, 8; tombeaux divers.
1854, 48. — Méaudre de Lapouyade, *La statue de Clément V
à la cath. St-A.* dans *Rev. Hist. Bx*, 1912, 5-17, avec 4 fig. —
A. Leroux, *Les trois énigmes du portail St-A. de Bx*, *Ibid.*
1913, 5-23. — Le même, *La procession expiatoire au Portail
royal*, *ibid.* 1913, 81-105, avec fig. — F. Randier, *Les orgues
et les organistes de l'égl. primat. Ibid.* 1921, 82-91, 145-58,
223-33; 1922, 47-58, 158-69. — Chan. Corbin, *Inventaire des*

*richesses d'art de l'égl. primat.* Bx, 1881. — Mâle, *L'art religieux du* XIIIe s. 2e éd. 415-16 (Porte royale). — de Verneilh, Eau-forte du clocher Pey-Berland, *Rev. Cath. Bx*, 1882, 624-30, article de Castelnau d'Essenault. — L. Drouyn, *Statues de la porte roy. Ibid.* 1883, 631, avec eau-forte; 1889, 425-29.

**AUGUSTIN** (St-). Au delà des boulevards extérieurs. — Egl. à 3 nefs (1874-79).

**Chapelles** : de l'Hospice de Pellegrin (1883), archit. Labbé. —
   Vitraux de Dagrant (1883).
— de l'Hospice de Picon (1890), archit. Valleton.
— de l'Hospice du Tondu (1893-94), archit. Mondet. —

**BRUNO** (St-). En face du cimetière général. — **Anc. chapelle des Chartreux** (1611), style italien de la Renaissance, consacrée (1620). — Lourde façade décorée d'inscriptions et des armes du cardin. de Sourdis, son fondateur. Près d'elle, anc. porte du cloître, remarq. par ses moulures et ses ornements.—Nef unique, 46 m. de long, 10 m. 36 de large, 13 m. 40 de haut, voûtée en berceau, sans doubleaux ni pilastres ni corniche. Peintures de la voûte de J.-A. Berinzago, italien fixé à Bx (1772), restaurées par Lemeire et Lavigne (1896). Superbes **boiseries** dans la partie basse, une partie est à la cathédr.; **stalles** (XVIIe s.); chaire de même style (1850). — **Chœur** décoré de marbres rares et variés, destinés à la Mecque et enlevés aux Turcs, don de l'archev. H. de Sourdis. Tableau infér. du **retable** (**Assomption** de Ph. de Champaigne). A dr. et à g. de l'autel, **statues**, marbre, de la V. et de St Gabriel (attribuées au Bernin). — Sur mur sud de la nef, magnifique St Bruno (attribué au Dominiquin), sur mur nord, St Jérôme (de l'école italienne); puis **St Sébastien**, percé de flèches; 13 panneaux sur 22, copie de la Vie de St Bruno, chef-d'œuvre de Lesueur au Louvre. — Dans une sacristie, accolée au flanc nord du chœur, **mausolée** du marquis de Sourdis et de sa femme (1691). — Dans un vestibule, près de l'entrée, à g., buste du card. de Sourdis, dont les restes sont à St-Bruno. — Pavage de l'égl. en carreaux de marbre; dans le milieu, 2 pierres donnant accès l'une au caveau des Chartreux, l'autre à celui de la famille de Sourdis. — **Bénitier**, pierre, aux armes du card. (XVIIe s.). — Cloches (1727 et 1780). — Au presbytère, tableaux : Benoît XIV; Chartreux en prière, de Salas; bas-relief sur métal (Ensevelissement du Christ); **portrait** du card. de Sourdis, toile (XVIIe s.).
   *Bibl.* L. de Lamothe, *C. R. des M. H.* 1845, 17; 1851, 39; 1853, 10 et 48; 1854, 48 (Cf. *Aquitaine*, 1895, 642-46, 660-63). — Ch. Marionneau, *Description...* 147-77. — Abbé Caudéran, *Rev. Cath. Bx*, 1891, 449, 486, 527, avec 3 vignettes. — Abbé Corbin, *L'anc. égl. conventuelle St-B. de Bx*, 1881 et *Aquitaine* 1887, 643-48. — M. Reymond, *Rev. de l'Art anc. et moderne*, 1914, 45-60 et fig.

**COLOMBE** (Ste-). Quelques rares vestiges de cette anc. égl. paroissiale, au 4 de la rue Buhan.

**CROIX** (Ste-). **Anc. égl. abbatiale** de Bénédictins, de style rom. (fin XIe, début XIIe s.), remaniée (XIIIe s.). Plan primitif conservé : abside et chœur, 2 absidioles non tangentes à l'abside, transept, nef, 2 bas-côtés. — Très belle et somptueuse façade rom., à l'ouest, se rattachant à l'école poitevine et saintongeaise, refaite avec fantaisie par Abadie (1865). Clocher sud seul ancien, avec voûte intéressante d'ogives, sans formerets. — Clocher nord élevé sur crypte par Abadie; fonts baptismaux au rez-de-chaussée. — Porte principale à 5 voussures; 2 portes feintes à 2 voussures reposant sur un soubassement. Au-dessus de ces deux petites portes, de chaque côté, 2 petites arcades retombant sur une colonnette médiane et sur des pieds-droits. Sur l'une des voussures de la porte centrale (signes du zodiaque), sur une autre (hommes assis tirant sur un câble tendu), à l'archivolte externe (les 24 vieillards de l'Apocalypse suivis d'élus tenant des coupes et se les présentant mutuellement). Puis tout autour diverses sculptures fort riches (damiers, dents-de-scie, chevrons, câbles, figures enlacées, rameaux, feuillages). Sur les portes feintes (démons entraînant de jeunes femmes dont des serpents mordent le sein, démons torturant des hommes qui tiennent des aumônières, types de la luxure et de l'avarice). Abadie a complètement remanié la partie qui domine ce rez-de-chaussée (Christ, Evangélistes, Anges du tympan) flèche angoumoise et, entre la façade entière et le nouveau clocher nord (statue équestre sous un arc ogival). — Toute l'égl. voûtée d'ogives (XIIIe s.), sexpartites sur la nef, ogives ordinaires sur les bas-côtés. Piliers de la nef, modifiés (XIIIe s.) pour recevoir ces voûtes, variés (simples piles massives à l'Ouest, pilastres avec colonne engagée ou colonnettes nombreuses). Chapiteaux gothiq. bien traités (feuilles d'acanthe, de châtaignier, de chêne, animaux bizarres, entrelacs, enroulements); dans les collatéraux, surtout au Nord (feuillages). Quelques culs-de-lampe à tête humaine reçoivent aussi la retombée des nervures. — Chapiteaux historiés dans le transept (sacrifice d'Abraham, Daniel dans la fosse, Jésus au milieu des docteurs). — Dans la nef, au-dessus des arcades, 8 **médaillons** encastrés dans le mur (personnages tenant une église, XIIIe s.). — Belle abside polygonale, refaite par Burguet (1865), voûtée en cul-de-four comme les absidioles. Corniche extér. des 3 absides sur modillons et, en outre, dans l'abside centrale, sur colonnettes. — Dans bras nord du transept, **tombeau arqué** d'abbé (fin XIVe s.) et, devant, curieux carreaux émaillés (XIVe s.). — Dans chapelle du bas-côté nord, tombeau de St Mommolin, objet d'un culte assez intense. — Au Sud, cloître transformé en sacristie; dans une galerie, enfeux et **peinture** (funérailles d'un prélat, XIVe s.). — Très belle collection de tableaux provenant de l'anc. abbaye et du couvent des Capucins (Cf. Marionneau, ci-dessous). — **Exaltation de la Croix**, de Bourgneuf (XVIIe s.); **Annonciation**, d'Abraham Hondrys (1663); **St Félix**, de Fr. Irecensis (1698); **St Antoine**, ermite (XVIIe s.); **Religieux bénissant** (XVIIe s.); **Ravissement de St-François**, de Gauthier (1740). — 2 **monstrances** reliquaires, bois peint et doré (XVIIe s.). — **Vierge et Enfant-Jésus**, statue, bois peint et doré (XVIIIe s.). —

**Ste Madeleine**, haut-relief, attribué au P. Bonnard, dans le bas-côté sud, encastré dans le mur du clocher (xviii<sup>e</sup> s). — 2 **consoles**, bois sculpté et doré, à plateaux de marbre (xviii<sup>e</sup> s.). — **Chandelier pascal**, bois doré (xviii<sup>e</sup> s.). — Orgue provenant du prieuré de La Réole. — Peintures murales de G. Vincent, chapelle de St-Mommolin (1878).

Ecole des beaux-arts établie dans l'anc. abbaye (1890).

*Bibl.* Marionneau, *Description.* 179-201. — *C. R. des M. H.,* 1843, 1845, 1846, 1847, 1848, 1849, 1853, 1854, 1855. — L. Drouyn, *Choix des types,* 1846. — Lacour, *Bas-reliefs du portail,* dans *Guienne hist. et monum.* 1842, I, 2<sup>e</sup> partie, p. 111. — Brutails, *V. Egl.* 8-13, avec plan, vue intér., vues avant et après les restaurations, fragment de la porte principale, porte. — A. Leroux, *Sur l'anc. cavalier à la dame du portail de Ste-C.* dans *Rev. hist. Bx* 1913, 98-102. — L. Drouyn, *Rev. Cath. Bx,* 1882, 755-60 avec eau-forte de la façade.

**Chapelles** : des Ursulines (commencement xix<sup>e</sup> s.). Désaffectée.
— du Grand-Séminaire, rue du Hamel, constr. avec les contributions des prêtres du dioç. (1876 et ann. suiv.), archit. Labbé et le Supérieur du Sémin. Larrieu, consacrée (1900). Désaffectée.
— du Petit Séminaire, cours de la Marne (1809), archit. Combes, agrandie (1856-57), archit. Ch. Brun. — Peintures murales de Louis Bordieu (1863-64). Désaffectée.
— de l'Hôpital de la Manufacture, rue de Tauzia (1687-89), consacrée (1842). Désaffectée.
— De l'anc. couvent des Capucins (St-Joseph), constr. (1602), consacrée (1609), servit au Grand Séminaire (1803-76), rue du Hamel.
— de la Congrégation des Artisans, constr. dans l'enclos des Capucins (1765), servit (xix<sup>e</sup> s.) à la communauté des philosophes du Grand Séminaire.

**ELOI** (St-). Près de la Grosse-Cloche et le cours V.-Hugo. Jadis **égl. paroissiale** de la Jurade, fondée (v. 1160), remaniée avec rétrécissement de la 1<sup>re</sup> travée de la nef (1245), peut-être agrandie (1497). — Plan irrégulier. — Nef unique, 35 m. de long sur 19 m. 50 de large, 12 m. de haut ; bas-côté à dr. 5 m. de haut. — Joli clocher sur plan polygonal irrégulier, au sud de l'abside. — Abside polygonale à 5 fenêtres à meneaux ;, à l'extér., jolie corniche décorée de fleurs de lys, de léopards, de croissants. — Dans chapelle St-Vincent-de-Paul, épitaphe en 3 langues (latin, grec, français) du savant Elie Vinet, président du Collège de Guyenne (1587); autre épitaphe de Théophile de Lauvergnac. — Vitraux du sanctuaire de E. Thibaut, de Clermont-Ferrand (1851); vitrail de la nef, de Goussard, de Condom (1858), vitrail du sud de Villiet (1859). — Riche trésor : calice et burettes, or ciselé, don de la duchesse d'Angoulême. — Orgues (1896).

*Bibl.* Ch. Marionneau, *Description...* 207-16.

**Chapelles** : du St-Cœur de-Marie, rue Gratiolet et rue Leyteire, 83, aux PP. du S. Esprit (1847). — Orgue (1898).
— du Lycée, cours V.-Hugo (1882).

— des Sœurs de l'Immaculée-Conception, rue du Mirail, 36.
— des PP. de la Miséricorde (St-Jacques), rue du Mirail (1883). Occupée par un magasin de meubles.
— Quelques pans de murs de l'anc. égl. des Augustins, rue de Candale.

**EULALIE (Ste-)**. En face de l'Hôpital St-André. — **Egl. de style gothiq.** de toutes les époques, commencée (XIIᵉ s.) sur plan à nef unique, terminée (XIIIᵉ s.) sur plan à 3 nefs de hauteur sensiblement égale; consacrée (1174) par l'archev. Guillaume le Templier, souvent restaurée, en partie même réédifiée (XIVᵉ, XVᵉ s.). — Longueur, avant les dernières restaurations (1901) : 50 m. 80, largeur 21 m. — Du XIIᵉ s., il reste, vers l'Est, des supports encore presque romans; du XIIIᵉ s., des chapiteaux à crochets à mi-longueur de la nef et plus vers l'O.; du XIIIᵉ et de la 1ʳᵉ moitié du XIVᵉ, l'ensemble des murs extér., la porte S.-O. et une des 2 portes sur le flanc Nord; des XVᵉ, XVIᵉ s., l'abside, les 2 chapelles N.-E. et S.-E., une porte au N., la chapelle St-Clair et la sacristie; de 1542, 2 croisées d'ogives vers le bas de l'égl. et divers piliers. — Jolie abside polygonale (1476), constr. grâce aux libéralités d'Yves de Campanhe (inscription dans le sanctuaire), restaurée (1854) par Ch. Burguet. Sur ses contreforts, statuettes dans de petites niches (madones, évêques, St Roch, Ste Eulalie, XVᵉ, XVIᵉ s.). Autour de l'arc des fenêtres, archivolte décorée de crochets et d'un fleuron. — A l'intér., 5ᵉ travée du bas-côté N., entre 2 contreforts, chapelle du S.-Cœur, jadis de St-Roch, contenant 2 beaux reliquaires et une **statue de la V.** avec l'Enfant-Jésus, bois (XVIIIᵉ s.), un **portrait de Jeanne de Valois**, par Mazoyer (1666), des bas-reliefs polychromés, de maigre intérêt. — 6ᵉ travée du bas-côté s., chapelle de St-Clair ou des Corps-saints, restaurée (1885-90), avec **châsses, bois doré**, commandées par le cardin. de Sourdis (XVIIᵉ s.), enfermant 7 corps saints : SS. Clair, Géronce, Sever, Babylas, Polycarpe, Jean, Justin. Une chapelle aurait été élevée à Bx (IXᵉ s.) par Charlemagne à ces 7 martyrs de Lectoure. Remarquable **grille fer forgé**, de Blaise Charlut, de La Réole (1751). — Flèche découronnée par la foudre (an XI), relevée par G. Alaux (1854), 51 m. — Anc. façade (XIIIᵉ s.) avancée sur la rue (1902). — Sur flanc S., à l'extér., série d'arcades défigurées abritant jadis des enfeux. — Vitraux de Villiet (1855 et 1860). — Joli **lutrin, bois sculpté** (XVIIIᵉ s.), provenant des Grands-Carmes. — Buffet d'orgue sculpté (XVIIIᵉ s.). — Dans le mur du bas-côté nord, près de l'autel de la V., épitaphe de Girault de Pomiers, maître des œuvres du roi en Guienne, gravée sur pierre ornementée (1525). Cf. A. Cluzan, *Rev. Hist. Bx*, 1917, 170-71 et Brutails, *Album*, p. 40 et p. 68). — Maître-autel en pierre d'Echalat, style XVᵉ s. (1860). — Orgues (1887). — **Martyre de Ste Eulalie**, toile (XVIIIᵉ s.). — Dévotion à Ste Jeanne de Valois, 4 février. — Sur nouvelle façade, 3 statues du sculpteur Leroux, Ste-Eulalie, Ste-Jeanne de Valois, Bse Jeanne de Lestonnac (1903). — Cloche (1730 et 1775).

*Bibl.* Drouyn, *Choix de types*, 25. — Ch. Marionneau, *Description...* 217-31.— Brutails, *V. Egl.* 16-18, avec plan. –

L. Drouyn, Eau-forte de l'égl. dans *Rev. Cath. Bx* 1882. —
Brutails, *La grille en fer forgé de Ste-E. Rev. philom.*, 1908,
39-41.

**Chapelles** : de la Madeleine, cours Pasteur (1685), occupée
    par les Marianites. Raccourcie et défigurée (1909). —
    2 statues, bois doré (Annonciation) (xviiie s.), provenant
    de l'anc. égl. des Dominicains (N.-Dame).
— des Sœurs de l'Espérance (xixe s.).
— des Sœurs de St-Joseph de la Ste-Famille (xixe s.), rue
    Ste-Eulalie.
— des Dames de la Miséricorde, rue Magendie, anc. égl. des
    Annonciades (1519), archit. Mathurin Galopin; gothiq. à
    une nef; vaste tribune. — Mise au tombeau, en plein
    relief (xvie s.). — chap. restaurée (1580), consacrée
    (1630).
— du Bureau de Bienfaisance, rue Ste-Eulalie, anc. chap
    des Orphelines de St-Joseph (1663-66); partie de la fa-
    çade (xviiie s.), restaurée (xixe s.). — Fenêtres percées à
    travers la voûte. — Petites chapelles latérales.
— des Franciscaines, rue Pierre-Duhem, 36 (1876).
—.de la Soc. des Pères de Famille, rue de Saintonge, 12
    (ou des Dames de Lorette) (1822).
— de l'Hôpital St-André, place de la République, archit.
    Jean-Burguet (1829).

**FERDINAND (St-)**. Rue Croix-de-Seguey, en bordure. —
Egl. de style mérovingien, mêlée de fantaisies (1863-
69), archit. Abadie, consacrée (1867). 53 m. 56 de long, 22 m.08
de large; nef 19 m. de haut, bas-côtés 9 m. — Intérieur som-
bre, mais de grand effet, détails soignés, très jolies colonnes,
disposition originale des tribunes et chapelles du transept
— Médaillons du porche et grand tympan de la façade, de
Michel Pascal; 2 figures (Eglise et Synagogue), aux côtés du
tympan, de Mora; sculpture d'ornement, de Léon Balleyre;
— vitraux de Villiet (1865). — Grand-autel (1875); autel de
la V. (1867), de St-Joseph (1868), du S.-Cœur (1881). — Peintures murales de Vincent (1882). — Chemin de croix (1872)-
— Orgues (1867), remaniées (1888). — 5 cloches (1857, 1858,
1877), bourdon (1886). — Christ d'ivoire, don du card. Donnet. — Façade restaurée (1900), archit. Valleton.
    *Bibl. Aquitaine*, 1866-67, 680-83; 1867-68, 237-39, 248-
50.

**Chapelles** : du Dépôt de Mendicité, rue Terre-Nègre (1827).
— des Dames de l'Assomption, boulevard Wilson, 370 (1866-
    67), archit. Aymar Verdier. — Occupée auj. par le Col-
    lège de Tivoli.

**GENEVIEVE (Ste-)**, Rue Bertrand-de-Goth. — Belle égl.
de style byzantin, très originale, en ciment armé, actuellement en construction, sous la direction de son 1er curé
**M. Parage** (1926-1927). — Jolis vitraux byzantins.

**JOSEPH** (St-). Près des allées de Boutaut. — Egl. édifiée (xxᵉ s.) par le P. Jean, capucin, devenue paroissiale (1920). — Peintures murales (1925).

**LOUIS** (St-). Entre le cours Portal et le quai des Chartrons. — Vaste égl. à 3 nefs, de style ogival xiiiᵉ s. (1875-80), archit. Ch. Brun, remplaçant la chapelle des Carmes-Déchaussés de 1724; consacrée (1878). 70 m. de long sur 24 m. de large; nef 23 m. de haut, bas-côtés 9 m. 50. — 2 clochers à flèche, 63 m. — **Boiseries** monumentales de la sacristie, bois d'acajou sculpté, de Bérard (xviiiᵉ s.). — 4 **confessionnaux**, bois sculpté (xviiiᵉ s.). — **Chaire**, bois sculpté (xviiiᵉ s.), le tout provenant des Carmes. — Peintures murales de Vincent (1875). — Orgues (1881), restaurées (1901). — Cloches (1769 et 1777).

**MARIE-DE-LA-BASTIDE** (Ste-). Après le pont de pierre, avenue Thiers. — Egl. (1864 et 1876-86), archit. Abadie. 56 m. de long sur 30 m. de large. — Nefs à charpente apparente à cause de l'insuffisance du terrain. — Clocher de 56 m. de haut. — Statues de Mora sur la façade (saints du diocèse rendant hommage à la V.). — Beaux vitraux de Didron. — Peintures murales de Vincent (1884), de Terral (1899). — 3 cloches (1886), bourdon et autre cloche (1889); en tout 6 cloches accordées en *la* mineur.

**MARTIAL** (St-). Quartiers Chartrons et Bacalan. Place St-Martial. — Egl. (1839-41), archit. Bonfin, façade tournée à l'Est, consacrée (1840). Longueur 46 m., largeur 20 m. 80, hauteur de la nef 13 m. — Clocher (1854), archit. Burguet, neveu. — 2 cloches (1840), 2 autres (1923). — Peintures du plafond et de l'hémicycle du sanctuaire (Apôtres en pied), de Vincent (1875) et marbres rouges et verts, qui donnent à l'édifice l'allure d'une basilique romaine. — Verrières de Feur (1894). — Bel autel St-Joseph, marbre blanc et vert (1923). — 3 belles tables de communion, marbre. — Chemin de croix de Brunet (1923).

**MICHEL** (St-). Non loin du quai de la Grave. — Une des plus **belles égl.** de Bx, gothiq. (fin xivᵉ-xviᵉ s.). Plan : 3 nefs de 4 travées, trop égales en largeur, terminées par des absides polygonales, chœur de 3 travées, transept. Elévation : grandes arcades brisées surmontées de fenêtres, sans triforium. 72 m. de long, 38 m. de large au transept, 23 m. de haut. Bas-côtés flanqués postérieurement de chapelles latérales. — Extérieur : côté N., 9 contreforts inégaux, 7 fenêtres ogivales. Au-dessus de la chapelle du S.-Cœur, inscription dans la balustrade. Meneaux de la chapelle St-Joseph (xviᵉ s.). Portail nord (fin xvᵉ s.), refait (1776 et 1868); tympan (sacrifice d'Abraham, xviᵉ s.); belle statuaire (David, les Evangélistes); au-dessus, curieuse représentation de la Trinité; à dr. du portail et au-dessus des chapelles, jolie galerie Renaissance; armes de France au sommet du fronton. — Absides pentagonales. Entre la galerie de la partie infér. et les combles du chœur, forêt de pinacles, arcs-boutants, clochetons. — Côté S. : fenêtres de divers styles, balustrades variées, arcs-boutants.

Portail refait (1876); tympan (Apparition de St Michel au mont Gargan), peut-être de Cabirol ou de Mercier (xviii<sup>e</sup> s.). — Façade O. Porte (1553); tympan (Adoration des bergers, des Mages); aux 3 voussures (8 anges, 10 sybilles, 12 Apôtres), avec socles, dais et rinceaux.

Intérieur. — Chapelles à partir du bas du collatéral n. :

1.º Chapelle des fonts-baptismaux (1494-95); voûtes (1558); haut-relief de Prévôt (Jésus et la Samaritaine, xix<sup>e</sup> s.); vitrail de Maréchal, de Metz; ferronneries de Laporte (1758-59). — 2º Ste Elisabeth (xvi<sup>e</sup> s.); tableau de l'autel (Ste Elisabeth, xviii<sup>e</sup> s.); du côté de l'Epître, épitaphe du bénéficier, Bertrand Girault († 1580); grille de Dumaine (1753). — 3º Sacré-Cœur : à l'angle sud-ouest, tombe plate de Raimond de Guilhac, marchand († 1462); plus. pierres tombales dans le bas-côté; 3 bas-reliefs (Elie dans le Désert, Jésus consolant les hommes, multiplication des pains, de Ponsin, de Toulouse (1876); statue du S.-Cœur, de L. de Coëffard; St Jean Apôtre et Ste Marguerite-Marie, de Prévôt; vitrail de Maréchal. — 4º Dans le bas-côté : N.-D. de Pitié (xvi<sup>e</sup> s.). Chapelle St-Joseph, voûte curieuse à liernes (xvi<sup>e</sup> s.); splendide **retable** (xvi<sup>e</sup> s.) avec 9 **bas-reliefs** anglais (xv<sup>e</sup> s.) représentant : St Jean-Baptiste, Annonciation, Nativité, Adoration des Mages, Résurrection, Ascension, Assomption, Couronnement de la V., St Joseph (ce dernier, en bois, récent); dans 3 niches séparées par colonnettes en spirales et à chapiteaux feuillus (Ste Vierge, Ste Catherine, Ste Barbe); vitrail de Villiet grille de Kauzac (1751); très beau chandelier pascal de Cabirol (1783). — 5º Bras N. du transept : sur face O., vitrail (Adoration des Mages, xvi<sup>e</sup> s.); sur paroi nord, rosace, avec au centre un fragment de l'anc. verrière, le reste de Villiet; au-dessus du tambour moderne, haut-relief (Chute d'Adam et d'Eve); 3 statues plus haut placées encore (Ecce Homo, Vierge, St. Jean); sur paroi est, beau vitrail de Maréchal; bénitier, marbre rouge, de Cauquil, « marbrier de Caune » (1729). — 6º St Esprit (av. 1444), peinte (v. 1475); inscription en gothiq. carrée (1471), relative à Alphonse Fernandez, marchand de Burgos; autre inscription concernant la sépulture de Jean Dorat, bourgeois de Bx; tombeau de la famille Brivazac; vitrail de Villiet (1855). — 7º N.-D.-de-Bonne-Nouvelle (début xvi<sup>e</sup> s.) autel fait de débris (xvi<sup>e</sup> s.) par Dubuch (1853); **vitrail** (xvi<sup>e</sup> s.) plus. fois restauré, en bas, personnages nimbés (famille contemporaine de la V.), en haut, arbre de Jessé; au-dessous, bas-relief, plâtre (Funérailles de la V.) de de Coëffard (1854); tableau peint sur bois (Annonciation), œuvre hollandaise ou flamande (v. 1500), très précieuse attribuée à Lucas de Leyde ou l'un de ses élèves. — 8º St-Sépulcre (début xv<sup>e</sup> s.); sur l'autel, splendide **Descente de croix**, pierre (fin xv<sup>e</sup> s.); armoiries des de Ferron sur crédence de l'Evang., des d'Ambrus, du côté de l'Epître; **vitrail** (xvi<sup>e</sup> s. dans le haut et 1854). — 9º Absidiole de N.-D.-des-Anges; bas-reliefs (1854); riche autel, marbre et bronze doré (1853), de Coëffard; vitraux de Maréchal. — 10º Abside principale avec orgue d'accompagnement; maître-autel consacré (1889). — 11º Absidiole Sud, St Jean-Baptiste (très ancienne); sur l'autel, beau groupe de Prévôt. — 12º Chapelle double Ste-Anne et Ste-Marguerite, jadis divisée par un mur de refend (toutes deux de 1384); vitrail de Maréchal; au-dessous, inscription (1384); escalier descendant aux sacristies (1853-55), salon de M. le Curé, anc. salle capitulaire polygonale à pilier central.— 13° St-Jacques; bel **autel Renaissance** (1622), dans son soubassement (Mariage de la V., Visitation, Annonciation); vitrail de Villiet (1853); tableau central (Apothéose de St Jacques), école espagnole(1631-32); autre tableau (**Christ en croix**, 1640); contre le mur sud, **statue de St-Jacques** (xviiᵉ s.), récemment peinte; grilles de Ramade (xixᵉ s.). — 14° Bras du transept; paroi ouest. **vitrail** (v. 1600) avec donateur, Vierge, Ste Anne, grande Dame et en haut écu de France et de Bretagne; paroi est, grand tableau de l'école de Rubens, mal restauré (décollation de St Jean); paroi sud, verrière de Maréchal (Pèsement des âmes, 1856); au-dessous, belle galerie avec en bas arcatures aveugles et trilobées, séparées par des pinacles. — 15° Ste Apollonie; voûte du bas-côté (1664); grille de Kauzac (1751); autel ancien; **Crucifixion**, toile du retable (xviiiᵉ s.); chandeliers originaux; vitrail de Villiet (1856).— 16° N.-D.-des-Montuzets (1552), voûte originale; grille de Joffrait (1778); tableaux (Assomption), école de Poussin, (**Annonciation**), de Battanchon, bordelais (1774). — 17° SS. Anges; voûte du bas-côté (1548), de la chapelle(1545); grille de Joffrait (1780); chandeliers anc., bois sculpté. — 18° Ste Catherine, jadis des Montuzets; voûte du bas-côté (1557), de la chapelle (1558); grille de Joffrait (1780-81); bon tableau (**St-François d'Assise**), offert aux Cordeliers par le cardin. de Sourdis (1600-28), attribué au Dominiquin, à Annibal Carrache ou à Ribera; Ste Ursule, sculpture en pierre (xviᵉ s.); vitraux de Maréchal; inscription (xvᵉ-xviᵉ s.). — Dans la grande nef, voûte de la 1ʳᵉ travée (1553), de la 2ᵉ (1554); buffet d'orgues (1760-64), jeux (1869); tribune (1761-62), archit. Alary, sculpteurs, Cessy et Audebert; très belle chaire, bois d'acajou revêtu de marbre (1753), sur l'abat-voix (St Michel et le démon), d'auteur inconnu, avec consoles (anges), ébénisterie de J. Feyneau?; en face, Christ, bois (xvᵉ-xviᵉ s.); banc-d'œuvre (1854), sur dessins d'Abadie. — Chœur, voûtes refaites (1861-63) par Burguet; **verrières**, fragments importants (xviᵉ s.); stalles modernes; anges porte-flambeaux, de Prévôt, agenouillés, de Mora; près de l'autel, St Pierre-ès-liens et Tables de la Loi, de de Coëffard. — Sacristies en sous-sol (1852-65). — Chemin de croix de Prévôt. — Consécration de l'égl. (1863). — Erection en basilique mineure (1903).

Clocher (la Flèche), constr. (1473-92) par Jean Lebas, de Saintes et son fils, refait et modifié par Abadie (1861-64) (base plus large, clocher plus pyramidal), hauteur 114 m. 20 (fleuron de 8 m. 55 et croix de 5 m. compris); sur les 6 contreforts statues de St Delphin, St Paulin (sculpt. Fromanger), Clément V, Pey-Berland (Michel Pascal), Paul II (de Coëffard), Arnaud II de Canteloup, archev. (J. Mora); square établi (1874). — Cloche (1771).

Caveau des Momies, au-dessous du clocher, voûte gothiq. à 6 branches d'ogives, sensiblement bombée, nervures reposant sur des culs-de-lampe (fin xiiiᵉ ou xivᵉ s.); momies, corps conservés par la nature du sol, extraits du cimetière voisin, placés là (début xixᵉ s.).

*Bibl.* Marionneau, *Description.*, 248-335. — Abbé Corbin
et Bouluguet, *S. M. de Bx. Etude hist. et arch.* Bx, 1877. —
*Compte rendu M. H.* 1841, 1843 1845,1846,1847,1849, 1850,
1851, 1852, 1853. — Brutails, *S. M. de Bx*, 1916, avec planches. — Le même, *V. Egl.* 14-16, avec vues du clocher, vitrail.
— Chan. Nolibois, *Aquitaine*, 1868-69, 637-40, 650-55. —
H. Bertrand, *Notice sur un vitrail de S. M. Bull. Soc. Archéol.*
1923, 54-58. — M. Ferrus, *Les momies de St-M.*, 1923, 32 p.

**Chapelle** : des Sœurs de la Doctrine chrétienne, rue Bigot,
    9 (xixᵉ s.). — Peintures murales de Vincent et Bonnet
    (1864).

**NICOLAS-DE-GRAVES** (St-). Rue St-Nicolas, près l'hô-
pital militaire. — Egl. de style néo-grec (1820-23), archit.
Poitevin, considérablement agrandie (1894) archit. Léon
Drouyn, consacrée (1825). — Nef de 40 m. 60 de long sur
13 m. 33; avec les bas-côtés 23 m. de large. — Sanctuaire
refait (1894), peint par Bonnet et Vincent (1857 et 1880).
— Vitraux de Villiet (1855). — Tableaux : St Nicolas, de
Mauzaisse (1837); St Elie, proven. des Grands-Carmes; Ste
Famille, d'O. Gué (1832); Madeleine, versant des parfums,
du même (1846). — Chaire avec panneaux bas-reliefs (xviiiᵉ).
— Buffet d'orgues (1850).

**Chapelles** : de l'Ecole St-J.-Bapt.-de-la-Salle, rue de St-
    Genès (1877).
    — de l'Hospice des Enfants-Assistés (1883-88), cours de
l'Argonne.
    — des Sœurs de la Présentation, cours de la Somme (xixᵉ s.).

**NOTRE-DAME**. Entre l'Intendance et les allées de Tourny, place du Chapelet (anc. St-Dominique). — Anc. et très
belle chapelle des Dominicains (1684-1707), archit. Michel du
Plessy et fr. Jean Maupeau, puis fr. Jean Fontaine; rappelant, mais en plus vaste, le plan de St-Paul-St-François-
Xavier; chapelles latérales, de plan courbe presque aplati,
ont plus de profondeur.— Façade (1707), divisée horizontalement en 2 étages : rez-de-chaussée, d'ordre corinthien,
décoré de 6 colonnes et de 4 pilastres soutenant un riche
entablement avec frise à rinceaux; 1ᵉʳ étage, d'ordre composite, avec 4 colonnes supportant un fronton triangulaire.
Du haut en bas, niches, cartouches, pinacles, vases de fleurs,
anges portant livres, palmes, encensoirs, vases sacrés. —
Dans partie haute, 4 médaillons de Dominicains (Benoît XI,
St Antonin, St Pie V, St Albert). Au-dessus de la porte principale, bas-relief (la V. donnant le Rosaire à St Dominique).
4 statues d'Edmond Prévôt (St Ambroise, St Grégoire, St
Jérôme, St Augustin) (1866). — Nef, 60 m. de long sur 34 de
large, à voûtes à pénétration. Bas-côtés reliés à la nef par
7 arcades retombant sur des piliers. Tribunes et chapelles
sur trompes ou en encorbellement, ornées de belles ferronneries. — Pas de transept. — Abside à pans coupés. — Clocher,
de style dorique, à 3 étages, avec croisées cintrées, au Nord-
Ouest de l'abside.— Remarquable maître-autel, marbre blanc,

avec anges adorateurs et groupe central de 4 petits anges
par J.-B. Peru, Avignonnais (1751). Belles grilles du bordelais
Moreau (av. 1781), Boiseries du chœur et buffet du grand
orgue, attribuées à fr. Thomas (xviiie s.). Peintures murales
de Romain Cazes (1874-75). — Très belle chaire, bois sculpté,
plaquée de marbre rouge, de fr. Thomas; abat-voix renversé
(1793), rétabli par Bonino, avec statue de l'Assomption (1806).
— Tous les vitraux de Villiet (1847-49), sauf celui de la tribune de l'orgue, de Hutrel (1860). — Au fond des chapelles,
11 superbes toiles (Saints Dominicains et autres sujets) de
frère André (1712 à 1741). — Belles boiseries de la sacristie.
— **Bustes-reliquaires** de Ste Rose de Lima, bois doré (xviie s.),
de St Thomas d'Aquin, bois peint et doré (xviie s.). — Tableaux : **Mater Dolorosa** (1713), **Visitation** (xviiie s.), **St Pierre**
(xviiie s.), **St Louis**, de Quinsac-Monvoisin (1815). — Cloches (1541 et 1767).

*Bibl.* de Lamothe et Rabanis. *C. R. des M. H.* 1848, 4,
avec plan. — Marionneau, *Description...*, 347-76. — P. Cour-
teault, dans *Rev. philomathique*, 1917, 156-78, fig. — Marcel
Reymond, dans *Rev. d'art ancien et moderne*, 1914, 415-22.
— Ch. Chauliac, *Hist. de l'égl. de N.-D. de Bx*, 1881.


### N.-D.-DE-LOURDES-DES-CHARTRONS.

Chapelle des PP. Carmes, rue Mandron, 17, 1854, archit.
fr. Philibert, très originale, désaffectée. — Chaire du fr. San-
tos, 1875.


### PAUL-St-FRANÇOIS-XAVIER (St-), Rue des Ayres. —

Anc. chapelle de la Maison professe des Jésuites, constr. sur
crypte en style Jésuite (copie réduite du Gesù de Rome)
consacrée (1676 et de nouveau 1842). Plan en croix latine.
De grande allure, malgré ses dimensions restreintes. — Façade au nord, divisé en 2 étages : infér. avec décoration co-
rinthienne; supér. en style composite, restée inachevée. —
Nef voûtée en arêtes avec doubleaux. — Bas-côtés très étroits,
3 m. 60. — Chapelles latérales peu profondes, logées entre les
contreforts, voûtées en berceaux transversaux. — Tribune
intéressante. — Carré du transept voûté en coupole, chœur
en berceau; abside presque plate. — Autel principal, entouré
de colonnes de marbre soutenant un baldaquin, abritant un
chef-d'œuvre de Guill. Coustou (Apothéose de St François-
Xavier, 1744-48); à dr. et à g. du sanctuaire, 2 bas-reliefs
(Prédication et Mort du même Saint). — Retables des grandes
chapelles dans les bras du transept, noyer sculpté. — Christ,
bois, en face de la chaire, du sculpt. bordelais Lamarque
(1851). — Buffet du grand-orgue, de Hugla (1850). — Nombreux tableaux, entre autres : **St Jérome** (xviiie .); **Christ et
les enfants**, attribué à Jaurat (1789); Ravissement de St Paul,
de J.-B. Alaux (1830); copie de la Transfiguration de Raphaël
par Monvoisin (v. 1812), etc. — Dans la sacristie, 17 reliquaires, bois doré (xviie et xviiie s.). — A l'entrée de l'égl.,
inscription rappelant la sépulture de Jean-Jaubert de Barrault, év. de Bazas et archev. d'Arles († 1643). — **Confessionnaux**, bois sculpté (xviie s.). — Clocher au Sud-Est de
l'abside, surélevé par Burguet (1853-55).

*Bibl. L'égl. St-Paul, anc. égl. de la Maison Prof. des Jés.
de Bx.* Bx, 1863. — Marionneau, *Description...* 376-411. —
M. Birot, *Bull. soc. arch.* XVI, 1923, 14-25, fig. — (Chan.
Corbin), *Aquitaine,* 1884, 54-57, 90-92. — *C. R. des M. H.*
1854, 45-47, avec plan, façade, coupe en long, retable.

**PIERRE** (St-). Non loin des quais de la Bourse et de la
porte du Palais.— Belle abside et partie de l'intéressante
façade, de style ogival flamboyant (xv⁰ s.), le reste, reconstr.
(1875-82), par Mondet. — Tableaux : St Pierre délivré de la
prison, de Léon Pallière; **Christ remettant les clefs à St Pierre**
(1664). — 2 statues bois (St Pierre et St Paul).
*Bibl.* Piganeau, *Les cloches de l'égl. St-P. Bull. Soc. arch.*
XX, 1895, 77-81.
Partie de l'anc. égl. des Mercédaires, au coin des rues Arnaud-Miqueu et de la Merci.

**PROJET** (St-). Sur place du même nom, près rue Ste-
Catherine. — Eg. désaffectée, remaniée (xvii⁰ et xviii⁰ s.),
qui conserve son clocher assez pittoresque. — Sur la place,
croix gothiq. de l'anc. cimetière (xv⁰ s.) décorée de petites
statuettes d'évêques ou d'apôtres, remaniée en son sommet.
1843, 1910.

**REMI** (St-). Près rue de ce nom, rue Jouannet. — **Egl. désaffectée** servant de garage. — 2 nefs plus un bas-côté au nord
et un rang de chapelles au sud, de style ogival du xiii⁰ s.
reconstr. (début xvi⁰ s.), consacrée (1512). — Voûtes gothiq.
bizarres. — Bien conservé. — Inscription dans le mur nord
(xvi⁰ s.). — Vantaux de la porte (xvii⁰ s.). — Plan de l'égl.
dans Cirot de la Ville, *L'Egl. St-Seurin,* p. 287; eau-forte du
baron de Verneilh, *Rev. Cath. Bx,* (1883).

**REMI** (St-). Rue Achard, à Bacalan. — Egl. (1865-72). —
Sacristie, anc. chapelle St-Louis de Bacalan (xvii⁰ s.). —
Cloche (1880), 2 autres (1898). — Orgues (1886).

**SACRE-CŒUR**. Près de la rue Pelleport. — Egl. de style
de transition (1877-84), archit. Mondet, 64 m. de long sur
29 m. 50 de large et 20 m. de haut sous voûtes. — 2 flèches
(1901). — Sculptures de Mora. — Statue du Sacré-Cœur,
marbre blanc. — Très bel autel à baldaquin. — Centre de
pèlerinages diocésains.

**SEURIN** (St-). Allées Damour. — Très belle et originale
**égl., anc. collégiale**, à laq. tous les styles ont fourni leur ap-
port (xi⁰ et siècles suivants). Basilique mineure (1873).
*Extérieur.* — Façade O., reconstr. en style néo-roman
(1828) par Poitevin, remplaçant une façade (xiv⁰ s.) dont les
statues sont au Musée. 4 statues de Maggesi (SS. Seurin,
Amand, Pierre, Paul, 1831). Bas-relief du tympan (St Seurin reçu par l'évêque St Amand). Un peu en recul sur le
porche, beau clocher rom. à 3 étages, fenêtres cintrées, les
unes géminées, les autres aveugles (restauré 1861). — Côté
N., caché par des habitations particulières. — Côté S., vaste

porche Renaissance polygonal abritant un magnifique portail à 5 voussures (XIIIᵉ s.), restauré (v. 1844) et 2 portes feintes. Tympan central (Résurrection des morts et Jugement dernier); tympan de g. (Stes Femmes au tombeau); tympan de dr. (Songe de St Amand). Dans les voussures nombreuses figures sculptées (anges, évêques). 14 grandes statues nimbées et nu-pieds d'époque et de facture diverses (XIIIᵉ et XIVᵉ s.) (Apôtres, Synagogue, Eglise). Sur l'arc tréflé du portail, épitaphe du chanoine Raymond de Lafont († 1267). A dr. du porche, jolie statuette de Ste Catherine (fin XVᵉ s.). A g., restes d'une double rangée d'arcatures reposant jadis sur consoles et colonnettes, auj. remplacées par un glacis entre les contreforts. Plus loin, à dr., petit beffroi à base rom., chapelles en saillie à pignons à crochets et fenêtres (XVᵉ s.). — A l'E., chevet plat de style rom., flanqué au N., de l'abside polygonale de la chapelle N.-D.-de-la-Rose, au S., mais en retrait, de la chapelle St-Jean (XIIIᵉ s.).

*Intérieur.* — Entrée de l'O., porche rom. (XIᵉ s.) de 7 m. 80 de long sur 3 m. 05 de large, voûté en berceau; doubleaux et archivoltes retombant sur colonnes enfouies dans le sol (1 m. 20) aux chapiteaux bizarres (le 1ᵉʳ à dr., tombeau de St Seurin; un peu plus loin à g., chapiteau gallo-romain, puis serpents enlacés, animaux s'entre-dévorant, sacrifice d'Abraham). 2 inscriptions sur le 1ᵉʳ chapiteau à dr., une autre sur le 4ᵉ chapiteau à g. (XIIᵉ s.). — Grande nef dont 1ʳᵉ partie remonte au XIᵉ ou XIIᵉ s.; voûte (XIIIᵉ s.), une partie effondrée 1566 et 1698), relevée (1700). — Chœur de 2 travées et chevet plat (XIIᵉ s.). — Collatéraux postérieurs. — Chapelles, en commençant par le collatéral N., à l'O. : 1° N.-D.-de-Bonne-Nouvelle ou Annonciation (XVIᵉ s.) en contre-bas du sol de plus d'un mètre (fondée 1243 par le chan. Gaillard Lambert); **Madone** de l'autel, marbre, gothiq. (XVᵉ s.). En arrière, chapelle récente de St-Michel; sarcophage en contre-bas du sol, enclavé sous une ogive, du chan. Foulques Lacombe († 1387). — 2° St Fort (1847), (sur plan de l'abbé Dézieux). — 3° S.-Cœur, antérieurement St-Martial, reconstr. dans le style flamboyant (1881-83) par L. Courau, avec 2 chapelles latérales (St-Martial, St-Joseph); statue de St Martial (XIIIᵉ ou XIVᵉ s.). — 4° N.-D.-de-la-Rose (v. 1427), restaurée (1858); jolies arcatures; pendentifs de la voûte (Annonciation, Couronnement, Assomption, Adoration des Mages, Jugement dernier); sur l'autel, **statue de la V.** marbre (XVᵉ s.); 2 **tombeaux** de Doyens de la Collégiale, Hunauld de Lanta († 1550), Guillaume de Lana († 1570); **retable** contenant 12 **bas-reliefs**, **albâtre** (vie de la V., XVᵉ s.). — 5° Chœur (XIIᵉ s.); maître-autel, marbre blanc (XIXᵉ s.); en avant, 14 **bas-reliefs, albâtre** (scènes de la vie des patrons de l'égl. XVᵉ s.); belle **chaire épiscopale**, pierre sculptée (XVᵉ s.), restaurée (XIXᵉ s.); derrière l'autel, 32 **stalles** fort intéressantes à sculptures satiriques (v. 1542). — 6° Chapelle St-Jean, avec abside (XIVᵉ s.), restaurée (v. 1860); dans le bras sud du transept, **cénotaphe** de J.-J. Dusault, évêq. de Dax, Doyen de St-Seurin (†1623). 7° Sacristie (1734-35), anc. chapelle Ste-Catherine (XVᵉ s.); nombreux **portraits de Doyens** et de curés du XIXᵉ s., plusieurs classés; dans le collatéral sud, au-dessus d'une porte murée,

**bas-relief** (Messe de St Grégroire le Grand, xvi⁰ s.). — 8° Chapelle St-Etienne (xvi⁰ s.), restaurée (v. 1865), clef de voûte armoriée; sous l'autel, sarcophage (iv⁰ s.); bas-relief (xiii⁰ s.); statue anc. de St Etienne. — 9° Ste-Véronique ou des fonts baptismaux, restaurée (1889); belle **cuve en bronze** (1659) de Léonard Hervé.

Tableaux : au N. Réception de St Seurin par St Amand, de Drolling (1821); Christ mort, au pied de la Croix, copie de Frà Bartholomeo della Porta (xv⁰ s.); St Amand et St Seurin, de Raymond Bonheur (1839); au S. : Tobie rendant la vue à son père, copie de Léon Pallière; St Bruno, d'après la toile de Lesueur. — Vitraux de Villiet (1853, 1854, 1857, 1858, 1861-62).

Tribune d'orgue des frères Laclotte (1771-72). — Grand orgue de J.-B. Micot (1773), réparée par Maille (1891); buffet de Cabirol et Cessy (v. 1780). — Chaire (1875). — 4 cloches (1640, 1759, 1761, 1846). — 2 bénitiers de Perrié (1771-72).

Crypte de St-Seurin (début xi⁰ s.). Nef voûtée 6 m. 35 de long sur 3 m. 10 de large, terminée par un petit sanctuaire; 2 bas-côtés, de même largeur, terminés par 2 absidioles à fond plat. Au fond du sanctuaire, tombeau de St Fort (très visité au mois de mai), surmonté d'un cénotaphe (xvii⁰ s.). 4 petites arcades séparant la nef des bas-côtés, reposant sur colonnes de marbre de diverses couleurs, d'origine gallo-romaine, ainsi que leurs chapiteaux. Au fond de l'abside principale, 3 sarcophages dont l'un pris sous la muraille. 2 sarcophages en pierre, 5 en marbre, sculptés (iv⁰, v⁰ ou vi⁰ s.); plus. **plaques de marbre** ou de pierre ouvragées, carolingiennes ou mérovingiennes; **monument funéraire** de Rostaing de Ramefort, pierre (xv⁰ s.); 2 **statues tombales** (xiv⁰ et xv⁰ s.); **carreaux vernissés** contre le mur est (xiii⁰ s.). — Caveau très anc., faisant suite à l'enfoncement du milieu. — Crypte et égl. construites sur des tombeaux. — Le cimetière de St-Seurin fut au Moyen-âge l'un des plus célèbres de la chrétienté.

*Bibl.* abbé Cirot de la Ville, *Origines chrétiennes de Bx ou Hist. et descript. de l'égl. St-S.* Bx 1867. — Rabanis et de Lamothe, *Tombeaux gallo-rom. à St-S.* dans *C. R. des M. H.,* 1846, 10. — *Anc. façade occid., ibid.* 1848. 7, fig. et plan de l'égl. p. 39. — *Stalles de l'égl. St-S., ibid.* 1853, 25-27, 26 dessins. — *Tombeau de l'év. Dussault, ibid.* 1855, 17, fig. — Piganeau, *Trois anc. inscript. tumulaires dans la chap. du S.-Cœur. Bull. Soc. arch.* 1876, 134. — Le même, *Un tombeau de la fin du* xiv⁰ *s. à l'égl. St-S., ibid.* 1891. CXVI-CXXVI-1 pl. — Brutails, *St-S. de Bx et sa crypte, ibid.,* 1904, 98-102. — Le même, *V. Egl.* 18-25, plan, vue de l'égl. vue intér., plan de la crypte, etc. — Marionneau, *Description...,* 425-78, 525-26. — *Notice sur l'égl. St-S. Bx* 1840, 140 p. — Durègne, *Inscriptions chrét. de St-S. dans Rev. des Etud. anc.,* 1908, 363-64, fig. — Baron de Verneilh, *La chapelle du S.-Cœur, Aquitaine,* 1878, 173-80. — Chan. Corbin, *Mobilier de la basiliq. de St-S.,* Bx, 1874.

**SIMEON (St-).** Rue St-Siméon. — Egl. désaffectée, de l'époq. gothiq., à fausse voûte en bois (Eau-forte d'une chapelle Renaiss., du baron de Verneilh, dans *Rev. Cath. Bx,* 1885). — Qq. statues et retable Renaiss., pierre.

## ARCHITECTURE CIVILE :

Ruines du **Palais-Gallien**, v. 254-68. — Portes : **du Palais** ou Royale ou Cailhau, v. 1495, dégradée 1753-54, restaurée et isolée 1882 ; à l'intér., Musée d'Histoire locale, — de la **Grosse Cloche** ou St-Eloi ou de l'Hôtel-de-Ville, xve s., 2 tours sur 6 subsistent. — Dijeaux, 1748, — de la Monnaie, 1752, — d'Aquitaine, 1753, — de Bourgogne, 1755, — Tour ou Fort xve s., de l'anc. château du Hâ, démoli xixe s. — Hôtels de la Bourse et des Douanes, constr. par Gabriel, 1749. — **Grand Théâtre**, chef-d'œuvre de Victor Louis, 1773-80, — Hôtel de la Marine, place Tourny, 1758. — Bureaux de la Préfecture, anc. Hôtel Saige, rue Esprit-des-Lois, constr. par Louis, 1775. — Préfecture, anc. Hôtel du duc de Richelieu et, au xixe s., anc. archevêché, xviiie s., rue Vital-Carles. — Hôtel du Journal *La Gironde*, rue de Cheverus, xviiie s., anc. Hôtel du marquis de La Tresne. — Hôtel de ville, anc. Palais archi-épiscopal, constr. par l'archevêq. de Rohan, 1772-81, archit. Bonfin et Etienne. — Fontaines : St-Projet, 1737, — **Ste-Croix**, 1735, — de la Grave, xviiie s., dessinée par Gabriel. — Jardin Public, créé par Tourny, 1745-56, agrandi 1858, cours de Verdun. — Quais, xviiie s. avec de beaux hôtels particuliers de cette époque. — Cimetière des Israélites, 1728 et 1764. — Qq. vieilles maisons : impasse de la rue Neuve, — 16, rue St-James — 33, rue du Loup, — 47, rue Arnaud-Miqueu, — 49, rue des Bahutiers. — Maison Labottière, à Tivoli, 1770-73. — **Tombeau de Michel Montaigne**, dans le vestibule de la Faculté des Lettres et des Sciences. — Façade de l'anc. Collège des Jésuites, cours Victor-Hugo, complétée xixe s. — Entrée de l'Ecole d'équitation, 1759, rue Judaïque, sculpture de Francin. — Hôpital St-André, 1829. — Palais de Justice, 1846. — Institution des Sourdes-Muettes, rue de l'Abbé-de-l'Epée, 1862-69, archit. Thiac. — Archives départementales, rue d'Aviau, 1866; archit. Labbé. — Faculté de Médecine et de Pharmacie, 1880-88. — Facultés des Lettres et des Sciences, 1881-86. — Pont de Bordeaux, 1810-22. — Gare St-Jean ou du Midi. — Monument des Girondins, 1894-95. — Pour plus de détails, cf. le nouveau plan de Bordeaux, édité par la librairie Féret, 1927.

**BOSSUGAN** (Ste-Eulalie, auj. St-Laurent). Cant. Pujols. — Egl. rom., une nef, chevet droit. — 2 chapelles ajoutées xve ou xvie s. — Autel principal (tabernacle de style flamboyant grossier) adossé à une cloison : retable, porte de la sacristie, crédence formant un ensemble. — Cloche, 1596. — Croix de carrefour, 1607.
*Bibl.* L. Drouyn, *Var. Gir.* II, 201-03.
Restes (donjon et tourelle, xive s.) de l'anc. chât. de Brugnac, remplacé par maison xviie s. — Vieille maison de La Broue.

**BOULIAC** (St-Siméon). Cant. Carbon-Blanc. — Petite égl. rom. (xiie s.), restaurée et fortifiée par Pey-Berland, qui en fut curé (v. 1420). Malgré sa réfection moderne, conserve très intéress. abside et beau portail. — Clocher (1863)

sous leq. s'ouvre un **portail rom.** à 3 voussures en retrait formées de tores, cavets et entrelacs; 3 paires de colonnettes
aux chapiteaux quelque peu barbares, mais intéressants
(Portement de Croix, Ste Véronique, Tobie et Raphaël, Adoration des Mages, St Michel et le démon, Baptême du Christ,
Christ tenant par la main un personnage suivi de deux autres
les mains croisées). — Intér. de l'égl. particulièrement riche,
presque luxueux. — Arc triomphal et arc séparant le sanctuaire du chœur reposant sur 2 colonnes engagées, à chapiteaux
fort curieux (Adam et Eve mangeant le fruit défendu, chassés
du Paradis, Adam travaillant la terre, quadrupèdes fabu-
leux à corps d'homme, Daniel dans la fosse aux lions, qu;
lui lèchent les mains. St Michel et le dragon, Tobie et Raphaël). — **Abside** voûtée en cul-de-four, chœur en berceau,
nef lambrissée. — Abside semi-circulaire divisée en 7 pans
par 6 colonnes aux chapiteaux sculptés (pommes de pin,
feuilles, personnages, animaux); extér. et intér., les 5 fenêtres ouvertes dans cette abside et le chœur reposant sur 2 colonnettes à chapiteaux (pommes de pin, serpents, oiseaux,
feuillages); tailloirs sculptés; corniche sur 19 corbeaux à l'abside et 51 sur les flancs de l'égl. (animaux, feuilles, personnages, entre autres homme accroupi jouant du violon).
Murs de l'abside et du chœur surélevés pour la défense (xvᵉ s.).
— Peintures murales du sanctuaire (1872), de la nef (1896) de
Boudon. — **Reliquaire de la Sainte-Epine** pierre (xviᵉ s.). —
Cloche (v. 1785).

*Bibl. C. R. des M. H.* 1855, 6, avec coupe en travers, élévation nord, plan et détail d'une fenêtre de l'abside. — Brutails, *V. Egl.* 41-42, avec vue de l'égl. et 3 chapiteaux de la
porte. — J. Drouyn, *Choix de types*, 4 chapiteaux de l'abside.
— Rebsomen, *La Garonne*, 99-100, vue de l'abside. — (Abbé
Pareau, curé). *B. au* xixᵉ *s.* 1900.

**BOURDELLES** (N.-D., auj. St-Eutrope). Cant. La Réole.
— Egl. rom. souvent inondée, réparée.

**BOURG** (St-Géronce). Canton. — Egl. 1856-62.
Qq. traces de l'abside de l'anc. égl., rue de la Goutinière,
près de l'arceau.—A la mairie, 2 devants d'autel, brodés par
Anne d'Autriche. — A l'angle S.-E. des remparts, chapelle
St-Augustin, xiiᵉ s. auj. boutique. (*C. R. des M. H.* 1866, 36,
vue intér.).
Restes de fortifications à l'O. et au N.-O. Grosse tour.
Portes du port et de Blaye, xiiiᵉ s., remaniée xvᵉ s., en partie
démolie. — Rue Valentin-Bernard, maisons Leydet, fin xvᵉ s.
et Laloue, avec jolie croisée xviᵉ s. — Chât. Lansac, anc. mais.
de plaisance des archevèq. — Chât. du Bousquet, 1654.

**BOURIDEYS** (St-Michel). Cant. Villandraut. — Egl. 1854.

**BOUSCAT** (**LE**). (Ste-Clotilde). Banlieue de Bx. Egl. 1852-
54.

**BOYENTRAN**. Comm. St-Germain-d'Esteuil. — Mottes de
Redeyran — de Lugat — d'Eyrans — du Grand-Met.

**BRACH** (St-Sébastien). Cant. Castelnau. — Egl. 1867.

**BRANNE** (St-Etienne). Canton. — Egl. 1864. — Croix de cimet. à colonne torse, xviiᵉ s. — Dans les sacristies, statues anc., bois, vieil autel Louis X111, orné de statuettes.
Station préhistor. de Guspit, découv. 1908. — Mottes féodales du Casterar et de Montremblant.

**BRANNENS** (St-Sulpice). Cant. Auros. — Egl. rom. — Brisure de l'axe du chevet v. le N. — Abside, 3 m. 74 de large, en bel appareil; 3 fenêtres encadrées à l'extér. de billettes; 4 colonnes engagées; chapiteaux curieux (à g. animaux accouplés luttant). — Chœur, 4 m. 13 de large. — Chapiteau de l'arc triomphal (Dieu de majesté bénissant dans auréole). — Nef 5 m. 52 de large. — Bas-côté N. xviᵉ s. — Au S. petit portail d'aspect rom., de profil goth., orné d'entrelacs; sur face S. petit contrefort et toute petite fenêtre haute Tourelle escalier au S. — **Cloche avec inscription**, 1511. — 4 tableaux proven. du Rivet (Nativité, St Blaise, Visite de Jésus chez Marthe, Cène). — Croix de cimet. 1606.
*Bibl.* abbé Jaucourt, *C. R. des M. H.* 1849, 12. — Brutails, *Bull. Soc. arch.* 1911, 17-27.
Mayne d'Allis ou Dallis, dépend. de la Chartreuse de Bx.

**BRAUD** (St-Saturnin). Cant. St-Ciers. — Egl. 1898.

**BRICE** (St-). Cant. Sauveterre. — Egl. rom. — Jolie porte rom. — Clocher octogone à base rectangul. soutenu par énormes contreforts, à marques de tâcherons, formant porche xviᵉ s., percé de meurtrières sur les 5 faces libres. — Cloche avec inscript. 1578. — Remarq. charpente.
Voie romaine. — Ruines du chât. de Semens, xivᵉ et xviᵉ s.

**BROUQUEYRAN** (St-Pierre). Cant. Auros. — Parties anc. de l'égl. xivᵉ s. — Clocher arcade de forme singulière.
Chât. du Mirail, xvᵉ s., incendié 1651, gravement endommagé 1793, réparé par M. de Marbotin, avec chapelle ornée de riches boiscries. Riche mobilier, objets d'art.

**BRUGES** (St-Pierre). Banlieue de Bx. — Egl. rom. refaite en partie xivᵉ s. — Corniche de l'abside à 2 rangs de dents-de-loup; chapiteaux intér., très archaïques. — Clocher xviᵉ s. — Inscript. gasconne 1372. — Cloche 1789.
*Bibl.* Piganeau, *Bull. Soc. arch.* 1875, 105-08, fig.
Vieux puits au bourg. — Mais. noble de Treulon.

**BUCH** (St-Jean). Cant. Sauveterre. — Portail de l'égl. démoli 1855, transporté dans propriété privée.

**BUDOS** (St-Romain). Cant. Podensac. — Egl. rom. — Porte xivᵉ s., chapiteaux du N. (feuilles de lierre), du S. (il en reste 2 : luxure, femme allaitant serpents; gourmandise, personnage à capuchon entre chien et singe; colère, homme et femme se battant; avarice, 2 personnages dont l'un tient une bourse à son cou; (ces 2 derniers encastrés dans un mur de la

cure). — 2 bas-côtés, xvᵉ ou xvıᵉ s. — Abside à usage de sacristie; extér. 9 pans, 10 groupes de 3 colonnes accouplées;
qq. chapiteaux indécents, plus. refaits. Cordon de feuillages
au-dessous des fenêtres.

*Bibl. C. R. des M. H.* 1847, 11, dessin de la naissance des
archivoltes du portail. — Piganeau, *Bull. Soc. arch.* 1877,
151. dessins de l'abside, du côté N., de chapiteaux.— L. Bac-
que, *Les Seigneurs, Le Châl., l'Egl. de B.*

La Tuco de la Motte, tumulus de 40 m. de diamètre. —
**Chât. ruiné**, fortifié, xıvᵉ s. constr. par un neveu de Clément V,
Raymond-Guillaume, baron de Budos; 3 tours rondes, une
octogonale, une carrée; porte d'entrée assez bien conservée.
— Tour carrée de la mais. noble de Jamart.

# C

**CABANAC** (St-Martin). Cant. Labrède.— Egl. 1866-67.—
On y a enchâssé les fenêtres de l'anc. abside, aux arcades géminées, reposant sur 3 colonnettes, et qq. anc. modillons.

Aux Casterasses, 2 mottes féodales. — Station préhistoriq.

**CABARA** (N.-D.). Cant. Branne. — Egl. 1880. — Croix de
cimet. xvııᵉ s. gravée par L. Drouyn dans son *Album*, 1858.

Buttes de Charlemagne, Montplazé, Montandron. — Chât.
de Blaignac, xvııᵉ s. remanié.

**CADARSAC** (Ste-Eulalie). Cant. Libourne. — Egl. templière, xııᵉ s., remaniée, fin gothiq. De cette dernière date,
chapelle latérale voûtée d'ogives, sur flanc N. — Nef unique
de 3 travées voûtées en berceau brisé sur doubleaux, colonnes
engagées, chapiteaux à feuillages stylisés. — Fenêtre du chevet plat et porte O. refaites xvᵉ ou xvıᵉ s. — Contreforts
puissants sur flanc S., même époque. — Clocher-arcade reconstr. xvᵉ ou xvıᵉ s. — Tableaux anc. (St Antoine, Ste Eulalie). — 4 statues, bois.— Dans l'égl. source de St-Antoine.

*Bibl.* L. Drouyn, *Bull. Soc. arch.* 1875, 189-90, plan. —
Brutails, *V. Egl.* 42-43. plan, vue extér.

**CADAUJAC** (St-Pierre). Cant. Labrède. — Egl. rom., refaite v. 1860. — Brisure de l'axe v. le N. — Abside et absidioles. — Fenêtre percée dans contrefort d'une absidiole.
— Chapiteaux historiés.

Chât. de Cadaujac, fin xvıııᵉ s. — Ruines du chât. d'Aix.
— Mais. noble du Pont-de-Langon; 2 tours rondes, clef de voûte
d'une grange datée 1760; anc. colombier ruiné.

**CADILLAC-S.-DORDOGNE** (St-Georges). Cant. Fronsac.
— Egl. rom. reconstr. 1844. — Fontaine Ste-Rufine. — Ins-
cription 1427 (cf. Dagrant, *Bull. Soc. arch.* 1890, XXVI). —
Vierge avec Enf. Jésus tenant un oiseau, statue, bois (Brutails,
*Album*, pl. 9).

Chât. de Cadillac, v. 1520, fossés, 2 tours, 2 tourelles et XVII<sup>e</sup> s. — Restes du chât. de Branda, XIV<sup>e</sup> s., 3 tours.

**CADILLAC-S.-GARONNE** (St-Blaise, auj. St-Martin). Canton. — Egl. d'une anc. Collégiale, 1494, nef unique de 5 travées. — Charpente goth. portant toit aigu. — Au N. l'édifice s'appuie au mur d'enceinte. — Nef à voûtes prismatiques, 1543-44. — Façade, clocher, 1866. — A dr. du Sanctuaire, chapelle funéraire des ducs d'Epernon, 1606; portique en marbre blanc; mausolée du duc détr. à la Révolution, seule, une statue bronze de la Renommée, œuvre remarq., par Pierre **Biard, a** échoué au **Louvre.**
Chapelle de l'Asile des aliénés, 1687.
*Bibl.* Ch. Braquehaye, *Bull. Soc. arch.* 1876, 1-10, ·1 pl., t. X, 1-51, 5 pl. — L. Gonse, *ibid.*, X, 1885, 52-61, 1 pl. — Piganeau, *ibid.*, 1889, LXIX-LXXII, 5 pl., caveau, son plan, plan de l'égl., façade de la chap. funéraire.
Anc. bastide, XIII<sup>e</sup> s. (1280). — **Enceinte murale**, 1315, côtés O. et S. 2 tours; 2 **portes** carrées : de la Mer, des Capucins ou de l'Horloge, XIV<sup>e</sup> s. — Çà et là, vieilles maisons. — Splendide **chât. d'Epernon**, 1599, archit. P. Souffron, salles, décorées de 8 cheminées sculptées; visité par Louis XIII Richelieu, Louis XIV, Anne d'Autriche, Mazarin; auj. Ecole de Préservation pour filles. — Collège des Doctrinaires, 1699, auj. Ecole de garçons. — Anc. Hospice Ste-Marguerite, porte et façade XVII<sup>e</sup> s., auj. Asile d'aliénés.

**CAILLEAU** (St-Pierre). Comm. Beychac. — Egl. rom. ne gardant d'anc. qu'un chevet droit surmonté d'un fronton à gâble très obtus. — Reste de l'égl. XVIII<sup>e</sup> s. — A l'entrée du chœur, chapiteau intéress. (2 grosses têtes barbues séparées par des feuilles).
*Bibl.* L. Drouyn, *Bull. Soc. arch.* 1875. 154, fenêtres, chapiteau, 3 modillons.

**CAMARSAC** (St-Saturnin). Cant. Créon. — Egl. rom. sans voûtes. — Abside ronde en bas, polygon. en haut, arcatures aveugles et brisées, alternant avec des baies; corniche, s'étendant aux murs de flanc, sur corbeaux cubiques très archaïques; cordon de moulures fait de 2 rangs de dents-de-loup opposées. — Clocher barlong avec mosaïque. — Croix de cimet. XVI<sup>e</sup> s.
*Bibl.* Brutails, *V. Egl.* abside, p. 267.
Magnif. château XIII<sup>e</sup> s., restauré XIX<sup>e</sup> s.

**CAMBES** (St-Martin). Cant. Créon. — Egl. rom. — Très riche corniche à la façade, tous ses corbeaux ne sont pas anc. (Tobie et son poisson, sirène, bustes grotesques d'hommes ou d'animaux). — 2 bas-côtés ajoutés; dans celui du S., face infér. de la clef de voûte d'ogives plate et unie, munie d'un trou. — Abside à pans coupés, colonnes aux angles; parmi corbeaux de la corniche (serpent et tonneau sur l'épaule d'un homme). — Clocher moderne. — A l'intér., dans le mur des fonts, 3 **panneaux albâtre.** XV<sup>e</sup> s. (Crucifixion, Flagellation, Mise au tombeau). — **Retable** avec toile 1708 (Crucifixion). — Cloche 1610. — Statue de Ste-Catherine.

Au bourg, restes de l'Ermitage de Ste-Catherine, peintures murales xvie s.

*Bibl.* Piganeau, *Aquitaine*, 1871-72, 108-111. — Le même, *L'ermitage de C. Archiv. Hist. Gir.* 1870, 3 pl. 2 fig. — Rebsomen, *La Garonne*, 90-91.

Chât. du Peyrat, jadis mais. noble de Montudetz, restauré, avec fuie. — Lardit, xve s. et 1775. — Mais. noble et moulin du Soley. — Sur route de St-Caprais, vieille maison du notaire Desclaux, xvie s.

**CAMBLANES** (Ste-Eulalie). Cant. Créon. — Egl. 3 nefs, fin xve s. restaurée, xviie et xviiie s., bas-côté S. remanié 1845. — Clocher 1864. — Statue de N.-D.-de-Lorette, pierre peinte et dorée, objet de pèlerinage dep. 1611 — Derrière l'égl. croix, fer forgé, 1779. — Cloche, 1819.

*Bibl.* comte de Sarrau, *Aquitaine*, 1911, 533-39.

Chât. Lagarette, xvie s., habité par Mgr Dupuch. — De La Chausse, xviiie s., anc. mais. noble de Donnevide. — Mais. noble de La Rigaudière, xviiie s. habité par le dernier évêq. de Dax, Le Quien de la Neufville. — Moulin de La Rigaudière, xive s.

**CAMEYRAC** (St-Cyr, auj. St-J.-Bapt.). Comm. St-Sulpice-d'Izon. — Egl. rom., peut-être constr. début xive s. — Adjonction de 2 chapelles, 1651 et 1655. — Porte à 4 voussures plein ceintre et en retrait, moulurées; 3e voussure couverte de palmettes; grand arc retombant sur un pied droit chanfreiné; les 3 autres sur colonne monolithe, faite au tour; table de pierre pour offrandes contre le pied droit N. — Clocher-tour barlong, percé d'archères, renforcé par 4 contreforts plats; escalier à vis dans le mur S., s'ouvrant à l'intér. de l'égl. dans une chambre longue et étroite percée de 5 meurtrières cruciformes. — Bénitier rom. — Cloches anc. — Retable avec statue de St-J.-Bapt. — Boiseries xviiie s., — Egl. restaurée 1874.

*Bibl.* L. Drouyn. *Bull. Soc. arch.* 1875, porte.

Chât. de Badines, xvie s.

**CAMIAC** (St-Martin). Cant. Branne. — Egl. rom., ruinée xve s., incendiée 1580, restaurée, fin xixe s. (cf. Augier, *Bull. Soc. arch.* 1882, 83-101).

Mais. noble de Cazenau, xviie s.

**CAMILLAC** (St-Pierre). Comm. Bourg. — Qq. ruines de l'égl. démolie 1855.

Chât. de Camillac ou du Marquis, anc. cure, xviiie s.

**CAMIRAN** (St-Pierre). Cant. La Réole. — Egl. rom. à 2 nefs séparées par arcs ogivaux retombant sur piliers octogones. — Portail assez curieux à voussures moulurées et tympan sans linteau; arc externe, couvert d'un chevron en zigzag, retombant sur culs-de-lampe (au N., 2 personnages frustes et mutilés, peut-être des *obscœna*; au S. 2 autres personnages faisant la cabriole); 4e arc retombant sur colonnes à chapiteaux (au N., 2 gros oiseaux montés sur petits quadrupèdes et leur becquetant la tête; au S., 5 personnages vêtus de longues robes, très badigeonnés).— Porche XVIIᵉ s. — **Clocher-arcade** dont le trumeau entre les 2 baies est une grosse colonne. — Charpente ornementée.

**CAMPS** (St-Pierre). Cant. Coutras. — Egl. rom. — Abside auj. sacristie dep. 1799. — Cloche 1583.

**CAMPUGNAN** (St-Pierre). Cant. Blaye. — Base d'une croix de chemin, très anc.
Qq. parties des dépendances de l'anc. mais. noble du Morillon, XVIᵉ s.

**CANEJEAN** (St-Vincent, auj. St-Jean). Cant. Pessac. — Fenêtre 1659, encore à intention gothiq. — Retable, bois, XVIIᵉ s. ou XVIIIᵉ s. avec 4 statues (SS. J.-Bapt., Vincent, Martin, Sébastien?). — Reléguée aux fonts bapt., **Veyrine** XIVᵉ s., pierre. — Statue de la V. pierre, 1 m. 50.
Sur route de Gradignan, plus. mottes, entre autres, l'ancien fort d'Ornon.

**CANTENAC** (St-Didier). Cant. Castelnau. — Egl. 1770. — Statue de St-J.-Bapt., marbre blanc, 1775. — Clocher 1773.
Chât. d'Issan, XVIIᵉ s. remplaçant le chât.-fort XIIIᵉ s. Lamothe-de-Cantenac; belles cheminées Renaiss.

**CANTOIS** (St-Seurin). Cant. Targon. — Bas-côté S. XIVᵉ s. — **Cloche avec inscript.** 1563. — Abside rom. — Nef XVIᵉ s. — Corps de l'égl. reconstr. 1774.
Tumulus à Cayron.

**CAPIAN** (St-Saturnin). Cant. Cadillac. — Egl. rom restaurée. — Fût romain dans une arcature intér. de l'abside. — Demi-coupole à pans coupés. — Belle chaire, bois sculpté, sur panneaux (St Jean-Bapt., emblèmes de la Passion, St Jean l'Ev., St Jérôme), provenant de La Sauve, XVIIIᵉ s. — Statues (St Pierre, St Paul), même provenance. — Beaux retables, XVIIᵉ s. — Croix de carrefour XVIᵉ s.
*Bibl.* Manthé (de).— La baronnie de Capian, *Bull. Sté archéol.* t. XVII. 37.85 — 4 pl.
Chât. du Peyrat, reconstr. 1651, — de Galleteau, XVIIIᵉ s.

**CAPRAIS** (St-) (St-Clair). Cant. St-Ciers. — Egl. reconstr. 1868. — Cloche 1597.

**CAPRAIS-DE-HAUX** (St-). Cant. Créon. — Egl. rom., restaurée 1868. — Abside intéress. Axe du chevet infléchi au S. Pilastres ne montant pas jusq. à la ligne des corbeaux. — Larg. de la nef, 10 m. 45; à l'extér., traces de fenêtres au-dessus de la voûte actuelle; à l'intér., en haut des murs, corbelets indiquant que la charpente était dissimulée derrière un lambris. — Chapiteau (Jonas vomi par la baleine). — Entrée refaite XVIIIᵉ s. — Croix de cimet. XVIᵉ s.
*Bibl.* L. Drouyn, *Rev. Cath. Bx*, 1880, 492-94, eau-forte de la croix du cimet.

Chât. de Canolle ou Saujean, xvi⁰ s. — Mais. noble de Gourgues, xvii⁰ s.

**CAPTIEUX** (St-Martin). Canton. — Egl. 1869. — Fontaine St-Blaise visitée par les rhumatisants.

**CARBON-BLANC** (St-Paulin). Canton. — Egl. 1848. Aux Flandres, importante villa gallo-rom., découv. 1900.

**CARCANS** (St-Martin). Cant. St-Laurent. — Egl. 1869. — Statue de St Jacques, bois peint et doré. — Tête de St-J.-Bapt. de grandeur naturelle, barbe et chevelure crin végétal (Brutails, *Album*, pl. 15 et 16).
A Verdillan, tumulus, avec fossés, dit Chât. Talbot. — Motte de La Matte.

**CARDAN** (St-Saturnin). Cant. Cadillac. — Egl. rom. — **Portail** à 3 voussures, colonnes, ornementé de sujets disparates et très fouillés (personnages à costumes striés, quadrupèdes, oiseaux, sirène, palmes, pommes de pin, etc.); tympan (2 effigies, l'une sur le nu du parement, l'autre dans une niche, V. et St Pierre et médaillon avec croix grecque), 2 portes feintes; corbeaux au-dessus du portail (têtes humaines, personnages, entrelacs).—Nef non voûtée, 14 m. 90 × 4 m. 90.— Bas-côté s. s'ouvrant sur la nef par 2 arcades dont l'une datée 1685. — Abside soignée, sans pilastres ni colonnes, mais avec corniche. — Chœur voûté en berceau.
*Bibl.* Larrouy. *C. R. des M. H.* 1847, 11, dessin de la naissance des archivoltes du portail.

**CARIGNAN** (St-Martin). Cant. Créon. — Egl. de transition, xiii⁰ s. — Abside polygon., refaite v. fin xv⁰ s. — Bas-côtés xvi⁰ s. — Clocher de souche gothiq. xv⁰ s., foudroyé 1791. — 6 stalles xvii⁰ s. — Chaire xviii⁰ s. — **Bénitier** avec armoiries, 1737. —A la cure, **cuve baptismale**, 1637. — Portail refait entre 1850 et 1866.

Chât. de Canteloup. — Mais. nobles de Talence ou La Motte-Verte. — de Peyrine, xvi⁰ s. — de La Tour de Cologne — de Desmaries — de Sabatey, xvii⁰ s.

**CARS** (St-Pierre). Cant. Blaye. — **Egl. rom.** xii⁰ et xiii⁰ s., irrégulière, mais intéress. à étudier. — A l'origine : abside 2 absidioles, transept, nef. — Modifiée au cours des sièc.es, restaurée, 1871-74. — Bas-côtés bien postérieurs. — Abside, centrale : 7 m. sur 4 m. 50, son axe et celui du chœur infléchis v. le N.; éclairée par 3 fenêtres percées à travers les contreforts; séparée des absidioles par un espace. — Absidiole S. restaurée v. xvi⁰ s.; corniche, profilée en larmier, accusant fin du goth. — Absidiole N. remplacée par pièce carrée lorsqu'on a remanié assez maladroitement ce côté du transept pour y construire un clocher sur coupole. — Chœur principal, abside S., bras S. du transept voûtés en berceau plein-cintre; croisée du transept en ogives du xiii⁰ s. sans forme-r ets; colonnes sur lesq. retombent ces ogives rom. à l'Est,

rom. et gothiq. à l'Ouest. — 3 nefs jusque-là lambrissées,
couvertes d'une voûte en plâtre (1871), archit. Nadaud. —
Clocher rectangulaire à 3 étages, exhaussé d'un étage et recouvert de tuiles polychromées (1858); colonnes des arcatures du 1er étage flanquant un pilastre; dans l'étage supérieur, l'encadrement entoure d'une moulure uniforme toute
la baie, appui excepté. — Egl. fortifiée; escalier desservant
les voûtes partant d'une certaine hauteur au-dessus du sol. —
Quelques jolis chapiteaux.

*Bibl.* Drouyn *Bullet. monumental*, XVI, 172-77. — Brutails,
*V. Egl.* 43-44, plan, vues de la coupole du transept N., du clocher et de chapiteaux.

**CARTELEGUE** (St-Romain). Cant. Blaye. — Egl. à chevet rectangulaire portant voûte gothiq. dont les ogives, plus
saillantes que larges, ont un tore accosté de 2 rangs de bâtons brisés. — Voûte de l'avant-chœur bombée. — Triple
fenêtre du chevet à chapiteaux à bagues et colonnettes, faites
au tour en 2 morceaux. — Clocher sur flanc sud formant chapelle au rez-de-chaussée, flèche (1890). — Cloche (1683).
Chât. de Romefort, xvie s. en partie démoli.

**CASEVERT** (N.-Dame). Commune Rauzan. — Egl. primitive rom. (il en reste quelques sculptures), reconstr. (début
xive s.), auj. ruinée. — Chevet carré avec voûte d'ogives
très bombée. — Nef (fin xviie s. ou début xviiie s.). —
Porte moderne au Sud. — Très petit clocher-arcade à l'Ouest.
— Sacristie (ap. 1761). — Petite crédence munie de rainures
pour les planchettes.

**CASSEUIL** (St-Pierre). Cant. La Réole. — Egl. xive s.
bâtie sur ruines romaines. — Abside à 5 pans coupés. — Nef
6 m. 75 de large. — Chapelle later. N. xve s. — Clocher carré
à lourde flèche ogivale. — Dans sacristie, **frise romaine**, marbre, de basse époque (Brutails, *La frise de C.*, dans *Rev. Etud.
anc.* 1907, 267-8, et *Album*, pl. I).
Chât. de Pudris, portail Renaiss. de l'anc. chât. — de Montauban. — La Carbonnière ou Tour de Casseuil, fin xvie s.

**CASTELMORON-D'ALBRET** (Ste-Catherine, auj. N.-D)..
Cant. Monségur. — Egl. anc., restaurée 1875.
Petit bourg encore fortifié, restes de l'enceinte; porte du
Moulin. — Anc. palais ducal d'Albret, auj. mairie et école. —
Vieilles maisons.

**CASTELNAU-DE-MEDOC** (St-Jacques). Canton. — Anc.
chapelle castrale, goth. xve s. — Curieux **vitrail** portant écussons armoriés (Cf. Brutails, *Album*, pl. VI et Marionneau,
*C. R. des M. H.* 1852, 23-24). — **Bas-relief**, albâtre (Christ
en croix), fin xve s. — **Statue** de l'Enf. Jésus, bois, xviiie s.
Tableau sculpté sur bois et peint (Pentecôte).
Ruines du chât. xve-xvie s. — Chât. de l'Isle.

**CASTELVIEIL** (N.-D.). Cant. Sauveterre.— **Egl. rom.**,
remaniée 1867; chevet plat, sacristie moderne. — Très beau

et somptueux portail au S., plein cintre, 2 portes feintes, 5 voussures reposant, l'interne, sur pilastres, les autres sur colonnes; sur la 3e file de personnages tirant sur une corde; sur la 4e, d'un côté, 3 ou 4 vices, de l'autre, 3 vertus armées d'écus; sur la 5e, travaux mensuels et, à l'intér., scènes de chasse; vers le haut, tireur d'épines; chapiteaux, qq.-uns refaits (personnages à coiffures du temps de St Louis, les Stes Femmes). — Arc triomphal, 4 m. 22 de larg. — Marques de tâcherons. — Charpente ouvragée. — Cloche 1566.

*Bibl.* L. Drouyn, *Var. gir.* III, eau-forte du portail, plan marques de tâcherons. — Brutails, *V. Egl.* 45-46, plan, portail, vue extér., marques de tâcherons.

**CASTETS-EN-DORTHE** (St-Louis). Cant. Langon. — Egl. 1865.

Chât. de Castets, XVIIe s.; qq. restes XIVe s., à l'O. à 200 m. vieux colombier ruiné, carré à l'extér., rond à l'intér.

**CASTILLON-DE-CASTETS** (St-Pierre). Cant. Auros. — Egl. rom., restaurée, 1881-82. — A l'entrée du chœur, 2 chapiteaux grossièrement sculptés. — Arc triomphal étranglé. — Nef lambrissée, 5 m. 20 de large, 4 m. 35 de h., épaiss. des murs : 1 m. 12 et 0 m. 90.

Bibl. L. Drouyn, *Rev. Cath. Bx*, 1891, 657-58.

Chât. du Carpia, tour carrée, fortifiée, XVIe s. — Mais. noble de La Brethe, XVIIe s. — Maison de Rouillac, jadis de La Rose, fin XVe s.

**CASTILLON-S.-DORDOGNE** (St-Symphorien). Canton. — Egl. 1740-46. — Intér. vaut mieux qu'extér. — Abside à pans coupés, voûtée en cul-de-four. — Grande nef en berceau légèrement surbaissé, avec pénétrations où sont logées les fenêtres. — Bas-côtés de voûtes d'arêtes. — Lutrin, bois peint.

*Bibl.* L. Augier, *Bull. Soc. arch.* 1882, 109-112. — Piganeau, *ibid.* 133-76, pl. — Guinodie, *H. de Libourne*, III, 132 et suiv. 1re édit. — Brutails, *Album*, pl. 48.

Qq. restes des remparts. — Hôpital 1779, auj. Hôtel de ville.

**CASTRES** (St-Martin). Cant. Labrède. — Abside pentagon. seule anc. — Cloche XVIIe s. — La Ste Famille, **toile peinte** de Lépicié, 1771.

A Guillon, qq. traces d'un camp romain. — Chât. Pomarède, XIVe ou XVe s., remanié.

**CAUDERAN** (St-Amand). Banlieue de Bx. — Egl. 1847, restaurée 1867-68.

**CAUDROT** (St-Christophe). Cant. St-Macaire. — Egl. bâtie sur ruines rom. — Abside à 5 pans, semi-circul. à partir de 4 m. 50. — Nef non voûtée. — Au N. chapelle communiq. avec nef par baie à 3 arcs retombant sur 2 chapiteaux sculptés (l'un, personnage renversé et garrotté dont un homme déchire le ventre avec une scie, l'autre, 2 personnages revêtus de longues robes, recouverts d'un manteau, XIe s.).

*Bibl.* Ch. Grellet-Balguerie. *Les deux égl.* avec cartes et dessins, Bx 1882.

Restes des murs d'enceinte, XIIIe s. — Au Château de Lavau-Guyon, intéress. mobilier anc.

**CAUMONT** (St-Vincent, auj. St-Mandé). Cant. Pellegrue. — Au N. du chœur, chapelle XVe s.— Nef et façade refaites XIVe s. — Porche anc. — Bénitier portatif anc., 0 m. 20 de haut.
Tour Morillon, reste de chât.

**CAUVIGNAC** (St-André, auj. St-Aignan). Cant. Grignols. — Egl. relativement récente, délabrée. — Porte 1778. — Cloche 1783. — Fontaine St-Clair, pour guérison des yeux.

**CAVIGNAC** (St-Hilaire). Cant. St-Savin. — Egl. XIXe s.

**CACHAC** (St-Joseph). Comm. Blanquefort. — Egl. 1868.

**CAZALIS** (N.-D. auj. Ste-Madeleine). Cant. Préchac. — Egl. 1869. — Cloche 1716.

**CAZATS** (St-Martin). Cant. Bazas — Egl. peut-être XVe s., type d'égl. du Bazadais, si les fenêtres n'avaient pas été refaites. — Croix de procession fleurdelysée, cuivre jaune, avec les 4 Evangélistes rapportés.

**CAZAUGITAT** (St-Pierre). Cant. Pellegrue. — Très curieux chevet, carré à l'extér., rond à l'intér., percé v. l'E. de 2 fenêtres jumelles entre lesq. s'élève, à l'extér., un contrefort plat. — Clocher bizarre 1680. — Bénitier extér. sur façade N. — Bas-côté S. XVIe s. — Porte de l'O. non au milieu de la nef. — Inscription dans le chœur 1593. — Cloche 1785.
Moulins anc. de Launay. — Chât. de Launay.

**CAZAUX** (St-Pierre). Comm. La Teste. — **Cloche** 1546.

**CAZELLES** (St-Félix). Cant. Bourg. — Egl. XIXe s. — Très riche croix acrotère couronnant l'édifice. — Remarq. bénitier. — Chaire sculptée XVIIIe s.

**CENAC** (St-André). Cant. Créon. — Egl. rom. — Contreforts puissants enserrant l'abside. — Vieux et robuste clocher-pignon. — Traces de litre.
Ruines du chât. de La Mothe-Cénac. — Anc. mais. noble de Montignac, XVIIe s.

**CENON** (St-Romain). Cant. Carbon-Blanc. — Egl. refaite v. 1864.

**CERONS** (St-Martin). Cant. Podensac. — Egl. rom. — Intéress. portail à moulures et sculptures barbares; une voussure décorée de quadrupèdes, le haut du corps posé sur la tête de la voussure et les jambes décrivant avec le corps un angle dr., adhérant à l'intrados; chapiteaux à feuillages; sur la voussure interne, bâtons brisés; 2 portes feintes. — Chapelle ajoutée xve s., prolongée v. l'O. 1712. — Façade reculée à l'O. et clocher exhaussé, 1844. — Dimensions, 19 m. 07 sur 5 m. 80.

*Bibl.* Drouyn. *Notes archéol.* 46, 600-08, plan, dessin.

Mais. noble de Calvimont, xviiie s. — Ruines du chât. de St-Cricq, xvie s.

**CESSAC** (St-Romain, auj. St-Barthélemy). Cant. Targon. — Egl. rom. à chœur carré et nef barlongue. — Chœur voûté en berceau brisé, éclairé par 5 longues fenêtres ogivales, xiiie s. — **Façade O.** avec clocher-arcade; chapiteaux de la porte (Dieu de majesté sans auréole, Daniel dans la fosse. St Michel et le dragon, martyre de St J.-Bapt., oiseaux affrontés buvant dans un calice surmonté d'une croix. — Porche xviiie s. — Marques de tâcherons.

*Bibl.* L. Drouyn. *Var. gir.* I, 473-78, chapiteaux, fenêtre, marques de tâcherons, modillons.

Chât. de Laubesc, xive et xviiie s. — Ruines du chât. de l'Embèje, constr., v. 1315. — Moulin d'Hauteroque, xive s. — Grand moulin de la Tonate ou de la Palanque, fortifié.

**CESTAS** (St-André). Cant. Pessac. — Egl. 1873, 2 fragments de l'anc. enchâssés dans le mur extér. de l'O. — Vieille statue de St Roch, bois. — Aux Gleyses, découverte préhistorique v. 1896. Dosque *Bull. Sté Archéol*, t. XXII. — Voie antique. — A Choisy, pyramide, 1737, devant servir de jalon à Cassini pour sa carte disparue.

**CEZAC** (St-Pierre). Cant. St-Savin. — Egl. 1878. Croisée xve ou xvie s. à la maison Michaud.

**CHAMADELLE** (St-Etienne). Cant. Coutras. — Egl. restaurée 1860 et fin xixe s. Tumulus du Saut-de-Turlay.

**CHRISTOLY-DE-CANAC** (St-). Cant. St-Savin. — Egl. rebâtie xixe s. Ruines du castel de Jussas, xive s. — Tour ronde anc. du chât. Bavoliers.

**CHRISTOPHE-DE-MEDOC** (St-). Cant. Lesparre. — Egl. rom., abside, 2 absidioles, transept, nef. — Chaque travée extér. de l'abside à 2 arcs jumeaux s'appuyant sur un corbeau à mi-longueur de la travée. — Chapiteaux extér. des absidioles assez intéress. — Clocher et bas-côtés v. 1855. Tours ruinées du chât. de Castillon, détr. xviie s.

**CHRISTOPHE-DE-DOUBLE** (St-). Cant. Coutras. — Egl. 1853. — Cloche 1610. Vieille maison Rochon.

**CHRISTOPHE-DES-BARDES** (St-). Cant. Lussac. — Egl. rom. (xiie s.), remaniée. — Riche **portail** où se mêlent agréablement moulurations et sculptures; archivolte avec file de chiens, de lièvres, d'oiseaux; bases originales; chapiteaux formant frise continue. — Croix de cimetière (fin XVᵉ ou début XVIᵉ s.), remplacée (XXᵉ s.); (Eau-forte de L. Drouyn, *Rev. Cath. Bx*, 1888, 344). — Au presbytère, statue de St J.-Bapt., bois, jadis dans une chapelle de St-Jean, sur la paroisse.

Entre St-Christophe et St-Emilion, 3 pans de murs de cette anc. chapelle de St-Jean-de-Craujac.

Chât. de la Roque, XIIIᵉ s., tour XVIᵉ s. façade refaite XVIIIᵉ s. douves.

**CIBARD** (St-). Cant. Lussac. — Dans la nef et à la porte chapiteaux cubiques et à facettes. — Porte ayant des analogies avec celle de Cornemps, à voussures nues, sauf l'extrados de la plus grande, orné. — Calice, argent, orné de jolies têtes d'anges ciselés. — Cloches (XVIIᵉ s.).

**CIERS-D'ABZAC** (St-). Cant. Guîtres. — Egl. rom. (XIIᵉ s.). — Abside à 5 pans avec contreforts plats, sauf les 2 angles des 3 pans de l'Est, sans contreforts; voûtée en cul-de-four; entourée d'arcatures retombant sur chapiteaux à gros tailloirs, ornés de feuilles d'acanthe, de palmettes, d'entrelacs, de 2 personnages accroupis. — Chœur rom. beaucoup plus élevé que la nef, éclairé par fenêtres modernes. — Nef voûtée d'arêtes sans nervures. — Bas-côtés (XVIᵉ s.) avec nervures à la voûte. — A la façade, corniche et quelq. corbeaux rom. — Constr. de la voûte, de la porte et du haut du clocher (1734). — Sous le chœur, crypte (XIᵉ s.), interdite (1704) puis convertie en un double caveau coupé par un mur transversal (1720); auq. on accédait par un trou pratiqué dans la voûte; trou récemment bouché par le curé Récéjac (1894), mur de refend démoli, escalier d'accès au fond rétabli. Arcades latérales; voûte à pénétration, postérieure à la construction; peintures (XIIIᵉ s.), retouchées récemment; 2 statues de la V., bois (XVIIᵉ s.) et gros caillou très vénéré. — Pèlerinage à St-Ciers pour guérir les enfants de la peur.

*Bibl.* L. Drouyn, dans A. Godin, *Hist. de Guîtres*, 1889, p. 204-08. — Brutails, *V. Egl.* 97-98, avec plan de la crypte.

**CIERS-DE-CANESSE** (St-). Cant. Bourg. — Egl. rom. XIIᵉ s.). — Chevet rectangulaire, couvert d'une voûte gothiq., mais à butées rom. (XIVᵉ s.). — Elégant, quoique robuste clocher carré au Nord-Ouest avec coupole au-dessous (XIVᵉ s.); arcs de soutien de cette coupole brisés; fenêtres en plein cintre; bas du clocher formant chapelle, rom.; 1ᵉʳ étage, gothiq. — Tympan de la porte avec chrisme.

**CIERS-S.-GIRONDE** (St-). Canton. — Egl. rebâtie (1854) par Alaux, père, consacrée (1856). — Façade de l'anc. égl. seule conservée. — Anc. croix de consécrations élégantes, Viollet-le-Duc en a publié une gravée et rehaussée de mastic (*Dictionn. d'architecture*, IV, 426). — Dévotion à St Fiacre, 30 août.

A Laborderie, traces de villa romaine.

**CISSAC** (N.-D.). Cant. Pauillac. — Egl. rom. (XIIe s.) avec 2 chapelles latérales postérieures formant sorte de transept. — Riche abside à pans coupés dont chaque travée extér. a 2 arcs jumeaux, s'appuyant sur un corbeau à mi-longueur de la travée; groupes de colonnes. — Métopes à la corniche de la façade consistant dans une roue creusée dans la pierre à plusieurs rais sans jante. — Grande nef refaite (1867).

Au château Lamotte, découvertes préhistoriques et gallo-romaines— (Berchon — *Bul. Sté Archéol.*, t. XVI, 87-128, 5 pl.) — Chât. du Breuil fortifié, tours carrées, XIVe s., en partie ruiné.

**CIVRAC** (St-Pierre). Cant. Lesparre. — Egl. rom., fortifiée, remaniée. — Il ne reste d'anc. que la riche abside et 2 absidioles; à l'intér., arcatures aveugles alternant avec les baies; parmi les chapiteaux (animaux à 2 corps et une tête). — Pilier couvert d'une frise archaïque, où des volutes doubles s'étagent les unes sur les autres. — Au portail, cordon (châsse de St Hubert).

Chât. de Bessan-Ségur, mentionné XVe s. — Vestiges du chât. de Montignac. — Chât. d'Escurac, XVIIIe s.

**CIVRAC** (St-Martin, auj. St-Michel). Cant. Pujols. — Egl. 1867. — Joli calice.

Chât. de Civrac, XVIIe s. avec soubassement bien plus anc.

**CIVRAC** (St-Vivien). Cant. St-Savin. — Egl. XVIIe ou XVIIIe s.

Maison Lamalétie, XVe s.

**CLAIRAC** (St-Antoine, St-Pierre dep. 1692). Cant. Sauveterre. — Egl. rom. XIIe et XIVe s., orientée au N.-E. — Portail sous arcs en retrait portés sur 2 colonnes de chaque côté; le tout surmonté d'un fronton reposant sur corniche à échiquier.— Nef de 3 travées, 25 × 7 m., à lambris courbe sur les côtés; flanc N. sans fenêtres; flanc S., 3 fenêtres dont 2 rom., la 3e refaite XVe s. — Chapiteaux des colonnes de l'arc doubleau (feuillages et têtes humaines). — Abside semi-circul. défendue par 4 contreforts, corniche sur 24 corbeaux (têtes d'animaux); toiture surélevée pour la défense. — Cloche 1526. — Croix de procession XVe s.

Chât. de La Salle, XIVe s. — Moulin fortifié de La Gatte ou de la Salle, XIVe s., jadis à l'O. de Malte. — Tour de Cleyrac. — Chât. de Bageran, 1521.

**CLARIBES.** Comm. Gensac. — Egl. XVe s.

Chât. de Vallen, XVIIIe s.

**COIMERES** (N.-D.). Cant. Auros. — Egl. rom. — **Portail** à voussures nues. Seule, une archivolte, à l'extrados de la plus grande voussure, étoilée; 3 paires de colonnettes.— Clocher carré XVe s.

Voie antiq. de Bazas à Langon. — Chât. de La Roque, incendié 1651, réparé peu après, relevé v. 1840.

**COIRAC** (St-Martin). Cant. Sauveterre. — Egl. rom. (xɪᵉ ou xɪɪᵉ s.). — Primitivement : nef unique non voûtée, chœur carré voûté en berceau, abside semi-circulaire, plus étroite que la nef, voûtée en cul-de-four. — Bas-côté sud (xvɪᵉ s.). voûté d'ogives, refait (xɪxᵉ s.). — Bas-côté nord (xɪxᵉ s.). — Portail rom. fort intéressant, à 4 arcs en retrait, retombant, le plus grand, sur 2 colonnettes de chaque côté, les 2 suivants, sur une seule, le plus étroit sur des pieds-droits. 3 archivoltes moulurées ou sculptées (losanges, rosaces, étoiles); colonnettes n'ayant en tout que 6 chapiteaux, car les 2 colonnettes accouplées du grand arc n'en ont qu'un de chaque côté (St Michel et le dragon, homme luttant); les autres chapiteaux (feuilles grasses, 2 serpents et 2 oiseaux mangeant un raisin, 2 autres oiseaux se grattant le bec, 2 lions mordant la queue de 2 oiseaux qui leur mordent le museau, 2 autres lions léchant des entrelacs); au-dessus, corniche sur 9 modillons (lièvre, 2 *obscœna*, buste de loup à la gueule traversée par un bâton, buste de lièvre, tigre se dévorant les pattes, 2 barils).— Clocher, à base rom., fortifié, coiffé d'une laide flèche (1875). — Murs de la nef et de l'abside haussés pour la défense (xvɪᵉ s.); corniche de l'abside, simple, modillons lisses ou couverts de moulures ou damier, têtes d'animaux, de poissons, 2 *obscœna*, homme chargé d'un baril. — Cloche (1793) avec inscription.

*Bibl.* L. Drouyn. *Var. gir.*, III, 186-91, avec eau-forte du portail, plan du clocher, etc.

A Fontmenou, traces de voie romaine.

**COLOMBE** (Ste-). Cant. Castillon. — Fort intéress. égl. rom. bâtie sur emplacement d'une villa romaine, plus. fois restaurée (1757, 1758, 1766, 1843, 1869-72). Axe du chevet infléchi vers le Sud. — A l'époq. rom., appartiennent : flanc nord, peut-être chœur et abside, façade ouest; au gothiq. : gros contreforts d'angle de la façade, enveloppe extér. de l'avant-chœur, partie du flanc sud. — Jolie et intéress. **façade**, d'inspiration angoumoisine, avec portail à voussures nues; archivolte d'extrados seule décorée de petits motifs; chapiteaux cubiques, postes, perles dans gorge, pointes de diamant; au 1ᵉʳ étage, 3 arcatures où les chapiteaux cubiques font corps avec le pied-droit; tympan (1500). — Fût antique servant de bénitier. — Nef à l'origine voûtée, puis lambrissée et, de nouveau (1869-72) couvert légèrement en berceau, renforcée de 2 arcs doubleaux. 5 m. de large, 4 m. 50 de haut; épaisseur des murs 1 m. 15; parois flanquées à l'intér. d'arcades brisées. — Avant-chœur à voûte d'ogives bombée, substituée peut-être à une coupole; chapiteaux très archaïques; au-dessus clocher, réparé (1757 et 1766). — Curieux corbeaux de la corniche de l'abside.

*Bibl. C. R. des M. H.* 1843, 19. — Guinodie, *Hist. de Libourne*, 2ᵉ éd. III, 99. — Brutails, *V. Egl.* 98-99, avec plan, vue prise du Nord-Ouest.

Mosaïque rom., devant l'égl.

**COME** (St-). Cant. Bazas. — D'après une inscription, une chapelle existait en ce lieu dès le ɪxᵉ s., dévastée par les Normands, restaurée (v. 982), paroisse (1140). — Egl. (XVIe s.); dernière clef à l'O. du bas-côté S. portant date (1553). Très restaurée (1838). — Chevet plat voûté d'ogives sur plan barlong; 2 travées, celle de l'Ouest porte inscription (1538); grande fenêtre murée. — Nef de 3 travées avec fausse-voûte reposant sur colonnes très engagées. — 2 bas-côtés à voûtes prismatiques. — Piliers bas et sans chapiteau. — Clocher-arcade sans pignon. — Centre d'un pèlerinage très fréquenté à St Côme; fontaine dans le bourg, guérissant gastrites et maladies de cœur. — Grand retable à colonnes cannelées et à niches avec statues.

Mais. noble de Laviale, XVe s. — Chât. Beaulieu, rebâti XVIIIe s.

**COMPS** (St-Sulpice, auj. N.-Dame). Cant. Bourg. — Egl. de transition, remaniée à diverses époques. — Corniche insérée dans le pignon Est, au-dessus du toit de l'abside — Traces de litre.

Mais. noble des Augiers XVIIe s. et XVIIIe s.

**CORDOUAN**. Comm. Le Verdon. **Tour-phare** 1584. Tour moderne.

**CORNEMPS** (Ste-Marie, auj. St-Blaise). Comm. Petit-Palais. — Très curieuse égl. rom. (XIIe s.), tapissée de lierre et de ronces, démolie en grande partie par les Huguenots (1587) nef déjà découverte en 1622, abandonnée; seuls abside et avant-chœur livrés au culte; mur nord seul de la nef subsiste; à l'intér. placage de grands arcs de décharge longitudinaux. — Plan de l'abside, étrange; projette vers l'Est un angle saillant sur leq. est monté un contrefort percé d'une fenêtre; arcature portant sur des colonnettes à pans coupés; à l'extér., trous ronds forés entre les corbeaux de la corniche. — Porte ouest dans un avant-corps terminé par un pignon; de chaque côté, grosse colonne engagée; au-dessus de la porte, fenêtre en croix, largement ébrasée au-dedans, éclairant une sorte de loge. — Carrelage du Moyen-âge, portant 2 dessins en creux (cercle à 6 rais curvilignes et, au-dessus, fleur de lys). — Statue de St Blaise, jadis objet de dévotion. — Cloche anc. (XVIIIe s.).

*Bibl.* Brutails. *V. Egl.*, 47-48. avec plan et vue extér.

**COUBEYRAC** (St-Philippe). Cant. Pujols. — Egl. rom. (XIIe s.), refaite, non lambrissée. — Abside semi-circulaire sans ornement. — Au Sud, porte rom. avec tympan présentant des restes de chrisme et voussures moulurées; linteau avec 14 cercles entrelacés gravés en relief (XIIe s. sans doute). — Façade ouest (XIVe s.) avec porte ogivale surmontée d'un clocher arcade.

**COUQUEQUES** (St-Martin). Comm. St-Christoly-de-Médoc. — Petite égl. rom. à une nef. — Cloche avec inscription (XVe).

**COURPIAC** (St-Christophe). Cant. Targon. — Très petite égl. rom. fort simple, « une des plus intéressantes de la

Gironde » (L. Drouyn); axe du chevet incliné vers le nord.
— Riche **portail** sur face ouest; 4 voussures en retrait, retombant de chaque côté sur 3 colonnettes et une paire de colonnettes accouplées; riches et barbares chapiteaux (St Michel et le dragon, Tobie et son poisson, Samson sur un lion,
Centaure lançant une flèche à un oiseau à tête humaine,
etc., etc.). — Sommet du clocher-pignon à une baie et à base rom., refait (1838). — Egl. fortifiée (xive s.); les baies furent aveuglées et on y ménagea des meurtrières; échauguette sur contrefort au nord-est. — Chapiteaux de l'arc
triomphal (au sud, péché originel, très curieusement traité,
au nord, sans doute Adoration des Mages). — Abside plus
étroite que la nef, voûtée en cul-de-four; 5 pans verticaux
séparés par contreforts plats montant jusqu'à la corniche;
celle-ci se reliant à celle du chœur, sur 16 corbeaux (damier,
feuilles dentelées, losanges prismatiques, 2 rangs verticaux
et parallèles de feuilles terminées par une volute, tête de
loup ou de chien tenant un bâton dans sa gueule, combat de
2 bêtes féroces dont l'un dévore les jambes de l'autre, barils,
bossage, personnage jouant d'un instrument à vent tandis
qu'un autre personnage se contourne de façon à ce que ses
pieds viennent s'appuyer sur sa tête, *obscœnum*, peut-être
lièvre, homme nu les deux mains appuyées sur les genoux,
diable à pieds fourchus enlevant un homme nu coiffé d'un
baril, 2 diables cornus s'appuyant fortement sur la tête d'un
troisième, homme nu jouant du violon). — Sacristie voûtée
en arc-de-cloître (1722). — Croix de cimetière (xviie s.). —
Tombes de pierre effleurant le sol. — Dans l'égl. vieille statue de St Christophe.— Près de la porte, **fonts baptismaux**
en pierre, 0 m. 65 de haut, abandonnés (xiie s.). — Cloche
avec inscription (1653). — Charpente ouvragée. — A 100 m.,
fontaine de St Christophe, centre de dévotion.

*Bibl.* L. Drouyn, *Var. Gir.*, I, 429-44, avec eau-forte de
l'égl., plan de l'abside, d'une échauguette, chapiteaux, porte,
inscription, modillons, croix de cimetière.

**COURS** (N.-D.). Cant. Grignols. — Egl. reconstr. xixe s.
Restes de la Commanderie, tour fortifiée, etc.

**COURS** (St-Martin). Cant. Monségur. — Type d'égl. rom.
entièrement lambrissée. — Nef, 6 m. 75 de large; épaiss. des
murs 0 m. 90. — Cordon sur façade. — 4 grandes fenêtres,
2 m. 85 de h. × 1 m. 39 de large.

**COUTRAS** (St-J.-Bapt.). Canton. — Egl. rom. par son abside, refaite xve et xixe s. — Clocher avec coupole, sans doute
restaurée, sur croisée du transept, renversé 1575, rétabli 1603;
autre clocher 1874. — Tombeau d'Albert qui, à la bataille
d'Altenkirchen, enleva aux Autrichiens le corps de Marceau.
Puits hexagonal, 1559, avec sculptures et inscription.
— Restes d'un camp et d'une villa romains. (Corterate).

**COUTURES** (St-Cibard). Cant. Monségur. — Egl. rom.
— Chœur en bel appareil. — Nef non voûtée. — Chapiteaux
à la porte (Tobie et le poisson, Daniel dans la fosse, etc.)

et à l'intér. — Au-dessus de cette porte, 5 arcades en retrait corniche sur 10 modillons. — Egl. restaurée 1866.

**CREON** (N.-D.). Canton. — Abside pentagonale avec fenêtres de style flamboyant. Belle nef xv<sup>e</sup> s., le maître-d'œuvre Martial Rous y travaillait, 1538. — Porte, 1490, à tympan reposant sur arc très surbaissé, sommé d'une accolade. — Clocher formant porche, xvii<sup>e</sup> s.
Anc. bastide, 1312. — Mairie xviii<sup>e</sup> s.— Vieilles maisons. — Galeries couvertes.

**CROIGNON** (St-Vincent). Cant. Créon. — Egl. rom. — Charpente et porte du flanc sud, xvi<sup>e</sup> s. — Clocher-pignon refait 1857. — Statue, marbre peint, sur façade. — Bénitier extér. 1614. — Croix de cimet., xvi<sup>e</sup> s. — Cloche 1636. — Autre statue d'homme, pierre.
*Bibl.* L. Drouyn, *Rev. Cath. Bx*, 1882, 761-63, eau-forte de la croix de cimet.
Mais. noble de Languisan.

**CROIX-DU-MONT** (Ste-). Cant. Cadillac. — Egl. rom. (xiii<sup>e</sup> s.), restaurée (xv<sup>e</sup> s.), reconstr. avec clocher à flèche (1874), archit. Hosteins. — Seul conservé portail, encore intéressant malgré sa réfection; 3 voussures grattées; voussure interne (dents de loup, entrelacs), la 2<sup>e</sup> (2 rangs de chevrons et d'oiseaux dans feuillages), la 3<sup>e</sup> (30 hommes tirant sur une corde avec au milieu d'eux personnage tenant les extrémités de la corde. — Cloche (1732). — Plus. pierres tombales, l'une avec inscription d'un seigneur de Ste-Croix († 1510). — Curieux chapiteaux de l'anc. égl., contre l'abside.
Petite chapelle de Tastes, remaniée, qq. parties xiii<sup>e</sup> s. — Au chât. Loubens, vieux colombier.

**CUBNEZAIS** (St-Martin). Cant. St-Savin. — Egl. rom. consacrée — Portail à voussures où les motifs se mêlent plus ou moins aux moulures; 2 portes feintes; tympan en forme de croissant dû sans doute à ce qu'on a retourné après coup une voussure dont le centre est plus bas que celui des voussures précédentes; corniche sur 15 corbeaux historiés. — Bas-côté nord (xvii<sup>e</sup> s.). — 3<sup>e</sup> nef en style xiii<sup>e</sup> s., ajoutée (1883). — Cloche (1784).
Chât. de la Bellue, xvii<sup>e</sup> s.

**CUBZAC-LES-PONTS** (St-Julien). Cant. St-André-de-Cubzac. — Fontaine St-Julien, pour guérison des furoncles.
Station néolithique. — Rares vestiges du chât. des Tours, de Montauban ou des 4 fils Aymon, xiii<sup>e</sup> s. — Chât. de Terrefort, rebâti xviii<sup>e</sup> s. — Vieux moulin à eau, xvi<sup>e</sup> s. — Beaux ponts métalliques sur la Dordogne, archit. Eiffel.

**CUDOS** (St-Jean l'Evangéliste). Cant. Bazas. — Egl. (1348-1357). — 2 collatéraux (xvii<sup>e</sup> s.), séparés de la nef par des arcs en plein cintre retombant sur piliers octogones, voûtés d'ogives. — Axe du chevet incliné vers le sud. — Chevet plat avec grande fenêtre triple aveuglée par un retable. — Nef lambrissée. — A l'ouest, porche et 3 portes dont la principale gothiq., les 2 autres de style Renaissance. — Façade flanquée de 2 contreforts très saillants, réunis par un arc avec mâchicoulis entre le mur et cet arc. — Au N., vers l'E., 2 archères indiquent la présence d'un couloir (de défense?) en haut d'un petit appendice, XVIIe et XVIIIe s. — Belle grille de communion, fer forgé, XVIIIe s. — Armoiries sur clef de voûte du bas-côté nord, XVIIe s. — Porte du cimet. avec croix sculptée.

Tumulus de La Roche.

**CURSAN** (St-Michel). Cant. Créon. — Egl. reconstr. 1872, mais gardant son abside rom. — Statue de St Sébastien, pierre.

Motte féodale et restes du chât. de Feroys, XIVe s. — **Chât. Barrault**, XVe et XVIe s. — Mais. noble de Raoul.

**CUSSAC** (St-Symphorien). Cant. Castelnau. — Egl. v 1850, clocher 1905.

Sur les bords de la Gironde à 2 k. est du bourg, Fort Médoc, 1689, constr. par Vauban. — Ruines du chât. de Buch de La Motte.

# D

**DAIGNAC** (St-Christophe). Cant. Branne. — Egl. partiellement moderne. — 2 chapelles XVe s. — Fonts bapt. 1739 — Croix de cimet. XVIIe s. (eau-forte de L. Drouyn, *Rev. Cath Bx*, 1887).

Abri préhistoriq. de Baring. — **Chât. de Preyssac**, XVe s., assez bien conservé, enceinte fortifiée, douves, additions XIXe s. — **Chât. ruiné de Curton**, tour quadrilatère à mâchicoulis, 35 m. de h., 1335, flanquée de contreforts; remanié à La Renaiss. — Moulin fortifié XIIe et XIIIe s. — Grotte de Laurian.

**DARDENAC** (N.-D. auj. St-Clément). Cant. Targon, — Sous le lambris de la nef, entraits de charpente rom. — Façade rebâtie XVIe s. — Croix de cimet. (eau-forte de L. Drouyn, *Rev. Cath. Bx*, 1885). — Vieux encensoirs.

Chât. de Gaufreteau, XVe s. partiellement ruiné.

**DAUBEZE** (St-Sulpice, auj. N.-D.). Cant. Sauveterre. — Egl. rom. — Portail, au nord, très archaïque, flanqué de 2 tourelles postér., l'une enfermant les fonts, l'autre l'escalier du clocher. 5 voussures moulurées retombant, les 1re, 3e et 5e sur pilastres, les autres, sur colonnettes. Chapiteaux très mutilés (péché originel, vocation de St Pierre, Adorat. des Mages, Daniel dans la fosse); tailloirs portant hommes couchés. Tympan avec chrisme. — Clocher-pignon, rebâti v. milieu XVIIIe s. — Chœur plus élevé que l'abside. voûté d'ogives; corniche à dents de loup. — Abside à 4 pans, colonnes engagées, 3 fenêtres cintrées, très étroites à l'extér., recouvertes à l'intér. par un arc étoilé retombant sur colonnettes. Chapiteaux (2 oiseaux becquetant un fruit, feuilles striées). — Sacristie 1770. — Marques de tâcherons. — Cloche 1749.

*Bibl.* L. Drouyn, *Var. Gir.* III, 396-99, eau-forte du portail, plan.

Chât. de Daubèze.

**DELPHIN** (St-). Comm. Villenave-d'Ornon. — Egl. 1845-48. — Sur façade portail rapporté de l'anc. chapelle de l'Hôp. St-André, xvie s.

**DENIS-DE-PILES** (St-). Cant. Guîtres. — **Egl. rom.**, milieu xiie s., à plan de croix grecque av. 1860, agrandie d'une travée à l'ouest 1860. — Abside et absidioles voûtées en cul-de-four. Abside à 7 pans, pilastres armés d'une colonne engagée. 5 fenêtres sous doubles arcs, le plus élevé ayant une archivolte étoilée à dents de loup à l'intér. et à l'extér. Cordon à hauteur des tailloirs des colonnettes dépourvues de chapiteaux. Appareil assez beau sauf dans la partie supér. refaite. — Absidioles semi-circul., percées d'une fenêtre à l'est, celle du nord seule avec archivolte à étoiles. Corbeaux faiblement décorés. — Chœur développé, voûté en arc brisé, séparé de l'abside par 3 marches. — Bras du transept voûtés en berceau brisé perpendiculaire à l'axe de l'égl. 11 m. 55 × 4 m. 80., percés, au sud, d'une fenêtre longue et étroite, au nord, d'une fenêtre avec archivolte. Carré du transept et nef voûtés d'ogives à nervures prismatiques. — Nef auj. à 2 travées; fenêtres en arc brisé, à double ébrasement, avec meneaux de style flamboy. — Clocher carré sur croisée du transept, refait xvie ou xviie s., avec escalier au s.-o. de l'absidiole nord.

*Bibl.* L. Drouyn, dans *Hist. de Guîtres*, de Godin, 209-211. — Brutails, *V. Egl.* 100-101, plan, vue prise du sud-est.

Chât. de Bomale, fin xviie s. — Çà et là, vestiges préhistoriq. et gallo-romains.

**DIEULIVOL** (St-Pierre). Cant. Monségur. — Egl. rom. xiie et xiiie s. — Chevet carré. — En tout, 4 travées, séparées par 3 doubleaux qui portent sur des colonnes engagées. — Nef voûtée en berceau brisé, 7 m. 79 de long, 4 m. 79 de h.; épaiss. des murs de flanc, 1 m. 05. — Porche à l'ouest. Croix anc. érigée en souvenir de l'annexion de Tourneguy à Dieulivol.

Traces du chât. xiiie s., puits anc. — Au bourg, maisons en bois. — Maisons aux murs épais d'un mètre, avec meurtrière.

**DONNEZAC** (N.-D.). Cant. St-Savin. — Egl. 1860, clocher 1865. — Cloche 1759. — Antiq. statue de la V.

Près des bords de la Livaine, cavernes antiq. — Au nord, motte féodale. — A la Nauve-Sèche, tumulus. — A la Grande-Vallée, tombeaux, pierre.

**DONZAC** (St-Christophe). Cant. Cadillac. — Egl. rom. — Portail xvᵉ ou xvⁱᵉ s. — Cloche 1733.

**DOULEZON** (N.-D.). Cant. Pujols. — Egl. rom., abside, chœur, avant-chœur, nef unique. — Portail en avancée à voussures moulurées, orné de colonnettes à chapiteaux historiés. Clocher arcade unique par son appareil à imbrications triangulaires à côtés courbes. — Lambris de la nef posé 1765, restauré 1859, coupant l'arc triomphal; pas de fenêtres au nord. — Avant-chœur voûté d'ogives, remplaçant sans doute une coupole, remis à neuf 1875. — Abside en cul-de-four; corniche de billettes soutenue par groupes de 2 colonnes et corbeaux remarq. — Axe incliné v. le sud. — Pas de sacristie. — Au portail, fût de colonne, marbre.

*Bibl.* L. Drouyn, *Rev. Cath. Bx*, 1893, 418 et suiv. — Brutails, *V. Egl.*, 48-49, plan, face du pseudo-transept.

Mosaïque romaine.

# E

**EGLISOTTES (LES)** (St-Pierre). Cant. Coutras. — Egl. 1868.

Chât. de la Brande-Bergère, 1780. — De la Tour Blanche, reconstr.

**EMILION (SAINT-).** Cant. Libourne. — Anc. **égl. abbatiale**, puis collégiale (XIIᵉ, XIIIᵉ, XIVᵉ, XVᵉ s.), vaste et magnifique. 79 m. de long. Plan : abside, chœur, nef unique.

Extérieur. — Façade ouest, rom., dégradée. 3 sections verticales d'inégale largeur (angle nord-est enlevé); 2 sections horizontales séparées par un cordon; au bas, entre 2 colonnes, porte à 5 voussures, refaite, voussure externe décorée de belles et grandes feuilles recourbées, au sud, porte feinte, surmontée d'une sculpture fruste (peut-être Adam et Eve), elle a 2 arcades retombant sur 4 colonnes avec chapiteaux (feuillages, animal bicorporé, 2 griffons) dégradés; au-dessus de la grande porte, grande fenêtre rom. avec archivolte en zigzag. — Portail nord (XIIIᵉ s.) à 3 arcs ogivaux en retrait et à tympan très mutilé (Jugement dernier); trumeau divisant la porte en 2 baies; 2 autres portes feintes; voussures des 3 portes ogivales; de chaque côté des pieds-droits de la porte centrale, 2 ordres de décorations, un soubassement et un 1ᵉʳ étage, séparés par un cordon; au soubassement, 6 arcades pleines, trilobées, reposant sur groupes de 3 colonnettes à chapiteaux (feuilles de vigne, de lierre ou de figuier) et socles sur un stylobate; au 1ᵉʳ étage, 12 niches séparées par une colonnette, recouvertes de riches archivoltes ogivales; au-dessus de là porte centrale, autre niche avec statue mutilée et, de chaque côté, fenêtres aveugles; contreforts en pignons, de facture diverse, encadrant l'ensemble du portail; bénitier creusé dans l'appui de l'arcature inférieure.

Intérieur. — Au fond de la nef, clocher formant porche
et tribune (sous voûtes gothiq.). — Nef unique rom., 39 m.
de long sur 9 m. 10 de large, de 3 travées séparées par des
doubleaux à ressaut, voûtées, celle de l'ouest, en ogives
(XIIIe s.), les 2 autres, en coupoles fort belles. Doubleaux
et formerets retombant sur pilastres armés de colonnes engagées, que couronne un chapiteau continu sans sculpture.
A l'intér. des fenêtres, paire de colonnettes à chapiteau nu
et sans tailloir. Dans la travée ouest, au-dessus de la fenêtre rom., oculus à remplage rayonnant, de chaque côté. —
Sur flanc nord de la nef, chapelle St-Michel à 2 nefs, servant
de fonts baptismaux, à voûtes à nervures compliquées, retombant sur des consoles (oiseaux fantastiques, têtes d'hommes et d'animaux) (XVIe s.). — Vaste chœur rectangulaire,
30 m. de long sur 28 m. de large (début XIVe s.), divisé en
3 nefs par des piliers, celle du milieu de 9. m. de large, les autres de 7 m. chacune. Nefs latérales terminées à l'est par
chevet droit (fin XVe s.). Murs de l'ouest percés (XIVe s.) de
grandes fenêtres divisées par un meneau surmonté d'une
rose à 6 lobes. Tous les murs ont comme soubassement des
arcs ogivaux surmontés d'un cordon. Voûtes d'ogives, au bas-
côté nord et à la nef (XVe s.) au bas-côté sud (XIVe s.). Clef
de voûte (saint portant un livre, sous un dais, et porté par
4 anges). — Restes de **peintures murales** dans les voûtes
du bas-côté sud du chœur et dans la chapelle St-Michel, surtout à l'angle sud-est de la nef (Vierge hiératique, très allongée, bénissante, XIIe s.). — Chapelle du cardinal de Sourdis, contre la travée centrale du bas-côté sud du chœur,
servant de sacristie, délicieuse construction (XIVe s.) avec
abside à 5 pans, tournée au sud; sur chaque pan, fenêtre ogivale. Arc doubleau et voûte d'arêtes retombant sur des
groupes de colonnes auxq. correspondent des contreforts extér. — Abside fortement inclinée vers le sud, remaniée (fin
XVe s.), de 3 pans coupés, percée sur chaque face d'une grande
fenêtre à meneaux (de style rayonnant et flamboyant). Belles **verrières** (1476), récemment restaurées. Au fond de l'abside, édicule bas (gothiq. avancé), séparé du mur par un couloir qu'abrite un berceau perpendiculaire. Du côté de l'évangile, niche rectangulaire, surmontée d'un dais gothiq. Charpente gothiq. 5 clefs de voûte (écusson badigeonné en noir
tenu par 2 anges et entouré du cordon de St-Michel, arbre
avec inscription entouré du même cordon, agneau symbolique, autre écusson entouré de fleurs de lys, 5e clef badi-
geonnée). — Belles **stalles** sculptées (fin XVe s.) avec misé-
ricordes décorées (anges, têtes humaines, oiseaux enlacés,
sirène, têtes d'animaux féroces, tête de licorne, tête humaine
à nez tordu qui se mord les doigts, dragons, poissons, etc.).
— Cloche (1522). — Egl. consacrée (1542). — Orgues (1893).
**Cloître** (XIVe s.), au sud de la nef, avec nombreux **enfeux**
(XIIe, XIIIe, XIVe, XVe s.); arcades ogivales supportées par de
doubles colonnes séparant les galeries du préau; dans la galerie est, baies rom. de la salle capitulaire.
**Clocher** isolé de la Collégiale, au-dessus de l'égl. souter-
raine, avec laq. il communique par une sorte de puits, rom.
dans l'ensemble (XIIe s.), du moins rez-de-chaussée et 1er éta-

ge; 2e et 3e étages (XIIIe s.), flèche et tourelle de l'escalier accolé à la face du clocher (XVIe s.). Rez-de-chaussée, enterré de plusieurs pieds, à voûte à coupole sur pendentifs plans, couronné par une corniche. 1er étage rom., mais à voûtes gothiq., contreforts perpendiculaires sur chaque angle des faces. 2e étage, 2 longues fenêtres légèrement ogivales sur chaque face. 3e étage, percé de 2 fenêtres aussi légèrement ogivales, moins élancées, couronné d'une galerie, contreforts terminés en pyramides, flèche octogonale. Hauteur 50 m. Clocher portant à faux sur 4 piliers de l'égl. monolithe.

*Bibl.* Mialhe, *C. R. des M. H.*, XI, 1851, 10-11, avec plan, élévation et coupe.

**Egl. monolithe** (St-Pierre), rectangulaire, creusée dans le roc (peut-être VIIIe s., terminée à l'époque rom.). Longueur 32 m., hauteur 16 m., largeur 14 m. 3 nefs de 6 travées, séparées par 2 rangs de 6 piliers, voûtées en berceau. Murs extér. du chœur percés de fenêtres à 2 étages, supérieures, anciennes, inférieures en plein cintre et à meneaux (fin XVIe s.). Porte principale (XIIIe s.) avec tympan (Jugement dernier). Dans le chœur, tribune étroite derrière l'autel. Dans le bas-côté sud, tombeaux. Sur la paroi du fond de la nef, bas-relief ébauché (figure ailée jouant d'un instrument à corde, personnage repoussant avec son bâton un animal). Sur la voûte de la nef (2 anges à 4 ailes, sagittaires, gémeaux. inscription).

*Bibl.* Mialhe, *Compte rendu M. H.*, XI, 1851, avec plan et coupe. — Piganeau, *Bull. Soc. arch.* XXI, 1896, 25, nef centrale, plan, coupe.

**Ermitage** et Oratoire de St-Émilion, à g. de l'égl. monolithe. Dans l'ermitage, autel, siège, emplacement du lit du saint (lieu de sa sépulture), source. Oratoire très étroit, couvert d'une voûte taillée en coupole (4 figures barbarement sculptées).

Egl. de la Trinité. Au-dessus de l'ermitage, délicieuse chapelle gothiq. (fin XIIe s.), récemment restaurée par l'architecte Bontemps. — Chapiteau gallo-romain servant de bénitier.— (Cf. Bontemps, *Bull. Soc. arch.*, XXXVI, 1914, 39-47).

Grande Muraille, près du Palais Cardinal, pan de mur seul subsistant de la 1re égl. des Dominicains (v. 1300).

Egl. des Jacobins (XIVe s.) à deux nefs désaffectées. — Jolie porte gothique. — Chevet détruit.

Egl. des Cordeliers, de style goth. flamboyant, en ruine. **Cloître** fort pittoresque envahi par une végétation luxuriante.

— Chapelle de N.-D. de Mazerat, désaffectée, servant d'habitation paysanne et de cuvier (Cf. Piganeau, *Bull. Soc. arch.* XXVII, 1905, 42-52). — Clocher (XVIe s.).

— Chapelle de la Madeleine, chevet carré, voûtée en berceau brisé, contreforts plats. — Plus bas, charnier avec restes de peintures, XIIIe s. (Jugément dernier).

Grande partie de l'**enceinte fortifiée** de 1.500 m. de développement, avec larges fossés creusés dans le roc. Porte Brunet ou de La Brèche, seule subsistante des 6. Echauguette ou guérite rappelant l'emplacement de la porte Bouquière.

Ruines du **Palais Cardinal**, au nord de l'enceinte, 4 croisées géminées.

**Chât. du Roi**, donjon rom. carré, v. 1237, 14 à 15 m. de h., 9 de côté.

Portion d'une Commanderie, XIIIe s.

Logis Malet de Roquefort, XVe s. — Maison à pans de bois sculptés sous l'arceau de la Cadène. — Autres vieilles maisons. — Hôtel-de-Ville, 1765. — Puits des Girondins.

*Bibl.* L. Drouyn, *Guide du voyageur à S. Em.* 1859; nouv. édit., 1899. Libourne, avec illustr. — Brutails, *V. Egl.* 102-106, plan de l'égl. collég., portail nord, vue intér., corniche, plan du clocher, vue sud-ouest.; porte de l'égl. des Jacobins; abside de la Trinité; plan de l'égl. monolithe. — P. Gout, *Gazette des Beaux-Arts*, 1883, 226 (égl. souterr.), dessins. — Ch. D. Tourmel, *Note sur les vitraux anc. de l'égl. collég. de S.-E.*, *Bull. Soc. hist. et arch. de S.-Em.*, 1911, 20-22. — Piganeau, *Stalles de l'égl. collég. Bull. Soc. arch. Bx*, 1874, 35-36, 1 pl. double, 30 dessins. — Le même, *Panneaux sculptés des stalles, ibid.*, 1875, 168-70 pl. — Le même, *Le couvent des Cordeliers, ibid.*, 1896, 37-44 fig. — Le même, *Inventaire de l'égl. collég.*, 1888, p. LXXXVI-XC. — Girault, *La crypte sépulcrale de St-E. ibid.*, 1891, LXXV-LXXXI. — Brutails, *La chapelle de la Trinité, Rev. Hist. Bx*, 1920, 129-134, pl. — Bontemps, *La chap. de la Trinité, ibid.*, 1921, 65-69 (avec réponse de Brutails). — O. Bouquey, *St-Jean de Craujac, Bull. Soc. arch.*, 1909, 101-106. — Abbé Fellonneau, *Vitraux, C. R. des M. H.*, 1847, 18.

**ESCAUDES** (N.-D.). Cant. Captieux. — Egl. originale, XIIIe s., refaite XVIIe s., restaurée v. 1865 et 1874. — Chœur carré rom. — 3 nefs : nef centrale, 1677. voûtée d'arêtes à nervures; celle du nord 1508 ou 1558, dédiée à St Eutrope, centre de pèlerinage; celle du sud à St Rapahël, à nervures prismatiq. 1677. — Clocher XIVe s., réparé 1874. — Porche fortifié, XVIe s. à la porte du cimet. — Ornements de la sacristie, XVIIe s. — Croix cuivre, XVIe s.

*Bibl.* L. Drouyn, *Rev. Cath. Bx*, 1884, 279-81, eau-forte de l'égl. — *Aquitaine*, 1884, 110-111.

Chât. du Boscage, 1678.

**ESCOUSSANS** (St-Seurin). Cant. Targon. — Egl. à nef goth. et 2 collatéraux. — Nef lambrissée. — Chapelle N.-D. sur flanc nord, 1676. — Portail XVe s. — Sacristie 1636. — Clocher-pignon sur le chœur, 1642. — Cloche 1741. — 3 statues, pierre, 1625 à 1630. (N.-D. des 7 Douleurs, St Roch, St-Seurin).

**ESPESSAS** (St-Pierre-ès-liens). Comm. Aubie. — Egl. rom. — Abside à pans coupés, colonnes montant à la corniche, cordon sous l'appui des fenêtres, murs exhaussés pour la défense. — Nef non voûtée, 5 m. 90 de large, 5 m. 10 de h., épaiss. des murs 0 m. 97; arcades isolées à l'intér. — A la façade, nombreuses dentelures aiguës; la tablette repose sur une file de corbeaux tangents. — Cloche 1596. — Bénitier extér. — Dévotion à St Clair.

**ESPIET** (N.-D.). Cant. Branne. — Egl. rom. presque entièrement rebâtie xvi⁰ s. — Sur un chapiteau curieux de la porte (Jésus assis sur genoux de la V.). — Fontaine St-Aignan, pèlerinage, 14 juin.
Le Moulin-Battant, xiv⁰ et xv⁰ s. — **Moulin neuf** xiv⁰ s. réparés, xv⁰ et xvi⁰ s.

**ESSEINTES** (**LES**) (St-Pierre, auj. St-Eutrope). Cant. La Réole. — Egl. en petit appareil proven. de ruines romaines. — Nef à plafond polychrome. — Chœur voûté d'arêtes. — Bas-côté ajouté au nord, couvert d'un lambris rampant, xvi⁰ s. — Clocher carré sur le chœur, avec escalier extér. au sud, xv⁰ s. — A la cure, statue de St-Joseph, bois. — Cloche 1806.
Tumulus du pré de La Mothe. — Chât. de Bonsol.

**ESTEPHE** (St-). Cant. Pauillac. — Egl. agrandie 1764. restaurée v. 1855. — Dans le sanctuaire, **fausse architecture,** pierre, plâtre, bois, xviii⁰ s. de belle allure.

**ETAULIERS** (Ste-Madeleine, auj. N.-D.). Cant. St-Ciers. — Egl. 1857.
Maisons Duranteau, où séjourna Louis XIV, 1629. — Desages, où s'arrêta Napoléon, 1808.

**ETIENNE-DE-LISSE** (St-). — Cant. Castillon. — Egl. rom. intéressante. — Chevet tréflé. — Bras du transept portant aussi des absidioles; oculus dans paroi ouest du bras sud. — Fenêtres du chevet à colonnes, mais sans archivolte d'extrados. — Contreforts puissants, au transept, ajoutés xvii⁰ s. pour un clocher à coupole isolée. — Beau retable morcelé provenant de Condat. — 6 **stalles** proven. de la Collég. St-Emilion, bois sculpté, xv⁰ s.
Chapelle St-Fort, xiii⁰ s. auj. sépulcrale.
*Bibl.* Piganeau, *Bull. Soc. arch.* 1875, 129-38, fig. plan, vue extér. (Plan partiel de St-Etienne dans Brutails, *V. Egl.,* 144).
Chât. Pey-Blanquet, xvi⁰ s., de Pressac, porte et tour xv⁰ s.

**EULALIE-D'AMBARES** (Ste-). Cant. Carbon-Blanc. — Egl. rom. bâtie sur édifice gallo-rom., une des rares égl. de la Gironde comprenant abside demi-circul. et 2 bas-côtés à chevet plat. — Abside divisée extér. en 3 pans par contreforts sur socle, corniche sur corbeaux frustes. — Cloche 1764. — Egl. restaurée 1872.

*Bibl.* L. Drouyn, *Bull. Soc. arch.* 1875, 74-77, plan, dessin de 2 curieux chapiteaux, auj. disparus.

Motte de la Tusque (xiᵉ s). Viollet-le-Duc a essayé dans une gravure d'en évoquer l'état primitif.

**EXUPERY (St-).** Cant. La Réole. — Egl. rom., remaniée. — Escalier en colimaçon dans une tourelle, donnant accès au clocher.

**EYNESSE (St-Pierre).** Cant. Ste-Foy. Egl. 1840.
Chât. d'Eynesse, porte et tourelles. — de Picon, xivᵉ s. — du Barrail. — Qq. restes d'un château des Templiers.

**EYRANS (St-Pierre).** Cant. St-Ciers. — Egl. 1867.
Vieux manoir de La Motte d'Eyrans, tour ronde.

**EYSINES (St-Martin).** — Cant. Blanquefort. — Egl. v. 1852.

# F

**FALEYRAS** (SS. Gervais et Protais). Cant. Targon. — Egl. rom., rebâtie xviᵉ s. restaurée 1880. — 2 nefs, celle du nord gothiq., le maître-maçon Martial Rous y travaillait 1544. — Au sud, très élégant portail, discrètement traité, auj. dégradé et muré; sur les chapiteaux, rosaces d'un style spécial. — Croix de cimet. xviᵉ s. (eaux-fortes de L. Drouyn, *Rev. Cath. Bx*, 1880 et 1888 de l'égl.).
Grange du domaine de Biac, parc d'artillerie du duc d'Epernon. — Chât. Fourteaud, rebâti 1845.

**FARGUES (St-Hilaire).** Cant. Créon. — Egl. refaite 1846. — Cloche 1760. — Crucifix anc. très réaliste.
Tour de Fargues. — Chât. Beauséjour, jolie chapelle, xviiiᵉ s.

**FARGUES (N.-D.).** Cant. Langon. — Portail rom., le reste, xvᵉ s., ou moderne. — **Jolie V.**, bois xvᵉ s. — 2 autres **statues** bois, xviiiᵉ s.
Vaste chât. ruiné, 1306, élevé par le cardin. Raymond de Fargues, inhabitable dep. incendie 1687.

**FELIX-DE-POMIERS (St-).** Cant. Sauveterre. — Abside et chœur rom., surélevés pour la défense; fenêtres très étroites dans une seule pierre; celle du sud élargie. — Nef plus récente; contreforts à glacis légèrement débordants. — Clocher arcade devenu carré par addition de 3 côtés. — Cloche 1561, destinée à Gironde, d'après inscription.
Chât. ruiné de Pomiers, tours et murailles, xivᵉ s. bâtiments xviiᵉ s. — Plus. portes et tour du village fortifié de Pomiers.

**FERME** (St-). (N.-Dame). — Cant. Pellegrue. — **Anc. égl. abbatiale** de Bénédictins, « l'une des plus belles de la Gironde, une des plus régulières, harmonieuse dans toutes ses parties, faisant autant d'effet à l'intér. qu'à l'extér. ». (L. Drouyn). — Egl. rom. (XIIe s.), restaurée (XIIIe s.). Plan : abside et 2 absidioles, chœur, transept, nef unique. Longueur 38 m. 98; largeur de la nef 8 m. 10; hauteur de la voûte 14 m. 62. Inclinaison au chevet vers le nord. — Façade ouest, remaniée (XIIIe s.), escortée de 2 énormes contreforts reliés dans le haut par un arc à mâchicoulis, abritant jadis une rosace encadrée de pointes de diamant, murée auj. et remplacée par une petite fenêtre en plein cintre. — Banal clocher moderne. — Nef voûtée en berceau plein cintre; fenêtres ogivales, longues, étroites, ébrasées au-dedans et au dehors; murs de flanc très épais, 1 m. 35, contre-fort à ressaut sur le flanc nord avec saillie de 4 m. A l'intér., stylobate ou banc faisant le tour de l'égl. et servant de base aux colonnes engagées; de même, corniche en damier se reliant au tailloir des chapiteaux de la nef, du transept et du chœur. — Croisée du transept voûtée en ogives dont la décoration change à chaque tranche (XIIIe s. remaniée XVIIe s.); bras du transept, en berceau plein cintre. Ce transept éclairé au sud par une fenêtre rom. et 2 oculi, au nord par 3 fenêtres en plein cintre. Clef de la croisée (écusson d'un abbé, de Gascq sans doute : lion rampant et en chef 3 tourteaux, avec croix abbatiale). — Chœur voûté en berceau plein-cintre. — Abside et absidioles voûtées en cul-de-four; murs exhaussés pour la fortification; contreforts plats; 3 fenêtres en plein cintre surmontées d'une arcade simple reposant sur colonnettes. Absidiole nord à 2 fenêtres dont l'une murée (1773). Absidiole sud à une seule fenêtre. Jolis chapiteaux dans l'abside (Eve et Adam tentés, lavement des pieds de St Pierre, supplice de St Jean-Baptiste, 2 lions contournés avec un personnage debout nu-pieds sur chaque croupe). Autres chapiteaux : dans l'absidiole nord (Adoration des Bergers ou des Mages, diable armé de 4 cornes, tenant dans ses mains une âme nue), dans l'absidiole sud (vocation des Apôtres), dans le transept (Goliath et David, Daniel dans la fosse), ailleurs, toute une floraison d'animaux fantastiques se becquetant, lions, aigles, personnages barbus, etc.). — Marques de tâcherons (arc avec flèche, instrument de tailleurs de pierres). — Restes des bâtiments claustraux.

*Bibl.* L. Drouyn, *Chapiteaux romans de la Gironde*, p. 8. — Le même, Notes mss. à la mairie de Bx, t. XLVII, 528. — Brutails, *V. Egl.* 107-109, avec plan, vue de l'angle sud, ouest, angle sud-est du carré du transept. — *C. R. des M. H.* VI, 1845, 12; VII, 1847, avec plan. — Dom Biron, dans *Rev. Hist. Bx*, 1922, 78-82.

Chât. de Lagageante, XVIIe s., inscription 1597.

**FIEU (LE)** (St-Nicolas). Cant. Coutras. Egl. (XVIe s.), façade (XVIIIe s.). — Cloche (1584).

**FLAUJAC** (St-Pierre). — Au centre du cimetière de Grignols. — 3 nefs et 3 travées; nef centrale à peine plus élevée.

Rien n'est voûté. Pas de fenêtres dans la nef. Arcades très surbaissées. — Clocher avec auvent. — A noter, contreforts triangulaires du chœur.

**FLAUJAGUES** (St-Martin). Cant. Pujols. — Egl. (1624) sur plan étrange, restaurée et abside reconstr. 1769, façade, 1842. — Clocher (1769). — Lambrissée.

Mais. noble de La Coutardière.

**FLOIRAC** (St-Vincent). Cant. Carbon-Blanc. — Egl. reconstr. (1855), sauf abside rom. dont la corniche ressaute vers l'avant au-dessus des colonnes et des contreforts. Chapiteaux et modillons. — 3 nefs de style ogival. — Chaire (1700) provenant de l'anc. égl. St-Projet de Bx. — Statues, albâtre, de Ste Catherine et St Jean-Baptiste (xve s.). — **Boîte des Saintes huiles,** cuivre doré et émaillé (xiiie s.). — Croix de carrefour (xve s.). — Autre croix, au hameau de Belle-Croix (1617), au fût polygonal, aux bras ornés de fleurs de lys, fer forgé.

Chât. de la Molère ou Sybirol, jadis de Feuillas, visité par Mazarin.

**FLORENCE** (Ste-). Cant. Pujols. — Egl. rom. (xiie s.). — Abside semi-circulaire dont voûte cachée sous un lambris; contreforts plats. — Chapiteaux de l'arc triomphal (centaure se tenant la tête à 2 mains, et homme derrière lui, puis homme debout, couronné, à longue robe, tenant de chaque main une sorte de crosse, accosté de 2 quadrupèdes dont l'un ailé). — Nef en bel appareil à contreforts plats. — Portail à 4 voussures moulurées en retrait, dont 3 en ogive, la plus étroite, moderne en plein cintre; archivolte semée d'étoiles; corniche sur corbeaux à têtes d'animaux ou à bossages; chapiteaux des 2 colonnes encadrant la porte et ceux des colonnettes sur lesquelles retombent les 3 grands arcs (quadrupèdes à longues jambes, oiseaux, palmettes). — Clocher-pignon sur façade. — Porte nord (début xvie s.). — Sacristie au nord (1727). — Cloche, 1689. — Source miraculeuse.

*Bibl.* L. Drouyn. *Var. Gir.*, ii, 385-390.

Maison à tourelles. xve s. — Tumulus et chât. de Villepreux, xvie et xviie s.

**FLOUDES** (N.-Dame). Cant. La Réole. — Egl. reconstr. (1869). Cloche (1763). — Adoration des Bergers, avec St-François d'Assise et Louis XIII, toile (xviie s.).

Motte au village de La Croix.

**FONCAUDE** (N.-D.). Comm. St-Félix-de-Pommiers. — Egl. rom. — Abside surélevée pour placer la charpente. — Chœur voûté. — Nef lambrissée, 4 m. 15 de long, 3 m. 47 de haut; épaisseur des murs, 0 m. 94; prolongée vers l'ouest. — Bas-côté postérieur à ce prolongement. — Fenêtres étroites et en arc brisé au nord; plus larges et en plein cintre au sud. — Sacristie (1743). — Clocher arcade sur l'arc triomphal. — Encensoir ancien, cuivre, 0 m. 25 de haut.

**FONTET** (St-Front). Cant. La Réole. — Egl. rom. (xiie s.) avec chapelles (xve et xvie s.) formant transept. — Clefs de voûtes à armoiries. — Jolie façade ouest et, au bas, porte Renaissance en plein cintre, encadrées de plusieurs tours (v. 1600); 2 colonnes soutiennent son encadrement. — Clocher-pignon (xve s.). — Contreforts romans.

Près de l'égl. colombier circul. xviiie s. — Mais. noble du Castera, escalier moyen-âge, façade xviie s., restaurée.

**FOSSES** (St-Pierre-ès-Liens). Comm. Baleyssac. — Egl. primitivement à chevet tréflé; partie orientale démolie et refaite (xvie s.); on voit nettement les naissances des absidioles de flanc; partie occident. ajoutée à partie d'un large contrefort rom. — Abside seule voûtée d'ogives avec clef aux armes de France. — Autel avec retable de St-Remède (début xvie s.) attirant les épileptiques. — Curieuse fontaine baptismale. — Menhir servant de base à une croix de cimetière.
*Bibl.* L. Drouyn. *C. R. des M. H.* 1866, 44-45, plan.
Menhir brisé en 6 morceaux.

**FOURS** (St-Louis). Cant. Blaye. — Sacristie 1772. — Clocher carré.
Anc. mais. noble des Chaumes.

**FOY-LA-GRANDE** (Ste-). Canton. — Egl. 1849, clocher 1871; façade xiiie s.
Anc. bastide xiiie s. — Restes de l'enceinte murale, xve s. — Au quartier d'Imbert, restes d'un fort. — Maison des Templiers, tour xiiie s. — Rue Langalerie, maisons à tourelles, 1583 et 1590. — Autres maisons xvie s. — Une en bois xve s. — Anc. prisons, xviie s.

**FRANCS** (St-Martin). Cant. Lussac. — Très **curieuse égl.** **rom.**, 1605, à appareil remarq. — Nef à lambris concave; contreforts gothiq. à relief accusé. — Porte à décoration rom., toutefois, profil de l'arc d'encadrement et des pieds-droits, d'inspiration gothiq. 2 arcatures aveugles à une certaine hauteur. Au 1er étage, fenêtre à encadrement flanquée aussi de 2 arcatures aveugles. — Clocher-pignon triangulaire. — Cloche 1675. — L'architecte Bontemps croit cette égl. du xiie s., reconstr. avec les mêmes matériaux en 1605.
*Bibl.* Brutails, *Bull. Soc. arch.*, XVII, 21-35 pl. et XXXVIII, 67-69. — Le même, *V. Egl.*, 49-50, vue de la façade. — Bontemps, *Bull. Soc. arch.*, 1917, 90-99, plan; 1920, pl. III, réponse de Brutails, *ibid.*, 1920, 21-30.
Chât. de Francs-de-Bucherie ou de Ségur, fortifié, xive s., souvent remanié, 4 tours, belle porte d'entrée, xviie s.

**FRONSAC** (St-Martin). Canton. — Egl. rom., chevet plat. — Bas-côté sud xve s. — Chapelle de la V. fondée par Louis XI, 1472. — Clocher carré sous coupole. — Clocher 1500 et 1679. — Remarq. boiseries : chaire proven. de St-Jean de Libourne, tronc sculpté pour les pauvres. — Beau chapiteau antiq., marbre blanc, devenu bénitier.
*Bibl.* Piganeau, *Bull. Soc. arch.* 1896, 280-284, 5 dessins.

(Ste-Geneviève). Egl. d'un prieuré de femmes. — Coupole sous faux transept, ajoutée après coup; pieds droits puissants; pendentifs en partie démolis; chapiteaux cubiques. — Dans la nef, bandeau chanfreiné et ornementé au niveau de la naissance des grands arcs. — Cette égl., désaffectée, a perdu son abside (XIᵉ s.).

*Bibl.* Brutails, *Bull. Soc. arch.*, 1895, 1-13.

Plus. maisons XVᵉ et XVIᵉ s. — Chât. de Pontus, XVIᵉ s. rebâti 1851. — de France, XVIIIᵉ s. — Comte, XVIIᵉ s. — La Dauphine, XVIIIᵉ s.

**FRONTENAC** (N.-D. auj. St-Paul). Cant. Targon. — Egl. rom., jadis fortifiée, partie Est démolie XIXᵉ s. — Façade XVᵉ s.; curieuse porte à voussures moulurées; clocher-pignon à crochets et pinacles. — Marques de tâcherons. — Pierre tombale avec personnage gisant assez mutilé (Cf. Grellet-Balguerie, *Bull. Soc. arch.*, 1889, LXXI, 1 pl.).

*Bibl.* L. Drouyn, *Var. gir.*, I. 485-491, eau-forte de l'égl. fenêtre, marques de tâcherons, modillons, statue tombale.

Grotte de Pique-Poche. — Traces d'une anc. forteresse à La Motte. — Mais. noble de Lassigean, XVᵉ, XVIIᵉ s., pigeonnier XVIIᵉ s. — Maison de Hauteroque, XVIIᵉ s.

# G

**GABARNAC** (St-Seurin). Cant. Cadillac. — Egl. rom. — Chevet carré, contreforts plats. — Nef non voûtée, pas de fenêtre au nord. — Portail décoré d'antiques sculptures rom. (cercles avec croix ou 5 ou 6 rais, rosaces en traits gravés, personnages dans voussure externe). — **Encensoir**, cuivre XVIIIᵉ s.

*Bibl.* L. Drouyn et de Lamothe. *Choix de types* p. 9.

Chât. Faugas, peut-être XVIIᵉ s.

**GAILLAN** (St-Pierre). Cant. Lesparre. — Egl. refaite 1858. — **Clocher octogonal** XIIᵉ s., inspiré du style auvergnat, déposé et rebâti 1847; rez-de-chaussée sous coupole à trompes avec 2 calottes superposées, l'unique du département. — Inscript. tumulaire 1485.

*Bibl.* Duphot, *C. R. des M. H.* 1847, 9-10 plan, vue de l'anc. abside et du clocher.

Vestiges du chât. du Mur, près du pont de Lerveau.

**GAJAC** (St-Martin, auj. N.-D.). Cant. Bazas. — Egl. à chevet rom., surélevé pour la défense; arcature intér. en bas. — A l'entrée du chœur, au nord, chapiteau curieux (Christ assis et bénissant dans une gloire). — Nef couverte de briques à plat. — Bas-côté nord 1540. — Chapelle nord-est voûtée en étoile. — 2 porches, à l'égl. et au cimet. — St-Eutrope, objet de dévotion suivie. — Egl. restaurée, 1870 et 1878.

**GALGON** (St-Seurin). Cant. Fronsac. — Egl. rom. fortifiée.
— Abside semi-circul., 3 pans, colonnes à chapiteaux, corniche
reliée au mur par large cavet formant corbeau continu et percée de meurtrières plongeantes. — Fenêtres de la nef haut placées. — Jolie façade, de style angoumoisin, dégradée 1752;
arcatures supportées par colonnette flanquée d'un pilastre
et décorées de damiers, les pilastres de tresses; chapiteaux
projetant sous l'angle du tailloir un paquet de volutes; tailloirs ornés de bâtons brisés ou de dents-de-scie, le tout très
travaillé. — Charpente ouvragée.

Anc. mais. nobles de Recougne. — La Giraude. — La
Fougère.

**GANS** (St-Pierre). Cant. Bazas. — Anc. chapelle castrale,
fortifiée. Chevet carré, voûté d'ogives avec arcatures et chapiteaux. — Clocher-pignon flanqué à dr. d'une poivrière
abritant escalier à colimaçon.

Chât. de Gans, xvi$^e$ s. reconstr. 1740, anc. résidence des
évêq. de Bazas.

**GARDEGAN** (St-Martin). Cant. Castillon. — Egl. rom.
chevet plat, nef unique. A l'intér., arcades longitudinales. —
Corniche extér. sur partie des murs seulement. — Clocher
sur murs de l'avant-chœur. — Porte à voussures nues; seule
une archivolte d'extrados décorée de pointes de diamant.
Tore séparant les colonnettes des chapiteaux décorés. Tailloirs avec file horizont. de petites cavités. Au-dessus de la
porte, fausse arcature aux chapiteaux cubiques.

Portion de dolmen, au chât. de Pitray, découv. 1906. —
Chât. de La Pierrière, xiii$^e$-xvi$^e$ s., restauré xvii$^e$, xix$^e$ s.
2 tours xv$^e$ s., chapelle 1609.

**GAURIAC** (St-Pierre). Cant. Bourg. — Egl. restaurée
1885.

Station néolithiq. — Abris sous roche paléolithiq. —
A Roque-de-Thau et au Rigalet, anc. carrières habitées.—
Ruines du chât. de La Roque-de-Thau, xiv$^e$ s. saccagé 1793,
murailles élevées, tours crénelées, douves, grotte des Fées.

**GAURIAGUET** (St-Symphorien). Cant. St-André-de-Cubzac. — Pèlerinage de N.-D.-de-Meslier, 22 août. — V. et
Christ, bois, xviii$^e$ s.

**GEMME** (Ste-). Cant. Monségur. — Egl. de transition, reconstr. — Nef, 10 m. 03 de large. — Porte à 3 ressauts; bénitier extér., sous le porche. — 2 clochettes avec fleur de lys et
crucifixion, ostensoir. — Pèlerinage à St-Roch.

Voie romaine de Monségur à Mongauzy. — Anc. cimetière
à incinération. — Sur l'Andouille, moulin fortifié de Peyre-
longue, xiv$^e$ s.

**GENERAC** (St-Genès). Cant. St-Savin. — Egl. rom. —
Colonnettes de la porte d'un seul bloc, bases et chapiteaux
compris. — Clocher carré. — **Cloche avec inscript. 1519.**

Château du Prat, xive s., assez bien conservé, partie des fossés, porte ·à mâchicoulis.

**GENES-DE-CASTILLON** (St-). Cant. Castillon. — **Egl**. 1883. — Vierge bois, xviiie s.
  Station gallo-rom. découv. 1906. — Chât. de Flaujagues, xvie s., remanié. — Du Gravoux, xive ou xve s.

**GENES-DE-LOMBAUD** (St-). Cant. Créon. — Egl. rom. constr. dans voisinage de ruines romaines. — Nef non voûtée; chevet voûté en berceau gothiq., mais à butées rom. — **Curieux portail rom.**, restaurée 1880, sur palier .plus élevé que le sol de la nef. Arcs ornés de moulures, de bâtons brisés à la voussure interne; sur l'archivolte d'extrados, petits bonshommes et, à dr., quadrupèdes allongés dans le sens de la courbe. Chapiteaux (groupe de 2 oiseaux affrontés buvant dans un calice, femme aux crapauds, lion, ours). — **Madone** assise de N.-D. de Lobaut ou Longbois, xviie s., noyer, 1 m. de haut, centre de pèlerinage anc., ressuscité 1889, fête 8 septembre. — Statues, bois (St Genès, Urbain II). — **Sceau d'un curé** bronze, xive es. — **Autel rom.** pierre, servant de bénitier.
  *Bibl.* Braquehaye, Amtmann, Piganeau, *Bull. Soc. arch.* 1879, 185-87, 1 pl. — Espérandieu, *Recueil gén. des bas-reliefs de la Gaule rom.*, II, 217.

**GENES-DE-FOURS** (St-). Cant. Blaye. — **Egl. rom.** — Bas-côté sud moderne. — Clocher carré,
  Chât. La Salle, début xviiie s. — Segonzac, jadis fortifié.

**GENIS-DU-BOIS** (St-). Cant. Sauveterre. — Très petite égl. templière xiie s. — Abside semi-circul., 3 m. 86 de large — Arc triomphal, 2 m. 30. — Nef unique, 16 m. × 5 m. 83 à charpente apparente ouvragée, xve s. — Porte sous 3 archivoltes plein cintre ornées de festons, dents-de-scie, étoiles. — Bénitier et fonts anc.
  Tumulus, 15 m. de haut, 35 m. de diam. — Moulin de Beaubusson.

**GENES-DE-QUEIL** (St-). Cant. Fronsac. — Egl. rom. — Porte, fausses portes, arcatures supér. rom. — Clocher sur bras nord du transept. — 2 bénitiers 1774, fonts 1772, 2 autels, tableau ·xviiie s.

**GENISSAC** (St-Martin). Cant. Branne. — Egl. 1885. — Encastrés dans les autels modernes, petits **bas-reliefs**, marbre, avec statuettes, fin xve s. (Messe de St-Martin, St Martin partageant son manteau, mort du Saint), 6 statuettes (St Jacques le Min., St Michel et évêq., St Laurent et évêq., St Etienne), 6 autres statuettes (St Paul, Sainte avec tenailles et livre, St Pierre, St André, personnage avec bâton et coffret, St Thomas). — Croix de cimet. xvie s. — N.-D.-du-Château, statue de la V., bois. — Dans le jardin de la cure, bénitier circulaire anc.
  *Bibl.* Guinodie, *Hist. de Libourne.* III, 358 et suiv. — Pi-

ganeau, *Bull. Soc. arch.* 1904. 189-90. — L. Drouyn, *ibid.*, 1875, 190-92.

Chapelle prieurale St-Nicolas des-Ardésinars, au port, désaf-- fectée, xiiᵉ s. — Nef voûtée en arc brisé mêlé à doubleaux rom., 5 m. 24 de larg. 4 m. 20 de tr., épaiss. des murs, 1 m. 04. — Bases des colonnes à griffes.

Chapelle voûtée, sans doute xivᵉ s., hors l'enceinte de l'anc. château, qui servit aux chan. de la Collégiale, xviᵉ s.— 1789, r uinée.

Tumulus. — Chât. de Génissac, tour carrée xivᵉ, additions xvᵉ s. défiguré. — de Brana.

**GENSAC** (St-Etienne, auj. N.-D.). Cant. Pujols. — Egl. 1875. — Restes de l'anc. abside et porte xiiᵉ s.

Au Roc d'Anguille, tumulus. — Dans le bourg, restes du chât.-fort, xiiᵉ s. — Maisons sculptées, xivᵉ et xvᵉ s. — Chât. de Vallen, xviiᵉ s.

**GEORGES** (St-). Cant. Lussac. — Intéress. égl. rom. xiiᵉ s., bâtie sur ruines romaines. — Très curieux clocher, 4 étages, sur bras nord du transept, sous voûte en arc-de-cloître, dont les angles sont émoussés. Fenêtre sur chaque face des 3 étages supér. Tour paraissant plus étroite à la base qu'au sommet. Corniche au 1ᵉʳ étage avec métopes trouées. — Porte sud à voussures moulurées, énergiques et somptueuses, dans un avant-corps. 2 paires de colonnettes engagées, trapues et vigoureuses. Au-dessus, lignes de corbeaux, entre lesquels 2 métopes perforées de trous ronds. — Nef sous charpente, contreforts plats et fenêtres, en partie aveuglées, assez larges, à niveau élevé. — 2 oculus dans le mur sud du transept, qui est à voûte moderne. Autre oculus dans le mur ouest. — Arc triomphal en plein cintre (2 rouleaux et une archivolte). — Petit chœur voûté en berceau. — Absidiole sud disparue. — Absidiole nord, voûtée en cul-de-four, sans doute surélevée, couverte de dalles en pierre. — Abside voûtée en cul-de-four; à l'intér., arcature aveugle, basse, portée sur des colonnettes; très remaniée, avec banc; fenêtre dans l'axe, encadrée à l'intér. et à l'extér. de 2 colonnettes, mais sans archivolte d'extrados, corniche portée sur des contreforts plats et des corbeaux.

*Bibl.* Brutails, *V. Egl.* 109-111 et *passim*, avec plan, vue du clocher, clôture de fenêtre.

Chât. St-Georges, constr. 1770 par Louis.

**GERMAIN-DE-CAMPET** (St-). Comm. Faleyras. — Petite égl. abandonnée, type de l'égl. rurale pauvre réduit à sa plus simple expression. — Nef unique, sans transept, avec abside, Pas de voûtes; lambris cloué au-dessus des entraits. Pas de vitres; les fenêtres ne sont pas disposées pour en recevoir. Colonnes se terminant brusquement sans chapiteau. — Pas de sacristie. — Charpente à ornementation variée. — Jolie porte gothiq., romane dans certains détails. — Autel, fonts. bénitier anciens. — Tombes en pierre autour de l'égl.

**GERMAIN-DE-GRAVES** (St-). Cant. St-Macaire. — Egl xixᵉ s. — 2 tableaux anc. — A Barbot, croix de carrefour xviᵉ s.

Au Grand Housteau, portail 1565, d'une mais. noble XVIᵉ s.
— A la Julidière, ruines antiq.

**GERMAIN-D'ESTEUIL (St-).** Cant. Lesparre. — Egl. 1894.
— 2 cloches antér. à la Révolution proven. de l'Hôpital et de Boyentran, paroisses disparues.
A Brion, restes de constr. antiques.

**GERMAIN-DU-PUCH (St-).** Cant. Branne. — Egl. rom. — Porte XIVᵉ s. — Bas-côté nord XVᵉ s. — Nef refaite 1862, ainsi que l'abside semi-circul. ornée d'arcatures.
**Chât. du Grand-Puch,** v. 1350. — du Petit -Puch, XVIᵉ s. — De Jonqueyres, XIᵉ-XIIᵉ s. qq. murs de la chapelle.

**GERMAIN-LA-RIVIERE (St-).** Cant. Fronsac. — Egl. rom., chevet droit. — Clocher 1850. — Cloche 1666. — Croix de cimet. XVIᵉ s.

**GERVAIS (St-).** Cant. St-André-de-Cubzac. — Egl. rom., nef unique, bâtie sur une source, fortifiée. — Long. 28 m. 70, larg. de la nef 6 m. 10. — Riche abside, 7 pans, groupes de colonnes montant très haut et se terminant brusquement; chapiteaux à feuillages. Cordon sculpté à l'appui des fenêtres; archivolte d'extrados et têtes de claveaux ornementées. — Travées de la nef plus courtes v. l'est; voûtées d'ogives. — Puissant clocher carré sous coupole entre l'abside et la nef; rang de grosses billettes soulignant le passage des pendentifs à la calotte. — Porte avec mâchicoulis. — Egl. restaurée 1897.
*Bibl. C. R. des M. H.* 1845, 9.
Chât. des Arras, donjon XVᵉ s., bâtiments XVIIIᵉ s. — Vestiges d'un chât. du Mass, 1330.

**GIRONDE (N.-D.-).** Cant. La Réole. — Egl. de transition, refaite XVᵉ s. — Jolie façade; marques de tâcherons. — Clocher au N.-O., lourde tour quadrangul., flanquée aux angles de contreforts; rez-de-chaussée formant chapelle, qui communique avec la nef (auj. dévoûté). — Nef unique, 11 m. de large. — Abside polygon. à l'extér., semi-circul. à l'intér. — Sur façade sud, vers l'ouest, traces d'une **fenêtre** dont l'arc plein cintre est dans une seule pierre, XIIᵉ s. — Porche sud surmonté d'une fenêtre formée de cercles enlacés.
Chât. de Beauséjour XVIIIᵉ s. — Au bourg, maison XVIᵉ s. — Pont sur le Dropt, 1750.

**GIRONS (St-).** Cant. St-Savin. — Egl. 1853-60, sanctuaire anc. conservé. — Cloche 1608.

**GISCOS (St-Pierre).** Cant. Captieux. — Egl. 1867. — Cloche 1772.

**GORNAC (St-Jean)**· Cant. Sauveterre. — Egl. moderne, porte XVᵉ s. Sarcophage XIᵉ s.
Chât. Cazeaux.

**GOUALADE (St-Seurin, auj. St-Antoine).** Cant. Captieux.

Curieuse égl. ogivale xvᵉ s., nef, 2 bas-côtés xvⁱⁱᵉ s. — Chevet plat voûté en berceau brisé. — Nef en berceau plein cintre. — Traces de litres aux armes des Cazeneuve. — Façade pittoresque, clocher pignon avec auvent et, à dr., tour ronde. — Porche à la porte du cimet. — Autel principal avec retable, bois sculpté, Renaiss. — Autel St-Antoine, pèlerinage. — Coffre à compartiments pour offrandes. — Cloche 1583 avec inscript. — Sainte table, marbre rouge.

**GOURS** (St-Pierre). Cant. Lussac. — Egl. rom. — Abside avec arcatures extér., voûtée en berceau, comme la nef. — Fenêtres de celle-ci très étroites. — Belle porte à voussures nues, sauf l'archivolte de la grande, ornée; chapiteaux cubiques; tailloirs chargés de croix de St-André recoupées de traits horizontaux et verticaux; portes feintes. — Cloche 1733.

**GRADIGNAN** (St-Pierre). — Cant. Pessac. — Egl. 1864-67. — Vieille statuette de St Jacques.
Sur route de Canéjan plusieurs mottes dont Motte Ste Albe.
Ruines du **prieuré de Cayac**, façade de l'égl. avec portail et 2 portes feintes, plus 2 autres portes xiiiᵉ s. (cf. Matheron, *C. R. des M. H.* 1852, 13-15, plan et élévation). — Ruines du chât. féodal d'Ornon, xivᵉ s. — Chât. de Laurenzanne. — de Favars. — De Lestonnat, début xviiᵉ s.

**GRAVE-D'AMBARES** (**LA**). Comm. Ambarès. — Façade et moitié de la nef de l'anc. égl. auj. chai. — Chapelle de St-J.-Bapt. restaurée, 1901 (Cf. L. Drouyn, *Bull. Soc. arch.* 1875, 61, plan).

**GRAYAN** (St-Pierre). Cant. St-Vivien. — Egl. 1853. — 2 chapiteaux de l'anc. égl. — Croix de carrefour xvᵉ s. (eauforte de L. Douyn, *Rev. Cath. Bx*, 1884.)
Stations préhistoriques, notamment au Gurp.

**GREZILLAC** (**N.-D.**). Cant. Branne. — Egl. jadis fortifiée. — Abside, nef, bas-côté nord, fin xvᵉ s. ou début xviᵉ s. — Massif clocher au sud-ouest sous coupole allongée, rom. en partie refait xiiiᵉ s.
Chât. de Mouchac xvᵉ s. — Mais. noble de Renier, tourelles. — Restes du prieuré de Boisset.

**GRIGNOLS** (Imm.-Concept.). Canton. — Egl. 1857.
Ruines du chât. de Barbuscan, tour à mâchicoulis. — Beau chât. de Grignols, xvᵉ, xviᵉ s., en partie détr. 1793, restauré xixᵉ s.; donjon, tours, chapelle, fossés.

**GUILLAC** (St-Seurin). Cant. Branne. — Egl. rom. — Corniche à dents d'engrenage taillées dans la pierre. — Clocher-arcade 1732.— Au-dessus de la porte, niche et statue de la V. xviᵉ s. — Croix xviᵉ s.
Chât. de Rebeillide, xviᵉ s. — Mais. noble de Chanaud, xviᵉs.

**GUILLOS** (St-Martin). Cant. Podensac. — Qq. parties
rom. — **Vierge, bois,** xvᵉ s.
Castéra, motte éntourée de douves et d'excavations.

**GUITRES** (N.-D.). Canton. — Anc. et superbe égl. abbatiale de Bénédictins, rom., bien conservée. Plan : rond-point
déambulatoire avec 3 chapelles absidales, large transept,
avec absidiole sur chaque bras, nef de 6 travées, 2 bas-côtés.
Longueur totale 57 m., larg. du transept 15 m. 80. de la
nef 7 m. 50, de chaque bas-côté 4 m. 15. — Façade restaurée
1846, de roman saintongeais. Belle porte sous 6 arcs plein cintre retombant sur 6 colonnes supportées par un haut soubassement. A l'étage supér., 3 fenêtres ogiv., la centrale plus élevée, toutes trois encadrées par un seul cordon xivᵉ s.; oculus
au-dessus de chaque porte feinte du rez-de-chaussée lesqu.
sont légèrement en arc brisé. Au niveau du sol, 2 chapiteaux
antiq. marbre. — Sur flanc nord, 3 portes dont 2 aveugles,
l'une xiiiᵉ s.; en arc brisé; la 2ᵉ à voussure polylobée, xiiᵉ s.,
la 3ᵉ accostée de 2 fausses-portes. Sur même flanc, 2 fenêt.
gothiq. aveugles, xivᵉ s. — Très haute et vaste charpente
gothiq. chêne, xvᵉ s. — 4 premières travées de la nef, rom., les 2
de l'ouest xiiiᵉ s.; les 2 premières de l'est ont des voûtes à clefs
pendantes, xviᵉ s., les 4 autres, des voûtes modernes, 1838.
— 12 piliers séparent la nef des bas-côtés; ils ont des profils
différents, 4 en bois recouverts de stuc. — Voûte du déambu-
lat., des bras du transept, en berceau brisé; coupole, 1819, sur
croisée du transept, ajourée d'un œil-de-bœuf 1830.— Abside
et absidioles en cul-de-four. — 8 colonnes (6 cylindriq. et
2 formées de colonnes groupées séparent abside et chœur et
déambulatoire. — Sur flanc sud de l'égl., file de corbeaux
qui soutenaient la corniche et le toit en appentis d'une galerie
du cloître. — Lutrin, bois peint.
*Bibl. C. R. des M. H.* 1849, 8, plan, coupe de l'égl., abside,
façade ouest. — Guinodie, *H. de Libourne*, III, 311-12. — Brutails, *V. Egl.* 50-53, plan, charpente, façade. — Godin, *H. de
Guîtres*, 1889, *passim.*— Bontemps, *Bas-relief méroving. de
G.* dans *Bull. Soc. arch.* 1910, 136-38, pl.
Mais. noble de Pinaut ou Belle-Isle, fin xviᵉ s.

**GUJAN** (St-Maurice). Cant. La Teste. — Egl. xviiiᵉ s.,
abside à 4 pans. — Sur la porte, armoiries des captaux de
Buch.

# H

**HAILLAN (LE)** (N.-D. de la Merci). Cant. Blanquefort. —
Egl. 1862.
Chât. Belair ou du Haillan, xviᵉ s.

**HAUX** (St-Martin). Cant. Créon. — Egl. rom., remaniée.
— Somptueuse porte, 2 portes feintes, contreforts obliques.
Voussure interne (bas-reliefs en méplat, rinceaux et quadru-

pèdes); 2ᵉ voussure (personnages alignés tirant sur une corde et, vers l'extrados, animaux fantastiques); 3ᵉ (vieillards de l'Apocalypse, assis); 4ᵉ (personnages et, en haut, symboles des Evangélistes); archivolte externe portant personnages allongés et se tenant par la main. Chapiteaux (Adorat. des Mages, Stes Femmes au tombeau, Daniel dans la fosse, femme aux reptiles et sirène à 2 queues, les seins mordus par serpents), — Porche moderne où sont encastrées des clefs de voûte de l'égl. abbat. de La Sauve (Nativité, Adorat. des Mages, Présentation, Fuite en Egypte) (Cf. dessins de Piganeau, *Bull. Soc. arch.* 1875, 106). — Au sud-ouest de la nef, fenêtre très étroite au dehors, ébrasée au dedans. — Charpente ouvragée, cachée par un lambris, 1678. — Bas-côté nord 1678. — Abside courbe; à l'extér. colonnes engagées et corniche sur corbeaux; à l'intér. curieux chapiteaux; fenêtre centrale murée. — Cloche 1739. — Statue de St Roch. — **Chandelier**. fer forgé, xviiᵉ s. — Croix de carrefour 1623.

*Bibl.* Brutails, *V. Egl.* 53-54, portail. — L. Drouyn, *Choix de types*, 21-22, eau-forte du portail.

Caverne à ossements. — Chât. de Courreau-Bourran. xviᵉ xviiᵉ s. — Mais. noble de Greteaux, xviiᵉ s.

**HELENE (Ste-) DE LA LANDE**. Cant. Castelnau. — Egl. 1876. — **Christ ancien**, métal repoussé, épave d'un naufrage. xviᵉ s. — **Inscription** d'un autel funéraire (cf. M. Charroi, Une inscription romaine inédite, 1909, *Bull. Sté archéol.* t. XXXII, 97.101, photog. — Jullian, *Rev. des Et. anc.* 1910 et *Rev. Hist. Bx* 1910, 434). — Cloche 1769. — Dans le jardin de la cure, statue de Ste Hélène. — Sarcophages nombreux. Station préhistorique.

**HILAIRE-DU-BOIS (St-)**. Cant. Sauveterre. — Egl. rom. remaniée. — Abside fortement infléchie au nord., bel appareil, très profonde, sans contrefort; jolie corniche. — Nef. 7 m. 92 de large; flanc nord caché par construction; flanc sud en blocage. — Portail intéress. mais très mutilé; archivolte externe seule décorée. — Clocher-arcade. xvᵉ s., sur l'arc triomphal; escalier dans tourelle sur flanc nord. — Marques de tâcherons. — Bénitier. — Cloche 1536.

**HILAIRE-LA-NOAILLE (St-)**. Cant. La Réole. — Egl. rom. rebâtie v. 1789. — Abside polygonale. — Porte ouest xviᵉ s. avec contreforts xiiiᵉ s. — Porte rom. au nord intéress. 4 voussures, 4 colonnes octogones; chapiteaux à tailloirs très saillants, ornés d'entrelacs et de palmettes (2 serpents dévorant un objet rond, Adam et Eve, lutte de Jacob et de l'Ange 2 dragons contournés réunis par le cou), — Chapelles 1752 et 1756. — Clocher-arcade à auvent au-dessus du chœur.

*Bibl.* L. Drouyn. *C. R. des M. H.* 1866, 46-47, dessin d'un chapiteau.

**HIPPOLYTE (St-)**. Cant. Castillon. — Formerets de la période goth. avancée. — Clocher-arcade devenu tour, 1783. Mais. noble de Ferrand, xviᵉ s. — Station préhistorique. — Curieuses grottes aménagées xviiᵉ s.

Piganeau. — *Bull. Sté Archéol.*, t. XVII, 101-121, 2 pl.

**HOSTENS** (St-Pierre). Cant. St-Symphorien. — Egl. 1903; base de l'anc. clocher conservée.
Le Castéra, 2 mottes de 50 m. de diam. avec fossés.

**HOURTINS** (Ste-Hélène). Cant. St-Laurent. — Egl. xixe s.

**HURE** (St-Martin). Cant. La Réole. — Egl. rom. reposant sur fondations romaines, refaite. 4 chapiteaux anc. dans l'abside. — Fontaine de dévotion de N.-D. de Camus, pour les nourrices.
Belle mosaïque près de l'égl.

**ILLATS** (St-Laurent). Cant. Podensac. — Egl. rom. remaniée. — Très riche portail (dents-de-loup, gorges semées d'étoiles); chaque voussure enveloppée d'une archivolte d'extrados (feuillages stylisés, ornements géométriq., passementeries); tailloirs portant têtes humaines. — Abside ronde en bas, polygon. en haut. Chapiteaux intéress. (Jésus assis sur genoux de la V., pèsement des âmes, résurrection des morts, St Laurent sur son gril). — Vaste retable à colonnes, xviie s. — **Crucifix** d'ivoire xve s.
*Bibl.* L. Drouyn. *C. R. des M. H.* 1847, 13, dessins de la naissance des archivoltes du portail, plus. chapiteaux.
Chât. de Cagès, tours xvie s.

**INSOS** (St-Martin). Comm. Lucmau. — Egl. rom. — Abside en très bel appareil. — Corbeaux de la corniche divers, simples, bien ouvragés. — Nef lambrissée, 8 m. 80 de long. — Arc triomphal, 4 m. 90. — Porte en arc brisé soignée. — Clocher-arcade à l'ouest avec double auvent dissimulant 2 baies gothiq. xive s. joliment travaillées. Ce clocher est « le plus soigné du département « (Brutails.) — Egl. « type fort réussi d'égl. rurale dans nos pays » (*id.*). — Jolie crédence du côté de l'Epître .(Cf. le clocher dans Brutails, *V. Egl.* 214).
Non loin de l'égl. anc. cimetière protestant.

**ISLE** (St-Pierre-de l'). Comm. Ordonnac. — Ruines d'une abbaye de chan. rég. de St-Augustin. — Pan de mur de l'égl. — Salle capitulaire, auj. chai.
*Bibl.* Dr Berchon, *Bull Soc. arch.* 1890, 1-36, 4 pl., chevet de l'égl., bâtiments conventuels, entrée de la salle capitulaire.

**ISLE-DE-CARNEY** (N.-D.). Comm. Lugon. — Egl. auj. entrepôt de vins. — Chât. de Carney, fin xvie s.

**ISLE-ST-GEORGES**. Cant. Podensac. — Egl. refaite 1856-57, clocher 1867. — A dr. au-dessus de la porte d'entrée, bas-relief xiiie s. (St Georges à cheval et ange).

**IZAN-DE-SOUDIAC** (St-). Cant. St-Savin. — Petite égl. rom. — Petite armoire dans le mur du sanctuaire avec colombe eucharistique en bois doré.
Curieuses marques de tâcherons à l'extérieur.

**IZON** (St-Martin). Cant. Libourne. — Egl. rom. refaite 1863, conservant l'anc. abside et le portail. — Riche portail à 5 voussures, remanié 1863, 3 colonnes de chaque côté. Chapiteaux à grosses têtes. Archivoltes décorées de dents-de-scie superposées. Sur clef de la petite voussure, main bénissant, peut-être plus récente. 2 portes feintes aux archivoltes ornées de feuilles et de rinceaux. — Abside semi-circul., divisée en 7 pans, faisceau de 2 colonnes accouplées sur pilastres; chapiteaux (oiseaux, plantes aquatiques); corniche sur curieux corbeaux (masques, figures fantastiques, méplats); archivoltes avec pointes de diamant. — Marques de tâcherons (arbalète). — Cloche 1698.
*Bibl.* L. Drouyn (av. la réfection). *Actes de l'Acad. de Bx*, 1875, 117-253, plan, chapiteau, porte. — Brutails, *V. Egl.* 54-55, plan du chevet, portail.
Chât. de Jabastas, xiii^e s. — Qq. restes du chât. d'Anglade, xiv^e ou xv^e s., fossés; chapelle auj. étable.

# J

**JEAN-DE-BLAIGNAC** (St-). Cant. Pujols. — Egl. rom. fortifiée xiv^e et fin xvi^e s., échauguettes. — **Façade** divisée en 3 zones verticales par 2 contreforts très saillants, seule intéressante. Porte à voussures ogivales xiv^e s. — Retable xvii^e s. — Pietà, bois, grandeur naturelle. — Nef très large, 10 m. 80.
*Bibl.* L. Drouyn, *Var. gir.* 11, 90-93, plan des fortifications, vue de l'égl.
A Lieutenant, tombes antiq. découv. v. 1872, d'autres en 1910. — A Pinard, 22 sarcophages mis à jour, 1888. — Chât. de La Motte-de-Chaune ou de St-Jean, xv^e s. — De Courtebotte, restauré; autour, qq. maisons xvii^e s.

**JUGAZAN** (St-Martin). Cant. Branne. — Egl. rom. remaniée, voûtée xvi^e s., avec gros contreforts saillants; spécimen des contreforts primitifs au nord, fenêtres flamboyantes remplaçant petites fen. rom. — Portail, caché par porche moderne. 5 voussures, 3 colonnes de chaque côté; arcatures ornées de tores, filets, méplats, gorges; archivoltes sculptées (feuilles flabelliformes, 11 animaux dont queue en panache fait le tour du cou, arabesques, personnages encadrés d'oiseaux et de poissons); chapiteaux (oiseaux becquetant raisin, homme assis entre 2 chiens et portant un cerf, oiseaux à longs becs se mordant les pattes). — Mur de l'ouest, 2 m. 30 d'épaisseur. — Nef 25 m. × 5 m. — Chapelles : St-Jacques, au nord 1773,

N.-D. au sud 1774, voûtées d'arêtes. — **Fonts baptismaux** d'un seul bloc, XVIe s. — Lutrin, bois, assez curieux.

*Bibl.* L. Drouyn, *Var. gir.* I, 262-72, archivoltes de la porte, fonts baptismaux.

Dolmen ou allée couverte de Curton, découv. 1904. — Mais. noble de Taillefer, début XVIe s. — Sur l'Engranne, vieux moulin de Canevelle. — Chât. de Mondinet.

**JUILLAC** (St-Pierre, auj. St-Jean). Cant. Pujols. — Egl. rom. refaite 1759. — De l'anc. égl., il reste 2 chapelles sur flanc sud XVe s.; celle de l'est sert de sacristie; voûtées à nervures prismatiques; colonnes à bases, mais sans chapiteaux. — Chœur plus étroit que la nef avec voûte XVIe s. — Sur mur du jardin de la cure, clef de voûte XIVe s., dont la face infér. porte un Agnus Dei.

Grotte de Souilhac. — Chât. du Soulat, restauré. — Plus. souterrains taillés dans le tuf., notamment à Laroque (galerie de 50 m.).

**JULIEN** (St-). Cant. Pauillac. — Egl. XIXe s.
Chât. de Beychevelle, de style Louis XV, 1757.

# L

**LABARDE** (St-Martin). Cant. Castelnau. — Egl. 1732. Pietà (Cf. Augier., *Bull. Soc. Arch.* 1887, 97-104, 1 pl.). — Tableau de Battanchon (St-Martin en évêque).

**LABESCAU.** Cant. Grignols. — Chât. Labescau, pavillon XVIe s., autres parties, fin XVIIIe s.

**LABREDE** (St-Jean-d'Etampes). Canton. — Egl. rom. restaurée 1858 et 1898; conservant d'anc. l'abside, l'absidiole nord et une intéress. façade. — Façade en 3 étages; porte à 3 voussures décorées de 2 rangs de festons opposés et de losanges, 4 colonnes de chaque côté. Chapiteaux (entre autres, colombes qui se becquettent). 2 arcatures feintes accostant la porte. Au-dessus, corniche sur modillons à personnages (qq.-uns modernes); sur la corniche, s'appuient 4 colonnettes de 4 arcades feintes avec chapiteaux sculptés. Au 3e étage, cordon de festons et une dernière arcade sur 2 colonnettes. Nombreux chapiteaux rom. sont au Musée des antiques de Bx. — Au cimetière, tombeau de la Dame des Haugueyres.

*Bibl. C. R. des M. H.* 1851, plan et façade; 1846, 18.

Très beau et intéres. **chât. de La Brède** où naquit Montesquieu; fossés emplis d'eau, pont-levis, donjon XIIIe s., 2 tours cylindriques, chapelle et bâtiments XVe s.; chambre du philosophe conservée en son état du XVIIe s. — Restes **du chât.** des Haugueyres.

**LACANAU** (St-Vincent). Cant. Castelnau. — Egl. 1765. — 2 porches au sud et à l'ouest. — Sous l'un d'eux, **Pietà avec inscript.**, pierre. XVIe s. — **Statue de St Jacques**, pierre peinte, XVIIe s.
Station néolithique.

**LADAUX** (St-Martin). Cant. Targon. — Egl. rom. — Chœur. voûté d'ogives, période goth. avancée. — Porte XIVe s., au-dessus, rangée de corbeaux pour porche. — Abside surhaussée pour la défense XIVe s. — Charpente XIVe s. —Croix dè cimet. XVIe ou XVIIe s.
Chât. d'Haurie, XVIe s. remanié.

**LADOS** (St-Martin). Cant. Auros. — Egl. rom., endomma-gée par un ouragan, 1883. — Contrefort dans l'axe de l'ab-side. — Clef de l'arc triomphal datée 1781 et 1840. — Nef unique, refaite XVIe s. — Porche fortifié, XVe s., avec vaste cheminée. — Statue de la V. pierre, XVe ou XVIe s. proven. sans doute de la chapelle ruinée de Mazères. — Vieille coutu-me de porter un agneau blanc à l'égl. pour le faire bénir.
Qq. ruines du chât. de Lados ou Castera, XIIIe s. assiégé et incendié par les Huguenots, démoli 1793.

**LAFOSSE** (St-Sulpice). Cant. St-Savin. — Egl. rom. in-téress. par son abside, son chœur, son clocher. — Plan primi-tif à une seule nef; auj. plan en croix latine par adjonction très postér. de 2 chapelles, celle du nord 1721. — A l'extér. de l'abside, bandeau saillant de la corniche, qui a sa moitié infér. découpée en dents-de-scie, larve cavet formant corbeau continu. — Beau clocher carré sur l'avant-chœur, robuste, mais élégant, sous coupole; colonnes à bagues faites au tour; beau chapiteau à feuilles. — Intéress. charpente, XVIe s. — Cloches 1534 et 1739. — Egl. restaurée 1866.
*Bibl. C. R. des M. H.* 1851, 8. — Brutails, *V. Egl.*, clocher et abside, p. 150.
Chapelle St-Urbain, à charpente apparente.
Chât. jadis fortifié de Calmeilh; restes des fossés, des murs d'enceinte, restauré 1774.

**LAGORCE** (St-Pierre).. Cant. Guîtres. — Egl. rom., res-taurée (v. 1865). — Porte rom., à l'ouest, 2 portes feintes, toutes trois surmontées d'une archivolte étoilée. — Bas-côté nord (fin XVe s.). — Clocher carré sur sa travée occidentale; sa croix, de style archaïque. — Abside semi-circulaire, 5 pans, contreforts plats; grand arc dans chaque pan retombant sur des pilastres sans chapiteau.— Charpente de style rom. (XVIe s.) publiée par Viollet-le-Duc, d'après un dessin de l'archit. Durand (*Dictionn. d'architect.* IV, 308, fig. 3). — Statue, pierre peinte, de la V. assise, l'Enfant-Jésus sur ses genoux, de gran-deur naturelle (XVe s.).
Trois énormes mottes féodales du Moulin-de-Thomas. — De Chabreville. — Chemin de Charlemagne.

**LALANDE-DE-CUBZAC** (St-Pierre, auj. St-Symphorien). Cant. Fronsac. — **Egl. rom.** (XIIe s.), fortifiée (XVe s.). — Très belle porte sous porche au sud, près de la façade ouest. Tympan, sans linteau, figurant une vision de l'Apocalypse (le Sauveur debout tient de la main 7 étoiles dans un disque; un glaive sort de son oreille gauche; à sa dr., St Jean et 7 églises), le tout traité d'une manière gauche et barbare, ainsi d'ailleurs que les chapiteaux des colonnettes et les voussures (entrelacs, tiges, bâtons brisés, monstres, personnages mystérieux). — Clocher carré sur la 1re travée de l'ouest. — Nef de 4 travées couverte de croisées d'ogives; dans la 2e travée o. 2 fenêtres longues et étroites dont le haut dessine à l'intér. un arc tréflé. — Seule, croisée d'ogives du transept ancienne; les autres refaites (1854). — Bas-côté gothiq. sur flanc nord (xve s.). — Chœur profond voûté en berceau. — Abside à 7 pans, voutée en cul-de-four, exhaussée pour la fortification; à l'intér. et à l'extér., très larges arcades retombant sur des pilastres flanqués d'une colonne engagée montant jusqu'à la corniche; bandeau chanfreiné, porté sur ces colonnes et des corbeaux, servant de corniche à l'abside et au chœur. — Sacristie (1637). — Croix de cimetière.

*Bibl.* L. Drouyn, *Bull. monumental*, XV, 180-88 avec dessin du portail, reproduit dans Caumont, *Archit. relig.*, 5e édit. p. 261 et dans A. Michel, *Hist. de l'Art* I, 647. — *C. R. des M. H.* 1846, 14-15. — Brutails, *V. Egl.* 55-56, avec vue de la porte, hors-texte.

**LALANDE-DE-LIBOURNE** (St-Jean). Cant. Libourne. — Jolie égl., (xiie s.) très soignée d'Hospitaliers de 6 m. 10 de large. Primitivement, simple rectangle aux murs épais (1 m. 35) avec, à l'intér., colonnes engagées portant doubleaux, à l'extér., contreforts, mais ceux-ci ne correspondant pas à celles-là, qui ont de charmants chapiteaux projetant sous l'angle du tailloir un paquet de volutes. Mur du chevet plat percé de 5 fenêtres assez simples, 2 en haut, 3 en bas, celles-ci plus étroites. Corniche sur modillons courant sur partie seulement des murs latéraux vers l'est; ces murs sont aveugles. Voûtes en berceau brisé. — 2 chapelles latérales (1843). — A l'entrée du sanctuaire, 2 corbeaux soutenant peut-être jadis une poutre de gloire. — Façade ouest à 2 étages : au rez-de-chaussée porte à voussures nues, polylobée, et 2 fausses portes (très restaurée); au 1er étage, fenêtre, agrandie (xixe s.) et 2 fenêtres feintes, toutes 3 posées sur tablette portée par des corbeaux; au sommet, clocher-pignon. — Croix de cimetière (xve s.). — Egl. restaurée (1871).

*Bibl. C. R. des M. H.* 1848, 16; 1847, avec plan et façade, p. 13. — Viollet-le-Duc, *Diction. d'archit.* III, 403, haut de façade. — Brutails, *V. Egl.* 56-57, avec coupe de la nef. — *Aquitaine*, 1873-74, 339-41, 353-57, 385-389, 401-404, 417-22.

**LAMARQUE** (St-Seurin). Cant. Castelnau. — Egl. (xvie s.) à 3 nefs spacieuses séparées par des colonnes, consacrée (1838).

Chât. de Lamarque xvie s., corps de logis en équerre et tour octogone; chapelle anc. rom. agrandie xviie s.

**LAMOTHE-LANDERRON.** Cf. St-Albert et St-Martin-de-Serres.

**LANDERROUAT** (St-Jean). Cant. Pellegrue. — Egl. rom. refaite, gardant traces de son incendie ,par Huguenots. — Bas-côté nord XIVᵉ s. — Porte ogivale, XIVᵉ s.

**LANDERROUET** (N.-D.). Cant. Monségur. — Egl. à abside à pans coupés et lambrissée, XIVᵉ s. — **Encensoir, cuivre,** XVIIᵉ s.

**LANDIRAS** (St-Martin). Cant. Podensac. — Curieuse égl. rom. avec **abside et absidioles** séparées par un espace; absidiole et bas-côté nords modernes. Contrefort de l'axe de l'abside enlevé jusqu'à une certaine hauteur. Abside décorée intér. de chapiteaux sculptés; extér. fenêtres encadrées de colonnettes aux chapiteaux variés (entrelacs, animaux fantastiques). — Chapiteaux des arcs doubleaux de la croisée du transept (Christ aux Oliviers, colombes affrontées se becquetant, Christ dans une auréole, lion de St Marc avec croix sur la cuisse). — Sur l'arc triomphal, 2 bas-reliefs à personnages. — Transept couvert de voûtes d'arêtes modernes. — Bas-côté sud XVIᵉ s. — Bénitier à cuve et à pied octogone, XVIᵉ s. — Lourde tour carrée surmontée d'un dôme.

*Bibl. C. R. des M. H.* 1847, 14, plan.

Au nord de Landiras, anc. égl. paroiss. de Brach, XIIIᵉ s. — Porte ogivale entre 2 gros contreforts, corbeaux, sur face sud.

Ruines du vaste chât. de Landiras ou de Brassier, XIVᵉ et XVIᵉ s. — Motte féodale du Tuco blanc.

**LANGOIRAN** (St-Léonce). Cant. Cadillac. — Egl. 1853.

Belles ruines du **chât. de Langoiran,** XIVᵉ s. et Renaiss., ayant appartenu à Clément V. — Moulin fortifié de Labatut, XVᵉ s. — Mais. natale de Berquin.

**LANGOIRAN** (St-Pierre). Cant. Cadillac. — **Egl. rom.** (XIᵉ-XIIᵉ s.). — Portail à 3 voussures en plein cintre, très simples, retombant sur des chapiteaux à feuillages. — Clocher (1864), archit. Abadie; modillons anc. encastrés dans le bas (oiseaux, sirène, homme buvant à un tonneau). — Nef lambrissée, en petit appareil, avec contreforts plats; au sommet du mur nord, étroites fenêtres ébrasées au dedans, à ressaut au-dehors. — Bas-côté sud (1546) voûté d'ogives prismatiques fenêtres flamboyantes géminées. — Arc triomphal légèrement ogival. — Très belle abside, l'une des plus riches de la Gironde. A l'intér., arcature compliquée se combinant avec les fenêtres, jolis chapiteaux (feuillages, Daniel avec 4 lions, Adoration des Mages); au-dessous, cordon de palmes. Extér., divisée en 9 pans verticaux par groupes de colonnes engagées dont, à partir du 2ᵉ étage, la centrale seule monte jusqu'à la corniche et horizontalement en 3 étages par de riches cordons (feuillages, entrelacs, damiers); soubassement relevé de dents-de-loup et de scie; chaque pan du 1ᵉʳ étage a une arcature aveugle (4) ou une fenêtre (5) aux élégants chapiteaux, qui se poursuivent par un cordon sculpté à l'imposte des fenêtres; chaque pan du 2ᵉ étage a une double arcature. Corniche sur 3 corbeaux par pan.

*Bibl. C. R. des M. H.* 1847, 38. — L. Drouyn, *Rev. Cath. Bx*, 1881, p. 599. 659 et 1882, p. 80, avec eaux-fortes de l'anc clocher et de l'abside. — Brutails, *V. Egl.* 57, avec abside.

**LANGON** (S. Gervais et Protais). Canton. — Egl. à chevet droit et transept (xiiie s.), remaniée (xive s.), pillée par les Huguenots (1566 et 1572), saccagée et brûlée (1622). — Nef reconstr. et augmentée de 2 collatéraux (1846-58), archit. Duphot, — Clocher, imitation du clocher vieux de Chartres (1861), archit. Courau. — 2 beaux retables, pierre peinte et dorée, xve ou xvie s. — Vitrail du martyre de Louis Beaulieu, 1889.

Egl. pricurale N.-D. du Bourg; qq. piliers et murs latéraux. 1150, auj. écurie et grenier; très beaux chapiteaux (têtes humaines cerclées de diadèmes en saillie). Cordon de l'abside fait de têtes-de-clou juxtaposées.

*Bibl.* abbé Corhin, *L'égl. de St-G. de L. et les origines de Bertrand de Goth* 1866.

Près de la rivière, au nord-est, qq. traces des murs d'enceinte, xiiie s. et xive s. — Rue de la Brède, qq. vestiges de la chapelle de l'anc. chât. — Tour de Mons, xiiie s.; enclavée dans l'Hôtel du Cheval Blanc. — Maison Biros, rue Maubec, avec façade sculptée (xvie s.)— Rue de l'Hôtel-de-Ville, maison de Camarsac. — Anc. hôtel de ville, 1681. — Hospice 1724. — Porte à bossages de l'anc. couvent des Carmes. — Substructions de l'anc. couvent des Capucins, au cimetière.

**LANSAC** (St-Pierre). Cant. Bourg. — **Egl. rom.** xiie s., **abside**, à pans coupés, colonnes aux angles. Cordon à bâtons brisés sous les fenêtres. Corniche soignée. — Beau portail. — Façade refaite récemment. — Dans la commune, fontaine St-Pierre, pèlerinage.

Mais. noble de Taste. — A Escudier, mais. noble de Cosson. — Ruines de 2 tours du chât. de Lansac ou le Castelet, 1331, plus tard, fin xviiie s., Tours de Broglie; sur les murs, noms anglais.

**LANTON** (N.-D.). — Cant. Audenge. — Egl. rom., refaite xixe s.
Station préhistorique.

**LAPOUYADE** (Ste-Madeleine). Cant. Guîtres. — Egl. 3 nefs, chevet plat.— Chapelle St-Jean, 1720.— Clocher refait, 1726. — Cloche avec inscript. 1543. — Chaire, pierre xviiie s.

**LAREYRE** (N.-D., auj. St-Antoine). Comm. Pellegrue. — Egl. rom. — Nef et chevet carré, lambrissés. — Bas-côté voûté d'ogives avec formerets; clefs de voûte à armoiries badigeonnées.

**LAROQUE** (St-Jean). Cant. Cadillac. — Egl. rom. (xiie s.) à une nef. — Contrefort à l'est dans l'axe. — Quelques modillons sculptés à la corniche de l'abside. — Anc. mais. noble de Pellert, restaurée.

**LARUSCADE** (St-Exupère). Cant. St-Savin. — Egl. rom.
(xiie s.), fortifiée, remaniée. — Au chœur, tablette de la corniche reposant sur une file de corbeaux tangents; une chaîne
est appliquée sur le chanfrein d'un tailloir intér. et un baril
sur la corniche extér. — Chapiteaux de la nef (feuilles plaquées
en rangs horizontaux). — Sanctuaire refait (1898). — Façade
romane très dégradée. — Clocher rom. sur la croisée du transept, peut-être réparé (xve s.).

**LATRESNE** (St-Aubin). Cant. Créon. — Egl. (xve ou xvi[e]
s.) à 3 nefs; intérieur plusieurs fois remanié; sanctuaire roman.
— Bas-côté nord (1771) Egl. refaite en partie (1867), archit.
Grelet aîné. — Clocher, tour barlongue, dont rez-de-chaussée
de même époque que l'égl., le sommet (1629). — Archères
près de la porte. — Statue de Ste-Quitterie, pierre peinte.
Chât. de la Tresne, reconstr. xviie s., remanié xviiie s.,
restauré 1912. — De la Salargue, tour ronde xvie s. — Mais.
nobles de Gassies, belles tapisseries — de Pardaillan, tour carrée anc.

**LAURENT** (St-). Canton. — Egl. avec abside rom. (xiie s.),
réparée (1842 et 1902).—Clocher gothiq. formant avant-corps,
à l'o. Porte (xive s.) à 5 voussures ogivales, s'ouvrant dans son
rez-de-chaussée, surmontée de 7 arcatures sur colonnes puis
d'une rosace, de nouveau de 7 arcatures trilobées, d'une fenêtre
et d'une balustrade, enfin de la flèche en pierre (xvie s.); rez-
de-chaussée renforcé au s. par 2 arcs aveugles.
*Bibl.* L. de Lamothe, *C. R. des M. H.* 1848, 16.
Chât. La Tour-Carnet, xive, xve s. donjon.

**LAURENT-D'ARCE** (St-). Cant. St-André-de-Cubzac. —
Egl. jadis fortifiée, à nef gothiq. et bas-côté de même style,
plus récent., voûté en étoile avec clefs de voûte bordées d'un
cordage (xve ou xvie s.). — Porte rom. (début. xiiie s.) avec
colonnes adossées à forme de tronc-coniques; munie d'un
contrefort central; tympan sous arc très surbaissé sommé
d'une accolade (xve s.).
Mais. noble de Laborde, refaite xviiie s.

**LAURENT-DE-SERVOLLES** (St-). Cant. Pellegrue. —
Petite égl. à chevet droit, sans doute (xive s.).

**LAURENT-DES-COMBES** (St-). Cant. Castillon. — Egl.
rom., de 18 m. 80 de long sur 5 m. 70 de large, à vaste abside
sans ornements ni contrefort. — Nef lambrissée. — Porte
au nord.—Anc. porte de l'ouest masquée par 3 énormes contreforts, surmontée d'un clocher-arcade à une baie. — Près d'une
croix de carrefour moderne, bénitier à double cuve (xvie s.).
— Egl. restaurée (1878). — Autel provenant d'une chapelle
Ste-Anne de Libourne.
*Bibl.* Piganeau. *Bull. Soc. arch.* XIV, 1889, 4 pages, 1 pl.

**LAURENT-DU-BOIS** (St-). Cant. St-Macaire. — Egl. rom.
très remaniée. — Chevet retouché dans l'axe rectiligne, à l'é-
poque gothiq., pour y loger une grande fenêtre. — Nef et bas-

côté sud plus récents. — A l'ouest, contreforts obliques montant jusqu'au clocher-arcade. Porte gothiq. sans colonnettes, mais avec frise sculptée. Porche. — Chapiteau nord de l'arc triomphal (St Laurent sur son gril). — Cloche (1551) faite pour Ste Pétronille.

Chât. de Lavergne.

**LAURENT-DU-PLAN (St-)**. Cant. St-Macaire. — Joli type d'égl. rurale simple, entièrement lambrissée. — Dans l'abside, fenêtre dans l'axe, au-dessus d'un contrefort arrêté à mi-hauteur. — 2 fenêtres du chœur, plus largement percées, paraissent moins anc. — Arc triomphal étranglé. — Nef, 6 m. de large, 6 m. 70 de h.; épaiss. des murs 0 m. 70. Au sud, traces de l'arc plein cintre d'une chapelle. — Mur ouest, daté 1747. — Soubassement et corbeaux d'un porche détruit.

**LAVAZAN (St-Etienne)**. Cant. Bazas. — Egl. rom., abside semi-circul. à voûte goth. Joli appareil à l'extér. Remaniée, début XVI$^e$ s. — Arc triomphal étranglé.

**LEGE (St-Pierre)**. Cant. Audenge. — Egl. 1925-27. Station préhistorique.

**LEGER-DE-BALSON (St-)**. Cant. St-Symphorien. — Intéress. **égl. goth.** flambloyante, 3 nefs. 1511; 32 m. × 16. — Abside, ronde à l'intér., polygon. à l'extér. (8 pans, placage postér.); fenêtres correspondant aux angles de ce polygone. — A l'intér., chapiteaux historiés badigeonnés. — Sous l'autel St-Clair, veyrine; fontaine St-Clair pour les yeux. — Inscript. dans l'égl. 1520.

*Bibl. C. R. des M. H.* 1845, 8-9. — L. Drouyn, *Notes archéol.* 46, 588-93, plan, dessins.

Belles ruines du **chât. de Castelnau-de-Cernès**, XII$^e$, XIII$^e$, XIV$^e$ s. 2 étages subsistent du donjon relevé 1436.

**LEGER-DE-LA-VIGNAGUE (St-)**. Cant. Sauveterre. — Egl. rom. incendiée XVI$^e$ s. Depuis lors, subsistent seuls chœur voûté en coupole byzantine, découronnée, en briques de champ, et l'abside en cul-de-four, très aplatie. Corniche s'arrêtant au 1$^{er}$ contrefort du chœur; coupée au sud par grande fenêtre postér. — Arc triomphal muré. — Chapiteaux du sanctuaire mutilés (Adam et Eve près de l'arbre, sirène). — Statue de N.-D-du-Sendat, bois, invoquée contre pâles couleurs.

Chât. de Madaillan, défiguré et restauré à la moderne.

**LEOGEATS (St-Christophe)**. Cant. Langon. — Egl. gothiq. XIV$^e$ s. — Nef et bas-côté g. voûtés en pierre; ogives s'appuyant sur culs-de-lampe (têtes humaines grimaçantes). Dans la nef, pilastres aux angles abattus. — Porte simplement décorée de plus. files de menus ornements, tympan sans linteau. Chapiteaux (feuilles plaquées en 2 groupes en rangs horizontaux). — Retable XVIII$^e$ s. — Chaire, pierre 1689. — Statues bois (St Jean, St Christophe), de style primitif et gros. — Autre statue (St Christophe). — Petite cloche, 1654.

Biron

La Tourasse, tour quadrilatère ruinée, rez-de-chaussée et 3 étages XIIIe ou XIVe s. — Mosaïque de Cameillac.

**LEOGNAN** (St-Martin). — Cant. Labrède. — Egl. rom. 3 nefs, refaite 1852, conservant intéressante **abside**, ronde à l'intér., polygonale à 9 pans à l'extér., et l'**absidiole n.**, liée à l'abside. — Horizontalement, cette abside, à l'intér. et à l'extér. a un double étage d'arcatures aveugles ou à jour. Au dehors, elles sont séparées par un cordon de festons opposés et retombant sur pilastre et sur corbeau richement sculpté (animaux, fleurons, oiseaux, personnage dévoré par des serpents). Corbeaux de la corniche (entrelacs, oiseaux, personnage portant un tonneau). Chapiteaux des arcatures (entrelacs et feuillages). — Chapiteaux de l'arc triomphal (animal vomissant des feuillages, lion à queue et langue empanachées). — Belle statue XVe s.

Beau chât. d'Olivier, XVe s. restauré à diff. reprises, notamment ap. incendie 1887, chapelle Renaiss. tourelle à mâchicoulis et créneaux, fin XVIe s., douves, pont-levis. — Tour anc. du château de Ferbos, cheminée XVIIe s. — Vieux moulin du Coquillat. — Chât. La Louvière, XVIIIe s. attribué à Louis.

**LEON** (St-). Cant. Créon. — Clef de voûte datée 1771. — Croix de cimet.

**LERM** (N.-D.). Cant. Grignols. — Egl. rom remaniée 1903. — Chevet carré anc. à ogives prismatiques, contreforts obliques aux angles. — Porte XIVe s. — Porche 1630. — Cloche 1673.

**LESPARRE** (N.-D.). Canton. — Egl. 1864. Restes du couv. des Cordeliers, auj. cuvier.

**L'Honneur de Lesparre**, donjon carré à mâchicoulis, 25 m. de haut, XIVe s., restes d'un chât. XIe s., guérite ronde.

**LESTIAC** (N,-D.). Cant. Cadillac. — Intéress. égl. rom. conservant de l'époque abside et portail. — Jolie abside ronde au dedans, polygon. à 9 pans au dehors, y compris ceux du chœur; ses 9 arcades extér. sont en haut s'appuyant sur un cordon mouluré. Corniche sur nombreux corbeaux. — Bas-côtés, XVIe s. — Portail sans ornements.

**LEVES (LES)** (St-Pierre-ès-Liens). Cant. Ste-Foy. — Egl. rom., endommagée par les Huguenots, restaurée 1865. Ruines romaines et mosaïque.

**LIBARDE (LA)**. Comm. Bourg. — **Belle crypte**, 3 nefs chevet ajouté après coup, réparée 1848 (Cf. *C. R. des M. H.*, 1848, 38, dessins de la crypte, coupes en long et en travers, plan). Longueur 10 m. × 6 m. 36, haut. 3 m. 10.

**LIBOURNE** (St-J.-Bapt.). Canton. — Egl. gothiq. XIVe, XVe s., restaurée, défigurée 1837. — Chapelle de la V., 1841. — Clocher 1855, 71 m. — Qq. bons tableaux dans l'égl. et la sacristie. — Relique de la Ste-Epine depuis 1609.

. Belle égl. de l'Epinette, 1875, clocher 1896.

N.-D.-de-Condat. — **Anc.** chapelle castrale, agrandie xv<sup>e</sup> s., alors voûtée d'ogives et de liernes. Clefs de voûte (armes de France, V. et l'Enf. Jésus, archevêq., etc., etc.). — **Nef** unique, 31 m. 75 × 7 m. 30. — **Madone** assise avec l'Enfant, pierre, xvi<sup>e</sup> s. pèlerinage. — Fontaine miraculeuse (Cf. Piganeau *Bull. Soc. arch.* 1889, XXXVI-XLI).

Chapelle des Cordeliers, xii<sup>e</sup>, xiv<sup>e</sup> s., désaffectée et ruinée.

Chapelle des Récollets, 1611. — Cloche xiii<sup>e</sup> s. proven. de l'anc. égl. paroiss. St-Thomas, disparue au xix<sup>e</sup> s.

Anc. bastide, xiii<sup>e</sup> s. — Qq. traces des murs d'enceinte. Tour Richard ou de l'Horloge, 1367, sur le port. — Hôtel de ville xv<sup>e</sup> s., reconstruit 1910. — Vieille maison à tourelle, xvi<sup>e</sup> s., rue du Président-Carnot. — Casernes, 1718-1828. — Chât. de Salles, xvii<sup>e</sup> s. — De Cruzeau, xvii<sup>e</sup> s.


**LIGNAN** (Ste-Eulalie). Cant. Créon. — Intéress. et grande égl. 1147, 3 absides, 3 chœurs, transept, nef. — Abside et absidiole nord en cul-de-four. Chœur de l'abside, partie de celui de l'abside sud, carré du transept, nef en berceau plein cintre. Chœur du nord, un peu plus long que les autres, et fond de l'absidiole sud voûtés en croisées d'ogives prismatiq. 1635; peut-être date de simple restauration. — A l'extér. de l'abside pilastres, fenêtres à ressaut avec 2 colonnettes aux jolis chapiteaux historiés; sous l'appui de ces fenêtres, cordon original de billettes alternant avec des têtes de clous; corbeaux refaits, 1858. A l'intér., arcature sur colonnettes accouplées; fenêtres ébrasées. — Transept modifié xviii<sup>e</sup> et xix<sup>e</sup> s. — Nef 7 m. 70 de large plus anc. que tout l'édifice, murs 1 m. 05 d'épaisseur, renforcés à l'intér. de colonnes engagées, à l'extér. de contreforts de 0 m. 80 × 0 m. 33 de saillie. Pas de bas-côtés, bien qu'on ait à l'origine songé à une égl. à 3 nefs. — Cloche 1739. — Statue de St Jean, marbre xv<sup>e</sup> s. — Chandeliers et encensoirs aux armes des de Pontac. — Clocher 1870.

*Bibl.* L. Drouyn, *C. R. des M. H.* 1847, 14, plan. — Brutails, *V. Egl.* 67-68, plan, vue du chevet.

Chât. de Lislefort, xvii<sup>e</sup> s. — Mais. nobles de Seguin, xvi<sup>e</sup> s. — De Puygerin, xvi<sup>e</sup> s., rebâtie.


**LIGNAN** (St-Vincent). Cant. Bazas. — Douc ou Butte de Boutevin, 12 m. de h., 120 m. de circonférence, avec fossé. — Egl. attribuée aux Templiers.


**LIGUEUX** (N.-D.). Cant. Ste-Foy.

Débris romains. — Vieux chât. fortifiés de Couronneau et de Parenchère.


**LISTRAC** (St-Martin). Cant. Castelnau. — Egl. rom. restaurée v. 1850. — Clocher, tour massive, flèche anc. et grêle. — Belle chaire, bois sculpté, xvii<sup>e</sup> s.

Tumuli de Puy-Mingon — de Poujeau — de Bernones — du Mayne de La Lande.

**LISTRAC-DE-DUREZE** (St-Barthélemy). Cant. Pellegrue.
— Egl. rom. — Chevet plat substitué à une anc. abside. —
Chœur rom. voûté d'ogives après coup — Façade sottement
coupée par un porche « l'une des plus séduisantes du pays »
(Brutails). Porte en arc brisé, 2 portes feintes; fûts des colonnes placés dans des dépressions courbes des pieds droits.
3 voussures, chapiteaux rom. (animaux au sud, sans ornement
au nord). Corniche sur corbeaux (têtes d'hommes et d'animaux).
Chât. de Fonbizol, xvie s.


**LORMONT** (St-Martin). Cant. Carbon-Blanc. — Egl. goth.
xve s., consacrée par Pey-Berland, 1451, d'après inscript.
au côté dr. de l'abat-voix de la chaire, relevée en 1861. Réparée 1577. — Clocher, lourde tour carrée à 2 étages 1434, 8 à
10 m. de côté. — Porte principale à l'ouest, ogivale, ornée
de tores, gorges, pointes de diamant; archivolte externe en
arc surbaissé, groupe de chapiteaux à feuillages. Au-dessus,
grand oculus. — 3 nefs d'égale longueur, 16 m. larg. de la nef
centrale 8 m. des bas-côtés 6 à 7 m. Voûtées en nervures dia-
gonales. Travées ouest de chaque collatéral ajoutées fin xve
ou début xvie s. avec nervures à liernes. — Abside pentagonale, 5 hautes fenêtres flamboy.; à chaque arête, contrefort
très saillant et à retrait, comme tous ceux de l'édifice. —
Grille de fenêtre 1779. — **Bas-relief, albâtre**, 0 m. 40 × 0 m. 26,
xve s. encastré dans le pilier, qui sépare nef du collatéral sud
(Adoration des Mages). — Autre bas-relief plus grossier au
pilier formant le contrefort sud-ouest du clocher (Christ en
croix surmonté d'un large tore à bouts retombants). — Lutrin fer forgé, xviie s. — Balustrade de l'orgue portant armes
de St André. — A la cure, jolie fontaine, cuivre rouge, aux
armes de l'archevêq. de Lussan.
*Bibl.* Piganeau, *Bull. Soc. arch.* 1877, 19-90, 2 plans, plus.
dessins.
Qq. restes fort abîmés de la petite chapelle de l'Ermitage
Ste-Catherine.
Chât. de Lormont, anc. possession des archev. de Bx, rebâti 1614 par le card. de Sourdis, restauré xixe s. — de Carriet
ou de Pichon ou du Diable, début xviie s., restauré. — Mire-
port, xviiie s. — Dans le bourg, qq. vieilles maisons, xvie et
xviie s. — Vieux puits au chât. Lacroix.


**LORETTE** (N.-D.). Comm. St-Michel-Lapujade. — Pèlerinage xiie s., source miraculeuse dans l'égl. Statue de la V,
xiiie s. — Chapelle primitive restaurée par l'abbé Dupuch.
futur év. d'Alger, 1830, enfermée dans égl. à 3 nefs, 1864-71
*Bibl.* abbé Corbin, *N.-D. de L.*, *près la Réole*, 1863.


**LOUBENS** (St-Vincent). Cant. La Réole. — Egl. rom. —
2 arcs triomphaux accolés sur supports dissemblables. — Bas-
côté sud ajouté. — Voussure externe de la porte en arc bombé.
— Porche. — Charpente ornementée.
Près de la ferme Le Rieu, La Tour, motte féodale.

**LOUBERT** (St-). Cant. Langon. — Abside rom. épaulée par contreforts très saillants à la base. A l'extér. billettes encadrant les fenêtres médianes. — Chapiteaux de l'entrée du chœur grossièrement sculptés. — Arc triomphal étranglé. — Façade refaite XIVᵉ s., porte ogivale. — Reste de porche. — Table d'offrandes à g. de la porte.
Tumulus de Moutha. — Débris gallo-romains.

**LOUBES** (St-). Cant. Carbon-Blanc. — Egl. 1868, moins l'abside, clocher 1871, — Fontaine de St-Luc dans un village.
Mais. nobles de Chelivette. — De Labatut. — De Malleret. — De Reignac. — De Tougnan.

**LOUCHATS** (Ste-Croix). Cant. St-Symphorien. — Egl. XIXᵉ s. — Reste d'une croix de carrefour.

**LOUPES** (St-Etienne). Cant. Créon. — Egl. à chevet plat rom. par sa construction, gothiq. par sa date, de 3 m. 70 de large. — Nef de 6 m. 12 de large; corniche au haut de ses murs de flanc.

**LOUPIAC** (St-Pierre). Cant. Cadillac. — **Egl. rom.** (fin XIᵉ s. ou début XIIᵉ s.), bâtie sur des ruines antiques, complètement restaurée et défigurée par Abadie (XIXᵉ s.), ne conservant guère d'intéress. que l'extér. de son abside et sa façade ouest, elles-mêmes fortement retouchées. — Plan en croix latine; axe du chevet sensiblement brisé. — Très remarquable façade, fort riche, comprenant un avant-corps dans leq. s'ouvre un portail à 4 voussures en retrait, qu'ornent des losanges, dents-de-loup et de scie. Voussures reposant sur 6 colonnettes, 3 de chaque côté, aux chapiteaux variés (entrelacs, oiseaux, etc.), surmontées d'un bandeau sculpté sur leq. s'appuient 3 arcatures ornées, dont 2 aveugles, retombant sur 4 chapiteaux (ornements divers, animal symbolique, fuite en Egypte, fleurs et oiseaux). A mi-colonne, musicien sous le second chapiteau. Plus haut, frise (péché originel, Christ et 11 Apôtres et St Jean appuyant sa tête sur l'épaule du Maître, Agneau portant la croix entre 2 anges). Plus haut encore, corniche de billettes sur corbeaux sculptés et formant la base d'un fronton triangulaire dont le centre est occupé par une fenêtre avec arcature et chapiteaux ouvragés; cette corniche se continue sur la façade proprement dite. Celle-ci terminée en triangle que domine une croix cerclée. 2 longues et étroites portes feintes plaquées sur la façade, à dr. et à g. de l'avant-corps; leur arcature et chapiteaux sont sculptés. — Clocher jadis posé sur le chœur. — A l'intér., grands arcs du sanctuaire et du bras de la croix retombant sur 2 colonnes engagées. Sur un cordon, à mi-hauteur (feuillages, entrelacs, personnages fantastiques). Jolie abside polygonale à 5 pans séparés par groupe de 3 colonnes accouplées, que terminent de riches chapiteaux. Corniche à boules sur corbeaux divers, entre lesquels s'alignent des métopes chargées de rais sans jante. Horizontalement, abside divisée en 3 étages par 2 cordons sculptés à la base des arcatures ajourées ou aveugles. Chaque pan a 2 fenêtres ou 2 arcatures aveugles superposées reposant sur des colonnettes à chapiteaux, mais sans archivolte d'extrados. — Cloche (1749).

*Bibl.* Brutails, *V. Egl.* 68-70, avec façade et abside.

Chât. de Cros, xiv<sup>e</sup> s. remanié xv<sup>e</sup> s. porte ogivale xvi<sup>e</sup> s., pavillon ruiné xvii<sup>e</sup> s. — Restes du prieuré St-Romain, murs de l'anc. chapelle, 3 fenêtres ogivales xiii<sup>e</sup> s.; dans un cellier, grande mosaïque.

**LOUPIAC-DE-BLAIGNAC** (Ste-Croix). Cant. La Réole. — Portail (xvi<sup>e</sup> s.) avec tympan sur façade sud, très curieux spécimen de goth. renaissance. — Egl. restaurée (1889). — Cloche (1731). — Vierge en bois, 0 m. 75 de haut.

**LUCMAU** (St-André). Cant. Villandraut. — Abside rom., le reste (xiv<sup>e</sup> s.). — Cordon de billettes à l'abside. — Clocher-pignon avec auvent sur façade o. flanqué sur le côté d'une tour anc. à pans hexagonaux abritant un escalier à colimaçon. — Porte en arc brisé (1782). — Cloche (1775). Castera, butte avec fossés, traces de tour ronde.

**LUDON** (St-Martin). Cant. Blanquefort. — Egl. de diverses époques, écroulée (1660), restaurée (xix<sup>e</sup> s.). — Clocher arcade primitif devenu tour par addition de 3 côtés, offrant traces de mâchicoulis, inélégante flèche. — Cloche (1768). Chât. de Pomiès d'Agassac, xv<sup>e</sup> et xvi<sup>e</sup> s., douves; chapelle en encorbellement sur une tour d'angle.

**LUGAGNAC** (St-Martin). Cant. Branne. — Egl. rom. (fin xii<sup>e</sup> ou début xiii<sup>e</sup> s.). — Abside pentagonale exhaussée (1614), voûtée en cul-de-four. — Chœur carré. — Nef voûtée en berceau brisé, de 19 m. 50 de long, 5 m. 65 de large, 4 m. 50 de haut; épaisseur des murs 1 m. 04. — Riche portail rom. à 4 voussures en ogives surbaissées, moulurées et sculptées; fûts des colonnes ornés d'écailles ou de cannelures. — Contreforts et chapelle dans le flanc nord (1614 et 1733). — Modillons curieux (figures grotesques mutilées). — Porche (fin xvi<sup>e</sup> s.). — Cloche avec inscription (1557). — Bénitier rom., pierre, 0 m. 32 de haut.

*Bibl.* L. Drouyn, *Var. gir.* I, 50-58, avec plan, chapiteaux et modillons, bénitier.

Chât. de Lugagnac ou de Barrault, xvi<sup>e</sup> s. ruiné. — Mais. noble de La Beylie.

**LUGASSON** (St-Martin). Cant. Targon. — Egl. de style mixte, fortifiée (xvi<sup>e</sup> s.), murs latéraux exhaussés, échauguette placée sur le contrefort à l'angle sud-ouest du bas-côté ajouté au sud. — Porte rom., à l'ouest, très riche, mais fort mutilée (1793), « n'en reste pas moins l'une des plus intéressantes de la Gironde » (Brutails). 5 arcs en plein cintre et en retrait dont les 4 plus grands retombent de chaque côté sur 4 colonnes séparées par des pieds-droits; 5<sup>e</sup> arc orné d'un double zigzag se prolongeant le long des pieds-droits jusqu'au sol. Porte décorée en outre de motifs géométriques (cercles en creux, bâtons brisés). Tympan sans linteau. Toute la partie antérieure tympan, zigzags, etc., a été insérée (abbé Labrie et Brutails).

— Voûtes à nervures primastiques n'ayant pas bougé depuis le xvi⁰ s. 5 clefs de voûte. — Charpentes à tirants ouvragés. — Extér. de l'abside simple et bien compris, joli de lignes. — Cadran solaire au sud. — Traces de litres aux armes des de Ros. — Cloche (1625) dans le clocher-pignon, avec inscription.

*Bibl.* L. Drouyn, *Var. gir.* I, 396-402, avec plan, chapiteaux, écusson, fenêtres, inscription, échauguette.

Importante station néolithique. — Entre Frontenac et Lugasson, les Grandes Bornes de Pontarret, 2 menhirs. — Voie romaine entre le bourg et la Laguë. — Oppidum gaulois de Roquefort. — Refuge-souterrain de Fauroux. — Caverne de Fontarnaud. — Aux Gourdins, cimetière mérovingien. — Mais. noble de Roquefort ou repaire de Gresinhac, xiiie s. abandonnée xve s., en ruines. — Vieilles maisons xive, xve, xvie s. dans divers villages. — Moulins de Fauroux, cité 1304. — de Dauzanet, xvie s. — de Pètebas ou Roquefort.

**LUGON** (St-Genès). Cant. Fronsac. — Egl. rom. — Adjonction de 2 chapelles, au nord 1748, au sud 1841. — Au nord-est guérite crénelée. — Porte rom. au sud, tympan, entouré d'un cordon, décoré d'un  Dieu de majesté dans auréole, assis et bénissant, et symboles des  Evangélistes, fin xiie s. — Croix sculptée, à g. du portail. — **Pierre sculptee**, xie s., encastrée dans le mur extér. sud. — Cloche 1531.

Chât. de Pardaillan, xive s. et Renaiss., réparé 1865; — du Garney, fin xvie s.

**LUGOS** (St-Michel, auj. N.-D.). Cant. Belin. — Egl. 1849, clocher, 1864. — Anc. égl., à 5 km. de la partie habitée, nef unique, abside semi-circul., contreforts massifs. Clocher carré. — Veyrine dans la paroi nord du chœur.

A Seouze, restes de vieux chât.

**LURZINES**. Comm. Prignac de Bourg. — Chapelle templière ruinée. — A l'extér. de l'abside, percée dans son axe d'une fenêtre et munie d'une archivolte sur pilastres, le pilastre est supprimé à la fenêtre. — Sur façade, arcs géminés haut placés flanquant la porte auj. murée.

**LUSSAC** (St-Pierre). Canton. — Egl. très restaurée, 1860.
Inscriptions sur le bénitier. — Nombreuses découvertes gallo-romaines.

Tour de Faize ou château de Ségur. — Mais. noble, xiii⁰ et xviii⁰ s.

Corbineau. — *Bull. Sté Archéol.*, t. XXIII et XXXV, 7, 18 fig.


# M


**MACAIRE** (St-) (St-Sauveur). Canton. — Belle et fort intéress. **égl. prieurale** de Bénédictins (xiie, xiiie, xve s.). Plan en croix latine. 59 m. 50 de long sur 25 m. 64 de large au transept, 12 m. dans la nef. — Riche façade ouest de plusieurs époques : angle nord avec colonnes groupées (roman), mais chapiteaux gothiq.; porte (xiii^e s.); le haut, la rose, le contrefort d'angle au sud (xv^e s.). Pieds-droits biais coupés par des cordons en un soubassement et 2 étages : en bas, de chaque côté , 2 arcs trilobés, en haut, 2 statues de plein relief, décapitées, chacune sous un dais. 3 voussures décorées (feuillages et statuettes Vierges, sages et folles, anges reposant sur ce dais. Tympan, soutenu par un encorbellement en arc tréflé comprenant 2 scènes superposées : 11 apôtres assis, puis Sauveur entre 2 anges et un autre personnage à genoux, mutilé, de chaque côté. — Nef de 4 travées à peu près carrées (gothiq. plus perfectionné à mesure que l'on va vers l'ouest). Contreforts formés d'un pilastre fort aplati, avec colonne engagée. Fenêtre rom. dans la travée attenante au transept; fenêtres ogivales (xiii^e s.) dans les 2 travées suivantes. Au nord et au sud, mur de la travée ouest s'amincissant à partir d'un certain niveau. — Carré du transept à voûtes sur croisée d'ogives fortement bombée. — 3 absides rom., groupées autour du carré du transept, disposées en trèfle, chacune à 11 pans coupés, voûtées en cul-de-four, toutes trois avec arcature de soubassement (abside centrale ayant, en outre un second ordre d'arcades qui encadrent ses 3 fenêtres). A l'extér., contreforts en forme de pilastre armé d'une colonne, n'atteignant pas la corniche, mais portant des colonnettes; énorme contrefort cylindrique contre l'abside du nord montant jusqu'au cordon de billettes, sous l'appui des fenêtres, et se continuant en un faisceau de 5 colonnettes. Corniche de billettes reposant sur des corbeaux rappelant ceux à copeaux; entre les corbeaux de l'abside nord, métopes décorées d'un ornement gravé à 8 rais. Inscription, encastrée dans le mur nord, commémorant la Dédicace de l'égl. en 1040. — Clocher, construit après coup (xv^e s.?), à l'angle nord-ouest du transept, sur plan hexagonal; sur l'une de ses faces, fenêtre ogivale encadrée dans une ouverture rectangulaire; rez-de-chaussée devenu sacristie (1847); au 1^er étage, piscine double sous arc trilobée.— Des peintures murales (début xiv^e s.), qui ornaient les 3 absides et le carré du transept, il reste celles de l'abside centrale et de la croisée du transept (Fils de l'Homme d'après l'Apocalypse), malencontreusement restaurées (1825). — **Bénitier** gothiq. (xiii^e s.). — Anc. vantaux de l'égl. (xiv^e s.) à l'intér. — 2 **toiles** représentant un évêque qui tient une vue panoramique de Saint-Macaire (xviii^e s.).

*Bibl.* L. Drouyn, *Bull. Monument.* XXVI, 747-71, avec dessins. — Le même, *Notes archéol.* 47, 311-29, dessins. — Vitrac, *Compte rendu M. H.*, XIII, 1852, 4, avec plan, coupe de l'égl., élévation latérale. — Le même, *Hist. de St Macaire* 413-26. — Brutails, *V. Egl.*, 111-115, avec plan, coupe en long. porte, vue du chevet prise du nord, clef d'ogives. — Bontemps, *Bull. Soc. archéol.* t. XXXVIII, 1920, 42-45, 1 pl.

Partie de l'anc. couvent des Cordeliers, hors les murs jadis, à 200 m. environ à l'ouest, en venant de Langon.

Chapelle de l'Hospice St-Etienne, anc. chapelle St-Michel des Ursulines (antér. au xvi^e s.) restaurée (1640-1643 et 1860-61).

Très curieuse ville au point de vue archéolog. Restes des 3 enceintes murales, XII<sup>e</sup>, XIII<sup>e</sup>, XIV<sup>e</sup> s. De la 1<sup>re</sup> enceinte, porte de l'hôtel de ville ou de Cadillac ou de l'Horloge au nord; de la 2<sup>e</sup>, porte du Turon avec tour carrée à l'est; de la 3<sup>e</sup>, 3 portes dans le faubourg de Rendesse. — Restes du chât. de Tarde, détr. 1626, donjon XVI<sup>e</sup> s. — Pittoresque place du Mercadieu avec couverts. — Parties de l'anc. prieuré bénédictin. — Nombreuses maisons anc. XIII<sup>e</sup>, XIV<sup>e</sup>, XV<sup>e</sup>, XVI<sup>e</sup> s., entre autres **Messidan**, XIV<sup>e</sup> s., de **Lanau**, fin XIII<sup>e</sup> s., Baritault, XII<sup>e</sup> et XIV<sup>e</sup> s.

**MACAU** (N.-D.). Cant. Blanquefort. — Egl. XIX<sup>e</sup> s. conservant intéress. **clocher-donjon**, jadis sur le chevet, couvert d'une voûte goth. Fortifié XVI<sup>e</sup> s., refait 1893. Jolis chapiteaux à volutes. Arc de faible relief rappelant les arcatures lombardes. — Cloche 1790.

Chât. de Gironville, — de Cantemerle, XVI<sup>e</sup> s. restauré XIX<sup>e</sup> s.

**MAGNE** (St-). Cant. Belin. — Egl. 1869. — Cloche 1510 avec inscript. fêlée 1861. — Pietà, pierre, XIV<sup>e</sup> ou XV<sup>e</sup> s., objet de dévotion.

Restes du chât. de Penne, détr. XIV<sup>e</sup> s. — Chât. de St-Magne, remanié XVII<sup>e</sup> s.

**MAGNE** (St-). Cant. Castillon. — Egl. rom. — Abside soignée, en cul-de-four, extér. ornée de 7 arcatures, pilastres armés de colonnes engagées; corniche s'étendant jusqu'au contrefort ouest du faux transept. Sous les arcs du milieu, seuls subsistants, fenêtres étroites, ébrasées au-dedans, accompagnées à l'intér. et à l'extér. de 2 colonnettes à chapiteaux cubiques et d'une archivolte décorée de dents-de-scie. Arcades aussi à l'intér. — Nef voûtée en ogives surbaissées retombant sur des colonnes engagées, et ses travées de l'est en arêtes; 5 m. 05 de large sur 6 m. 25 de haut; épaisseur des murs 1 m. 31. — Clocher devant la nef (V. 1740).

Mosaique rom. près de l'égl.

**MAGRIGNE** (Ste-Quitterie). Commune St-Laurent-d'Arce. — Ruines d'une belle **égl. rom.** d'Hospitaliers ou Templiers (XII<sup>e</sup> s. avancé ou XIII<sup>e</sup> s.). Plan : rectangle, renforcé aux angles et sur milieu de chaque face de contreforts de 0 m. 34 de saillie. Largeur 6 m. 83, épaisseur des murs 1 m. 66. — Voûtée en berceau en tiers-point. — Corniche extér. sur flancs nord et sud soutenue par corbeaux nus. — A l'intér. stylobate faisant le tour de l'édifice sauf au sanctuaire. — 3 fenêtres à l'est. — Au nord, escalier de la chaire percé dans l'épaisseur du mur. — Porte, à l'ouest, en plein cintre (XIII<sup>e</sup> s.) avec jolis chapiteaux (feuillages, entrelacs perlés) et fenêtre. — Porte de service au sud — Clocher-arcade simple relevé d'une archivolte d'extrados moulurée. — Construction très soignée moyen appareil superbe. — Traces de peintures (personnages) — Pèlerinage de Ste-Quitterie, 22 mai. — Egl. réouverte au culte (1895).

*Bibl.* Brutails, *V. Egl.* 70-72, avec plan. Coupe en travers, angle sud-est, vue de l'égl.

**MAIXENT** (St-). Cant. St-Macaire. — Egl. reconstr. (xixᵉ s.) sauf abside rom. et flanc sud qui est en petit appareil cubique. Vieille porte latérale murée avec claveaux minces et multiples (xiᵉ s.). 4 contreforts à l'abside, qui sont des colonnes engagées aux chapiteaux bien fouillés (feuilles et animaux adossés). Corniche originale supportée en outre par des corbeaux à figures humaines et à têtes d'animaux; métopes lisses. — Chrisme sur le tympan de la porte.

Chât. Barbot ou du Diable, xvᵉ s. — Lavison, porte à bossages, xviiᵉ s., fenêtres à meneaux, escalier en pierre à l'entrée.

**MARANSIN** (St-Martin). Cant. Guîtres. — Egl. 1865-66.

**MARCAMPS** (St-Michel). Cant. Bourg. — Egl. rom. jadis fortifiée, en partie refaite, xixᵉ s., — Inscript. sur partie s. de l'abside, 1592. — Statue de St Jean, xivᵉ s. objet de pèlerinage. — Statue de la V., bois. — Croix anc. à côté de l'égl. — Cloche 1783.

*Bibl.* Durand, *C. R. des M. H.* 1866, 49-51 plan de l'égl. et du cimet. jadis aussi fortifié.

.Caverne paléolithique de Jolias, Grotte des Fées. — Station de Bonnefond. — Caverne quaternaire décorée de Pair non Pair. (Daleau, *Bull. Sté archéologique*, t. I 109-119; 2 pl. et XXI 235-250, 6 pl.).

**MARCENAIS** (N.-D.). Cant. St-Savin. — Egl. templière, xiiᵉ s. remaniée à div. époques, voûtée en berceau, 6 m. 27 de large; murs de flanc, 1 m. 37 d'épaisseur, ornés d'une corniche. Jadis fortifiée, échauguettes. — Chevet plat. — Jolis chapiteaux. — Statue de la V. pierre.

**MARCILLAC** (St-Vincent). Cant. St-Ciers. — Très intéress. égl. rom. xiiᵉ s. — Chevet carré avec voûte gothiq. clef de voûte accompagnée de 4 angelots; fenêtres d'un gothiq. primitif. — C ocher goth. sur le chevet. — **Porte** à voussures; 4 ou 5 devaient être couvertes d'entrelacs; frise très riche (avec griffons affrontés) continuant sur la façade antér. du mur les chapiteaux des colonnettes. — Chapelle des Agonisants, 1665. — Belle **croix de cimet.** xvᵉ ou xviᵉ s. mutilée et incomplète, ornée de statuettes (12 Apôtres).

*Bibl.* L. Drouyn, *Notes archéol.*, 47, 58-71, nombreux dessins.

**MARGAUX** (St-Michel). Cant. Castelnau. — Egl. xviiiᵉ s. Chât. de Durfort-Vivens, xviiiᵉ s. — Margaux, v. 1805.

**MARGUERON** (St-Martin). Cant. Ste-Foy. — Egl. à 2 nefs gothiq. xvᵉ s. ou xviᵉ s., ruinée par Huguenots, restaurée 1703, 1751, 1878. — Autels des anc. égl. paroiss. de La Roquette et de St-Jean-de-la-Faye, auj. sur le territoire de Margueron.

Qq. vestiges du chât. de Théobon, xviᵉ s., démoli 1792. — Chât. de Pierrail, xviiiᵉ s.

**MARIMBAUT** (St-Vincent). Cant. Bazas. — Petite égl. rom., très remaniée. — Contrefort dans l'axe de l'abside, au-dessus, fenêtre auj. murée. — Façade originale, contreforts épais et saillants avec mâchicoulis entre eux. — Clocher arcade avec baies en arc-brisé et 2 auvents. — Mosaiques romaines à la tribune.
4 tumuli.

**MARIENS**. (St-). Cant. St-Savin. — Egl. rom. jadis fortifiée, XII<sup>e</sup> et XVI<sup>e</sup> s. — 2 chapelles fin XVII<sup>e</sup> s.

**MARIONS** (St-Pierre). Cant. Grignols. — Egl. moderne, chevet plat sans contreforts. — Nef surélevée et allongée vers l'ouest.
Mais. ancienne à Brocas. — Moulin des Monges jadis aux Cisterciens de Fontguilhem.

**MARSAS** (St-Genès) (Cant. St-Savin) — Egl. reconstr. 1901, seul, clocher conservé.

**MARTIAL** (St-). Cant. St-Macaire. — Egl. rom. fortement retouchée, fin XIV<sup>e</sup> s. — Bas-côté goth. au sud XVI<sup>e</sup> s. séparé de la nef par de hautes piles octogones. — Portail à voussures moulurées. (Adoration des Mages, légendes des sages femmes Zélémi et Salomé lavant l'Enf. Jésus, Christ dans l'auréole). — Marques de tâcherons. — Jolie crédence (ou tabernacle) accolée à la paroi de l'abside, côté de l'Epître. — Clocher-pignon avec auvent.— Cloche 1718. — Croix de cimet. XVI<sup>e</sup> s. — 2 croix de carrefour à Barbot et à Georget, XIV<sup>e</sup> s.
*Bibl.* L. Drouyn, *Var. gir.* III, 221-25, eaux-fortes du portail et des 3 croix, marques de tâcherons, crédence.

**MARTIGNAS** (St-Blaise). Cant. Pessac. — Egl. 1855.
Poujeau de Talbot.

**MARTILLAC** (N.-D.). Cant. Labrède. — Egl. rom. ne conservant d'anc. que son abside et ses absidioles; le reste 1872. — Abside éclairée par 5 fenêtres sous arcade reposant sur 2 colonnettes. A l'intér., 11 arcs sur colonnettes et pilastres. Chapiteaux (feuilles, animaux, moine et autre personnage liés par des cordes à des arbres, 2 serpents ailés aux queues enroulées et dévorant les flancs d'un crapaud). A l'extér., 7 grandes arcades aux archivoltes décorées; corniche sur modillons variés; cordon orné de denticules.
*Bibl.* L. Drouyn, *Notes archéol.* 47, 124-30, plan. dessins.
Tumulus de Lespaul. — Qq. détails du chât. de Rochemorin, cheminées XVIII<sup>e</sup> s., tour avec meurtrières. — Mais. noble du Bosc. XVII<sup>e</sup> s., auj. métairie.

**MARTIN-DE-LAYE** (St-). Cant. Guîtres. — Egl. rom., assiégée par Huguenots, reconstr. XVI<sup>e</sup> s., restaurée XIX<sup>e</sup> s. — Abside semi-circul., refaite XVI<sup>e</sup> s., gros contreforts. — Chœur, avec corniche sur modillons simples, supportant clocher carré, exhaussé XVI<sup>e</sup> s.; jolie coupole, elliptique et ovoïde sur de grands arcs ogivaux, chapiteaux peu ornés. — Nef

23 m. ×5 m. 85, refaite xvi<sup>e</sup> s. 2 chapelles précèdent le chœur au nord, xvii<sup>e</sup> s. au sud moderne. — Portail, 5 voussures, 2 fausses-portes; colonnettes disparues. — Cloche avec inscript. 1607.— 4 bas-reliefs (Christ, St Jean, la V., Sceau reproduisant un chevalier à cheval).

Chât. Malfart où naquit, 1780, le duc Decazes.

**MARTIN-DE-LERM** (St-). Cant. Sauveterre. — Egl. rom. restaurée v. 1865. — Axe du chevet incliné vers le nord. — Chœur, 5 m. 82 de large; nef 7 m. 46. — Vestiges de chrisme sur la porte. — Clocher-arcade avec double balcon. — Cloche 1774. — Table d'offrandes sous porche.

Au chât. moderne de Villepreux, pavillon xvi<sup>e</sup> s.

**MARTIN-DE-MAZERAT** (St-). Comm. St-Emilion. — Curieuse égl. rom. xi<sup>e</sup> s. en moyen appareil très joli. — Porte s. à 3 voussures en retrait, colonnes à chapiteaux ornés (monstres, échiquiers en creux et en relief); archivoltes conservant traces de sculptures à feuillages archaïques. — Nef lambrissée 7 m. 25 de large. — Faux transept; aux angles, puissants dosserets intér. portant clocher carré de plusieurs étages (2 seuls subsistent); ce clocher est sous coupole « arcs d'encadrement en plein cintre..., pendentifs formés d'assises en tas-de-charge et dessinant des triangles plans ou même en escalier » (Brutails). — Toutes les fenêtres de l'édifice remaniées, sauf une; sur leurs archivoltes, sur les bordures des cordons, sur les chapiteaux des colonnettes (échiquiers, dents-de-scie et de-loup, zigzags). — Arc triomphal de 2 m. 50 de large. — Abside servant de sacristie, séparée du chœur par une cloison; axe du chevet infléchi vers le sud; contreforts atteignant la corniche en conservant leur épaisseur; corniche sur corbeaux barbares (monstres). Dans l'abside, derrière l'autel, sur le mur nord, inscription grossièrement gravée en majuscules du xii<sup>e</sup> s. — Vieille statue de la Vierge. — Bahut (xvii<sup>e</sup> s.).

*Bibl.* Guinodie, *Hist. de Libourne*, 1<sup>re</sup> éd. II, 351-52. — Piganeau, *Bull. Soc. archéol.* III, 1876, 57-66, dessins. — Brutails, *Bull. monum.* 1895, 128-30, description et dessins de la coupole. — Le même, *V. Egl.*, avec coupe en travers, plan, vue intér.

**MARTIN-DE-SERRES** (St-). Comm. (Lamothe-Landerron.) — Chœur, abside, arc triomphal rom., 3 nefs gothq. (xv<sup>e</sup> ou xvi<sup>e</sup> s.). — Abside voûtée en cul-de-four, chœur en berceau plein cintre; tous deux ornés d'arcatures intér., 8 dans l'abside, 3 de chaque côté du chœur. Chapiteaux fort intéressants (feuillages divers; 2 personnages accroupis soulevant le tailloir de leur cou et de leurs mains, au-dessus d'eux on lit : *Leva, ajuda*; 3 lions; entrelacs et raisins; tentation du Paradis terrestre; canelures et boules; homme bénissant ayant au cou un écriteau, il est chaussé, à sa g., homme pieds-nus, à sa dr., autre personnage également pieds-nus tenant un encensoir, et, à la g. de ce dernier, homme pieds-nus tenu à bras-le-corps par un autre; oiseau et entrelacs perlés; tête de monstre; chien avec collier; palmettes; les autres chapiteaux

sont cachés par un gros mur constr. entre le sanctuaire et
l'abside lors de l'édification du clocher moderne).
Chât. de Serres, XVIe s.

**MARTIN-DE-SESCAS** (St-). Cant. St-Macaire. — Egl.
prieurale rom. (XIIe s.), inclinée vers le nord. — **Portail rom.**,
sans doute le plus magnifique, le plus riche de la Gironde, à
c'extrémité ouest du flanc sud. 5 voussures retombant sur
colonnes, sauf celle du centre sur pilastres. Voussure interne
ornée de losanges ou chevrons opposés, son extrados, de
pointes de diamant; 2e comportant larges feuilles et oiseaux;
3e composée de tores, sur lesquels avancent des dents-de-scie
et un dessin d'S renversée, dans lequel M. Rebsomen, après
d'autres, a cru reconnaître 24 lièvres ou lapins se poursuivant;
4e décorée de branches à 6 pousses et d'entrelacs en forme de
8; 5e comprenant 16 personnages alignés sur l'angle saillant,
son extrados a des pointes de diamant. 2 portes feintes à dr.
et à g. avec arcades sans dessin. Chapiteaux des colonnes aussi
intéressants (feuillages, oiseaux becquetant des raisins, personnages en pose étrange, etc.). Corniche au-dessus des 3
portes, soutenue par corbeaux (personnages et animaux réunis par de larges métopes couvertes de feuillages et d'entrelacs en treilles. Chrisme sur tympan). — Nef unique de 6 m. 22
de largeur sur 5 m. 83 de hauteur; épaisseur des murs 1 m. 04.
Toutes ses fenêtres décorées. — 2 chapelles (1874 et 1877).
— Arc triomphal aux chapiteaux sculptés (bataille entre personnages et animaux, serpent et quadrupèdes dont l'un marqué d'une croix sur l'épaule, homme ivre cueillant des raisins.
2 personnages et un quadrupède). — Sanctuaire voûté, à 2 fenêtres en plein cintre aux chapiteaux ornés de feuilles. —
Abside circulaire, actuellement sacristie, éclairée par fenêtre
à colonnettes. A l'extér., corniche supportée par 15 corbeaux
intéressants et variés (animaux, personnages, feuilles).
*Bibl.* Lapouyade, *C. R. des M. H.* 1847, 10, avec dessin de
la naissance des archivoltes du portail. — Brutails, *V. Egl.*
avec vue du portail, pl. XV hors texte, et fragment de ce portail, fig. 322. — Rebsomen, *La Garonne*, p. 31-32, avec vue
du portail fig. 24.
Au n., chât. de Machorre, XVIIIe s.

**MARTIN-DU-BOIS** (St-). Cant. Guîtres. — Egl. rom. (XIIe s.),
Façade ouest, entre 2 contreforts plats, rom. dans le bas,
sommet refait. Porte rom. simple surmontée de 3 arcs retombant sur des pieds-droits. — Nef rom. de 3 travées, 19 m. 20
de long sur 5 m. 65 de large, voûtée (XVIe s.). Mur sud, en petit appareil, percé de 2 petites fenêtres dont le cintre est ou-
vert dans une seule pierre. Au milieu du mur, modillons rom.
Petite porte surmontée d'une contre-courbe (XVIe s.). — Bas-
côté nord de 3 travées voûtées à la française (XVIe s.), séparé
de la nef par des arcs en plein cintre; pas de fenêtres. — Arc
triomphal en plein cintre sur colonnes engagées à chapiteaux
simples. — Abside, voûtée en cul-de-four, surmontée d'un
mur percé de meurtrières. Extér. à 9 pans coupés que séparent des colonnes engagées montant jusqu'à la corniche (5
pans pour l'abside, 4 plus étroits pour le chœur voûté en

berceau). Horizontalement, cordon de zigzags à l'appui des fenêtres, qui sont sous un arc retombant sur des colonnettes. Fenêtres du chœur, ouvertes (xviii<sup>e</sup> s.). Corniche à simples moulures, trouée de meurtrières plongeantes pour la défense, appuyée sur large gorge, chapiteaux des colonnes et 14 corbeaux intéressants (le 1<sup>er</sup> au sud, détruit). Chapiteaux (feuilles, 2 animaux bicorporés). Corbeaux (aigle, renard ou lion, incrustations, animal, homme, barrique, gaufrure, ornements simples, pointes de diamant). — Arcatures intér. du chœur détruites en partie. — Clocher au-dessus du chœur; sommet (xviii<sup>e</sup> s.). — 2 cloches avec inscription (1661).

*Bibl.* L. Drouyn dans *Hist. de Guîtres*, de Godin, p. 215-16.

Chât. Marquette, xviii<sup>e</sup> s.

**MARTIN-DU-PUY (St-).** Cant. Sauveterre. — Egl. rom. (xii<sup>e</sup> s.) à axe fortement incliné vers le nord, restaurée (v. 1750). — Chevet lambrissé; 2 fenêtres rapprochées près de l'axe. — Chœur très profond en berceau surbaissé, refait plus bas à cause du lambris; 2 paires de colonnes engagées et doubleaux. Au dehors, bel appareil, marques de tâcherons I et S. A la naissance de l'abside, contreforts rom. — Nef lambrissée en bois de Nerva (1696); contreforts gothiq., au moins au sud. — A l'ouest, porche et porte en arc brisé avec voussures moulurées, pieds-droits à tores et chapiteaux unis. — Clocher arcade avec double balcon. — Curieuse cloche (1566) avec inscription. — Sous porche, dans l'angle sud-ouest, table d'offrandes en pierre. — Dans le jardin du curé, tombeau en pierre. — Sous l'égl., fontaine de St-Clair, très abondante. — Statue de St Clair, en évêque, bois, de 0 m. 89 de haut, reproduite dans Brutails, *Album*. — Chandelier pascal de 1 m. 48 de haut (*ibid*).

*Bibl.* abbé Rambaud, *Aquitaine*, 1867-68, p. 252, 285.

Chât. La Tour, parties xiv<sup>e</sup> s. — Trou-Noir, grotte à stalactites.

**MARTIN-LA-CAUSSADE (St-).** Cant. Blaye. — Petite égl. templière (xii<sup>e</sup> s.) intéressante, remaniée plus tard. — Chevet rectangulaire couvert d'une voûte gothiq., mais à butées rom. Clef des ogives accompagnée de 4 angelots entre les nervures. Murs épais. Oculi de dimensions médiocres garnis de redents. Contreforts d'angle se réduisant à une simple surépaisseur des murs. — Clocher carré à l'ouest (xvi<sup>e</sup> s.). — Portail rom. enfoncé dans le sol. — Egl. restaurée (v. 1860), augmentée de bas-côtés, nef exhaussée et voûtée.

Chât. La Brousse et Charron.

**MARTRES (St-Pierre-ès-Liens).** Cant. Targon. — Fort intéress. égl. rom. — Abside semi-circulaire, plus étroite que le chœur, avec fenêtres très étroites; son axe infléchi vers le sud. — Chœur carré de la même époque, plus étroit que la nef, à fausses voûtes. — Chapiteaux de l'arc doubleau entre chœur et abside (animaux dévorant une tête humaine, 2 têtes de tigres). — Chapiteaux de l'arc triomphal étranglé (vocation de St Pierre, 2 lions affrontés). — Nef de 2 époques : 1° l'ensemble; 2° partie nord. Appareil fort beau sauf sur partie postérieure du flanc nord. — Chapiteaux de la porte, surmontés de tailloirs à damier (2 lions adossés, 2 oiseaux affrontés buvant dans un calice, fuite en Egypte où un âne a une tête énorme). — Joli clocher-arcade, à l'ouest. — Echauguette (XVIe s.) percée de meurtrières sur flanc sud; autre échauguette au nord. — Marques de tâcherons.

*Bibl.* L. Drouyn, *Var. gir.* III, 149-152, avec fenêtre, échauguette, marques de tâcherons.

Station préhistorique. — Motte Maucour, citée 1277, tumulus 6 à 7 m. de h., 36 m. de long, 33 m. de large Plus. maisons fin XVe s.

**MASSEILLES** (St-Martin). Cant. Grignols. — Egl. rom. — Abside et chœur en berceau brisé. — Nef, et bas-côté au sud (XVIIIe s.), lambrissés. — Fort curieuse façade aux contreforts puissants. Porte à tympan fort archaïque avec chrisme — Clocher-arcade. — Pauvre porche en torchis au sud-est. (1760).

Très peu de choses de l'abbaye cistercienne de Fontguilhem, fondée (1126), rebâtie (XVIIIe s.). — Sacristie devenue écurie.

**MASSUGAS** (N.-D.). Cant. Pellegrue. — Egl. rom. (XIIe s.). — Portail rom. à 4 voussures, dont 2 seulement moulurées, reposant sur des pieds-droits et des colonnes en retrait. Chapiteaux historiés (2 personnages, l'un tenant une lance, l'autre, les bras croisés; monstres accouplés et obscènes); tailloirs découpés en base d'échiquier. Au-dessus du portail, corniche sur modillons (péchés capitaux). — Nef (XVIe ou XVIIe s.) — Bas-côté ajouté au sud. — Abside voûtée en cul-de-four avec corniches découpées en billettes; à dr., fenêtre en plein cintre garnie à l'intér. d'archivoltes ogivales très ornées, sans doute ajoutées. — Bel encensoir Louis XV, 0 m. 29 de haut.

Chât. de Pailhas-Labatut.

**MAURIAC** (St-Saturnin). Cant. Sauveterre. — Egl. rom. (XIIe s.). Plan primitif en croix grecque; actuell. en croix latine. — Façade ouest refaite (XIVe s.) portant des corbeaux, qui soutenaient un porche démoli (XIXe s.). Clocher-pignon. — 2 travées de nef, jadis lambrissée, voûtée en berceau (1869). A l'intér., colonnes engagées, correspondant à contrefort extér. surmontées chacune de 2 chapiteaux aux tailloirs ornés de damiers (péché originel, oiseaux affrontés buvant dans un calice, 2 hommes ramant dans une barque. Jugement de Salomon (?) etc., en voir le détail dans L. Drouyn). — Sur croisée du transept, coupole (1868-69), mais aux pendentifs anc.; des arcs qui la soutiennent 3 sont brisés, l'autre en plein cintre. — Abside 2 absidioles (celle du nord antér. à tout le reste), chacune précédée d'un chœur. Abside et absidioles voûtées en cul-de-four; chœurs en berceau plein cintre, bras du transept en berceau brisé. Abside et absidioles jadis fortifiées; il reste sur l'abside une guérite à mâchicoulis; fenêtre de l'abside protégée par une bretèche. — Corniche intér. suivant toutes les sinuosités des absides, du transept et de la nef. — **Croix de cimetière** à fût gothiq. et à table et croix moins anc. — Cloche 1769. — 2 chapiteaux romains encastrés de chaque côté de la porte.

*Bibl.* L. Drouyn, *Var. gir.* II, 496 et suiv., eau-forte, vue nord-nord-ouest; autre vue, est-sud-est, plan. — Brutails, *V. Egl.* 72-73, plan, vue de la coupole.

Station préhistorique. — La « grande boyne » de Balette, menhir. — Portion du dolmen des Trois-Pierres.

**MAZERAC** (St-Romain). Cant. Langon. — Egl. rom. — Arc triomphal assez bas, 3 m. 53 de large; colonnes peu engagées à bases enterrées. — Nef lambrissée, 7 m. 63 de larg. — 2 chapelles semblables formant transept; sur clef de voûte de celle du sud, 1694. — Porte gothiq.; cordon de billettes à hauteur des tailloirs. — Porche au sud.

**MAZERES-EN-ROQUETAILLADE** (N.-D.). Cant. Langon. Ruines du vieux chât. de La Motte, xiiie s. — A côté, imposant et splendide **chât. de Roquetaillade**, v. début xive s., constr. par le card. de La Motte, neveu de Clément V, restauré par Viollet-le-Duc, v. 1860, un des plus beaux types de l'architecture militaire du Sud-Ouest. — Chapelle (St-Michel), datant peut-être xie s., fortement réparée xive et xviie s., très luxueusement restaurée, 1877. Pas de sacristie. Jadis centre de pèlerinage très fréquenté à St-Blaise, avec veyrine pour enfants malades.

Colombier de Crampet, xive s.

**MAZION** (N.-D.). Cant. Blaye. — Egl. 1862; richement ornée — Chaire de marbre blanc massive.

Chât. Gigault, début xviiie s. — Mais. noble de Valette, xviie s.

**MEDARD-DE-GUIZIERES** (St-). Cant. Coutras. — Egl. rom. (xiie s.). — Porte rom., à l'ouest, formant léger avant-corps, restaurée (1848); l'archivolte de l'arc infér. décoré de zigzags, celle de l'arc supér., de têtes de clous. Au-dessus, cordon en échiquier surmonté d'une petite fenêtre. Clocher (1874). — 2 bas-côtés ajoutés (xive s.), voûtés d'ogives, d'aspect très archaïque comme la nef, sans clef; au milieu de leur face d'intrados, fleurs à 4 pétales perlés. — Clocher surélevé d'un étage (1830) sur le faux transept; sous sa croisée d'ogives, formerets en plein cintre, doubleaux en arc brisé. — Abside à arcature intér. retombant sur colonnes engagées (quelques-unes détériorées), archivoltes décorées (dents-de-scie et pointes de diamant); à l'extér., large arcature reposant sur pilastres armés d'une colonne engagée qui monte jusqu'à la corniche.

Au village de Bordes, maison de la Dîme, 1600.

**MEDARD-D'EYRANS** (St-). Cant. Labrède. — Petite égl. rom. — Abside à pans droits séparés par colonnes. Corniches ressautant vers l'ouest au-dessus des colonnes et des contreforts. — A l'intér. profusion déroutante d'inscriptions diverses, de statues, de figures au trait rouge, toutes très artis-

tiques, œuvre du curé Bonnin (xixᵉ s.). — Vestiaire et mobilier particulièrement soignés.

2 beaux sarcophages, marbre, iiiᵉ s., découverts 1804, auj.
au Louvre. — Autre sarcophage découv. 1926. — Vieille tour
de l'anc. chât. de La Motte-d'Eyrans.

**MEDARD-EN-JALLES** (St-). Cant. Blanquefort. — Egl.
rom. (xiiᵉ s.), reconstr. (xixᵉ s.); 2 nefs non voûtées à cause du
voisinage de la poudrerie; seule, travée carrée précédant l'absidiole sud, couverte d'une jolie voûte d'ogives. — Clocher sur
la travée de l'absidiole sud. — Cloche (1605). — Beau confessionnal, bois sculpté (xviiiᵉ s.).

Restes d'un camp romain. — Ruines du Castera, xivᵉ s. —
Chât. Gajac, xvᵉ s. — Poudrerie nationale.

**MERIGNAC** (St-Vincent). Cant. Pessac. — Egl. 1867-74.
— Anc. égl. désaffectée, auj. palais scolaire.

**Tour de Veyrines**, xivᵉ s., donjon de l'anc. chât., rez-de-chaussée, auj. magasin à foin, anc. chapelle, avec peintures murales,
xviᵉ s. dégradées.

*Bib.* de la vieille égl. *Aquitaine,* 1866, pp. 77, 225, 267,
359.

Beaux chât. modernes de Bourran; — du Parc de Chavailles.

**MERIGNAS** (N.-D.). Cant. Sauveterre. — Egl. rom. à 2 nefs,
voûtée à nervures prismatiques, reconstr. sans doute xviᵉ s.
— Bas-côté nord ajouté de deux travées, puis une 3ᵉ à l'ouest
à ogives et liernes; la 2ᵉ clef jolie, celle de l'est moins; celle de
l'ouest grotesque (figure à mi-corps entourée de 4 anges).
— Chapelle de Ste-Catherine, 1600.

Moulin de La Rouyret, xivᵉ s.

**MESTERRIEUX** (St-Pierre). Cant. Monségur. — Egl. à
abside polygonale. — Nef lambrissée. — Porche.

Station chelléenne et néolithique. — Tumulus. — Débris
romains.

**Meynac** (St-Pantaléon). Comm. Camblanes. — Egl. non
voûtée, xiiᵉ s., agrandie xvᵉ, xviiᵉ, xviiiᵉ s. — Colonnes de
l'arc triomphal disparues; chapiteaux (feuilles d'acanthe,
2 oiseaux grimpés sur 2 quadrupèdes et 3 personnages).

*Bibl.* comte de Sarrau, *Aquitaine,* 1911, 513-18.

**MICHEL-DE-CASTELNAU** (St-). Cant. Captieux. — Egl.
(1868), conservant d'ancien la porte (xivᵉ s.) et la base du
clocher. — Centre d'un pèlerinage à St Michel (8 mai, 29 septembre). — Dans fondations de la vieille égl., on trouva (1868),
un cercueil de pierre contenant un vase en terre, une paire
d'éperons en cuivre doré et un Christ (cf. abbé St. Léglise
*Bull. Soc. archéol.* XII, 1887, 94).

Ruines du chât. de Castelnau-de-Mesmes, xiiiᵉ s. attaqué
par Huguenots, 1574. Saccagé 1652.

**MICHEL-DE-FRONSAC** ou **DE LA RIVIERE** (St-). Cant.
Fronsac. — Intéress. égl. rom. (xiiᵉ et xiiiᵉ s.), mal restaurée

1844), de nouveau mais intelligemment par son curé, M. Lamartinie (1898). — Abside voûtée en cul-de-four, percée de 3 fenêtres ébrasées au-dedans. A l'extér., 7 arcades aveugles retombant sur pieds-droits armés de colonnes engagées, qui montent jusqu'à la corniche; archivoltes de ces arcades en dents-de-scie et pointes de diamant; chapiteaux des colonnes sans tailloir ni sculpture. Bandeau chanfreiné au niveau de la naissance des arcades. Corbeaux de la corniche, unis au nord, géométriques au sud. — Chœur en berceau brisé. — Avant-chœur ayant intéressante voûte gothiq. posée sur supports romans. Clocher de 2 ou 3 époques sur cet avant-chœur, souche seule anc., appuyée de 2 vigoureux contreforts; à l'étage infér., corniche sur modillons unis. — Nef banale. — Bas-côtés (v. 1684), voûtés en briques (1856-60). — Sur mur sud, contrefort rom. noyé dans la maçonnerie d'un contrefort plus moderne, et traces d'une porte en plein cintre. — Clocher neuf à flèche (1868). — Charpente gothiq. — Cloche (1788) dans le clocher vieux. — Autel de la V., bois (xviiie s.) avec 2 statues de Ste Catherine et de Ste Thérèse. — Tables de communion, fer forgé (1777). — Bénitier (1622). — Reliquaire, cuivre doré, enfermant relique de la Bse Jeanne de Lestonnac — Croix, cuivre repoussé, et navette (xviiie s.) — Croix de cimetière (1622).

*Bibl.* Brutails, dans *Un coin du Fronsadais*, de Lamartinie, 1905, 112-23, avec plan, vue extér., chaire. — Le même, *V. Egl.* 115-16, avec plan partiel, vue du chevet, chapiteaux.

Chât. Gazin, 1642.

**MICHEL-DE-LA-PRADE** (St-). Comm. Bazas. — Vieille égl. rom. — Nef unique avec chapelle au nord. — Porte en plein cintre (xive s.) entourée d'une seule moulure ronde. — Clocher-arcade sur façade, surmonté d'une croix, fer forgé (xive s.). — Au sud, oriel (xviie s.). — Croix de cimetière avec crucifix et Vierge (xviie s.). — Statue, bois, de la V. peinte en blanc, 1 m. 50 de haut. — Statue de St Christophe, bois peint, 0 m. 80 de haut, provenant de l'égl. de Guirons.

**MICHEL-DE-RIEUFRET** (St-). Cant. Podensac. — Egl. à 3 nefs (Renaissance, 1590), voûtée d'arêtes (1716). Longueur dans œuvre : 29 m., des bras de la croix : 27 m. 50. — Contreforts d'angle prolongeant l'un et l'autre mur. — Vaste tribune dont l'avancée, du moins sur les côtés, est soutenue par une pile disgracieuse (1726-30). — Clocher à 3 étages formant porche sur façade avec flèche hexagonale en pierre et à crochets (xvie et xviie s.). — Litre aux armes des Montferrand-Landiras. — Pèlerinage fréquenté pour guérison du mal caduc. — Statue de St Roch. — Panneaux de l'escalier de la chaire (St Michel, St Roch etc.). — Petite statue, bois doré de St Michel. — Table d'offrandes à la porte extér. — A la sacristie, bahuts sculptés.

*Bibl. Compte rendu M. H.* 1845, 8, — abbé Rambaud, *Aquitaine*, 1872-73, 653-60. — Le même, *Guide et Manuel du pèlerin à St-M. de R.* Bx 1877, Cf. aussi *Aquitaine* 1898, 305-09, 327-330.

Vestiges du chemin Gallien, voie romaine.

**MICHEL-LAPUJADE** (St-). Cant. La Réole. — **Egl**. de style de transition (fin XIIe s.), à 2 nefs, l'une rom. non voûtée, l'autre (XVe s.). — Porte en arc brisé (1640) décorée d'une moulure en larmier; archivolte externe ornée d'étoiles. — Clocher à plusieurs retraits sur façade. — Abside et chœur voûtés d'ogives (XVIe s.), se raccordant fort mal avec leurs supports rom. A l'abside, 2 contreforts à base moulurée, et fenêtre géminée près de l'axe avec amortissement extér. carré. Murs du chœur de 1 m. 10 d'épaisseur. — Charpente « l'une des plus jolies... du département » (Brutails). — Cloche (1566) avec inscription.

*Bibl.* L. Drouyn, *C. R. des M. H.* 1866, 40-42.

**MIOS** (St-Martin). Cant. Audenge. — Egl. rom. à chevet carré, reconstr. (v. fin XVe s.), agrandie et munie d'un clocher (1855), archit. Courau. — Belles verrières (XVIe s.), crucifiement. — Fontaine St-Jean pour maux de tête. — Egl. restaurée (1898).

Chapelle St-Brice (XVe s.). Tableau de St Laurent et de St-Martin. — Cloche (1789).— Fontaine St-Brice contre la colique et les maux de dents.

*Bibl.* L. Augier, *Bull. Soc. archéol.* XII, 1887, LXXXIII.

4 stations de l'âge de fer, Pujaut, Truc de Bourdiou, Castandet, le Berceau, découvertes par le Dr Peyneau, 1915-20.

**MOMBRIER** (St-Sulpice). Cant. Bourg. — Egl. rom. (XIIe s.), nef refaite (1860). — Façade (XIVe s.) — Abside à 3 pans coupés. — Absidiole nord attenante à l'abside, ajoutée; sa corniche repose sur une file de corbeaux tangents. A l'extér. de l'abside, quadrupèdes comme motifs de décoration; archivoltes d'extrados des fenêtres ne reposant sur aucun support. — Clocher rom. carré sur bras nord du transept exhaussé postérieurement. — Longueur totale 22 m., largeur de la nef 6 m., de l'abside 4 m. 50.

*Bibl.* de Lamothe, *C. R. des M. H.* 1854, 4, avec plan et façade.

Anc. mais. nobles de Groleau et de La Brèche.

**MONBADON** (St-Martin). Cant. Lussac. — Egl. rom. de 20 m. 50 de long sur 5 m. 60 de large. — Portail rom., à l'ouest restauré (1761). 3 voussures ogivales en retrait retombant sur de frêles colonnettes; archivolte portant des têtes de clous. Corniche à damier sur modillons à masques, dégradés. — Nef partagée en 2 travées par 2 arcades massives reposant sur de doubles pilastres; ces deux travées, voûtées en briques et plâtre (1855), supportent un clocher carré. Chapiteaux de la nef à facettes étroites empiétant les unes sur les autres, à feuillages et à zigzags. — Arc triomphal étranglé.— Abside semi-circulaire, voûtée en cul-de-four, reconstr. (1761). — Belle sacristie (1er quart XVIIIe s.).

Chât. XIVe s. remanié XVIIe s. — Ruines du chât. de Joanain, XVIe s.

**MONCLARIS** (St-Martin). Comm. Sigalens. — Egl. ogivale à chevet carré. — Entre chevet et nef un mur dépasse le toit et sert de clocher; à l'intér. il s'ouvre en arc brisé. —

Muraille de l'O. s'élevant de même, terminée par un couronnement carré. — Sanctuaire de 8 m., couvert d'une voûte d'ogives. — Nef non voûtée de 18 m. — Portail (xive s.). — Fonts baptismaux octogones (1688).
*Bib.* Braquehaye, *Bull. Soc. archéol.* XI, 1886, 102-106, 1 pl. et fig.
Colombier de la mais. noble de Montfort.

**MONGAUZY** (St-Jean). Cant. La Réole. — Egl. rom., restaurée (1896). — Abside semi-circulaire; corniche avec métopes. — Nef rom. (xie s.). — Bas-côté nord (début xvie s.) séparé de la nef par arcades ogivales reposant sur piliers octogonaux à chapiteaux barbares (soleil et lune,signes du zodiaque, têtes d'animaux, têtes humaines, bête de l'Apocalypse, serpents, scènes de chasse, etc.). — Porte (xiiie s.) recouverte de 3 tores avec archivolte ornée d'étoiles; tailloirs des chapiteaux avec personnages couchés horizontalement. — Clocher-pignon à 2 baies (xve s.), accosté de 2 petites clochetons.
*Bib.* L. Drouyn, *C. R. des M. H.* 1866, 39-40.

**MONPEZAT** (St-Pierre). Comm. Mourens. — Egl. rom. 15 m. de long. — Petit bas-côté nord — Jadis, pèlerinage assez fréquenté, avec veyrine.

**MONPRIMBLANC** (St-Jean). Cant. Cadillac. — Partie de l'égl. 1785. — Cloche 1503 ou 1553.

**MONS** (St-Pierre). Comm. Belin. — Anc. égl. prieurale rom., remaniée fin xvie s., agrandie 1669. — Abside en cul-de-four, petite fenêtre meurtrière, colonnes à chapiteaux (poissons superposés, quadrupèdes et 2 hommes), corniche en damier. — Chapiteaux du chœur (entrelacs, arcatures) — de l'arc triomphal (5 personnages debout, vêtus d'une courte tunique, les mains sur les hanches, tailloir couvert de cercles réunis par des entrelacs; tailloir de g. garni de plus. oiseaux droits sur leurs pattes. — Chœur plus haut que nef. — Contreforts en terre rougeâtre et friable, des fenêtres y sont percées, en plein cintre et ogivales. — Clocher carré xve s. — Crucifix bois, xve ou xive s.— Statue de St Clair, bois, xvie s. avec inscription en relief sur le manteau. — Cloche 1785. — Fontaine St-Clair, pèlerinage fréquenté, 1er juin, pour maux d'yeux — Fontaine Ste-Quitterie, pour maux de tête.
*Bibl.* abbé Gillard, *Aquitaine,* 1895, 638-40.

**MONSEGUR** (N.-D.). Canton. — Egl. de style bastide, xiiie s. restaurée à div. reprises — Axe fortement infléchi au nord. — Abside polygonale seule anc. — Nef unique flanquée au sud et au nord de chapelles latérales, dont l'ouverture, plus haute à l'ouest, diminue vers l'est, voûtées en berceau brisé, sauf la 2e au sud (berceau plein cintre), la 4e du même côté et la 4e au nord (en ogives). Chapelle sud-ouest d'ogives, refaite, xive s. — Cloches 1451 et 1557.
*Bibl.* abbé St. Léglise, *Bull. Soc. arch.* 1894, 1-71; 4 pl.
Anc. bastide, xiiie s. — Restes de l'enceinte murale, xiiie s. — Qq. pans de murs du chât. — Pont sur le Dropt, 1388.

**MONTAGNE** (St-Martin). Cant. Lussac  — **Egl. rom.** XIIe s. intéress., plan de croix latine, 35 m. 40 × 7 m — Porte à 7 voussures, chapiteaux (têtes fantastiques), 2 portes feintes. — Nef refaite en partie, 1860. — Intrados de croisée d'ogives décoré de fleurs à 4 ou 5 pétales. — Coupole nervée sur croisée du transept, portant clocher carré, refait XVIe s.; arcs d'encadrement retombant sur piliers armés de colonnes engagées. — Jolie coupole à pendentifs, de travail soigné, sur bras nord du transept. — 3 absides, principale et absidiole sud polygonales; celle du nord, postér. semi-circu. Aux angles extér., colonnes engagées à chapiteaux. Abside nord munie de 3 semblables colonnes. Corniche sur corbeaux (masques et animaux fantastiques) entourant les 3 absides en cul-de-four.

Villa gallo-rom. du Petit-Corbin, découv. 1843. (Amtmann, Les statues de la V. du P. C. *Soc. archéol.*, t. XXV, 72-83, 7 pl.) — Chât. des Tours ou de Calvimont. XIVe s., remanié XVIe s., restauré par Viollet-le-Duc, XIXe s. — Vieille maison, XVIe s.

*Bibl. C. R. des M. H.* 1845, 12. — Brutails, *V. Egl.* 73-74, plan partiel, coupe nervée, vue extér. prise du sud-est, chapiteaux. — Nicolaï, *Le pendentif et la croisée d'ogives* dans *Bull. Soc. arché.* 1896. LXII-LXIX.

**MONTAGOUDIN** (St-Saturnin). Cant. La Réole. — Egl. rom., très remaniée. — Appareil remarq. de pierres et de briques.

Au Flautât, qq. ruines d'une anc. léproserie, XIVe s., détr 1808. porte d'entrée XVIIe s.

**MONTAROUCH** (St-Jean) Comm. Targon. — Egl. templière ruinée, bel appareil moyen, fenêtres plein cintre, voûtes en berceau brisé — Larg. de la nef, 6 m. 05; épaiss. des murs 1 m. — Oculus dans le mur du chevet. — Porte au nord décorée de festons perlés. — Encorbellement des créneaux seul subsistant des anc. fortifications. — Pierre tombale sculptée. (Cf. eau-forte de L. Drouyn, dans *Rev. Cath. Bx*, 1885).

**MONTFERRAND** (St-Louis). Cant. Carbon-Blanc. — Egl. 1884-86.

Dans les marais, vestiges de la voie romaine de La Vie.

**MONTIGAUD** (N.-D.-de-Bon-Secours). Comm. Lagorce. — Egl. 1853. — Statue de la V. XVIIe s., pèlerinage fréquenté.

**MONTIGNAC** (St-Médard, auj. Fête-Dieu). Cant. Targon. — Egl. à nef élargie, on a porté sa largeur à 9 m. 30 sans user de piliers ni d'arcades. — Corbeaux à l'abside.

**MONTPHELIX** (St-Martin). Comm. Pondaurat. — Egl. très curieuse, rom., refaite XVIIe s. — Portail, 3 voussures dont 2 moulurées, Chapiteaux intéressants (Tobie et son poisson). — Clocher-arcade auq. on accède par escalier intér. s'ouvrant au sud par une porte à 1 m. 20 du sol.— Au chœur, traces de fenêtres rom., au nord, bouchées et remplacées par d'autres dans la surélévation des murs. — Abside remaniée, 5 m. 15

de larg.; chœur, 6 m. 10; arc triomphal brisé, 3 m. 85, nef 7 m. 40.

**MONTUSSAN** (St-Martin). Cant. Carbon-Blanc. — Egl. 1903. — Cloche 1741.
Station de l'âge de la pierre polie. — A la Moune, maison xvie s.

**MORILLON (St-).** Cant. Labrède. — Egl. à abside et nef rom. — Abside, ronde à l'intér., polygonale à l'extér. — Chapelles successivement ajoutées (époq. gothiq.), puis prolongées en bas-côtés. Dans celle du nord, la plus anc., contreforts d'angle formant empattement sans découpure ni ressaut; dans celle du sud (gothiq. plus avancé), contreforts biais. — Voûte du transept très bombée. — Porche xive s. avec statue de St Morillon. — Traces de litre. — Statue anc. de la V. et de l'Enf. Jésus sur ses genoux.
A Perbost, station néolithique. — A Graveyron, motte féodale ou chât. du Luzier et 4 tumuli. — Vestiges du Chemin Gallien.

**MORIZES** (St-Maurice). Cant. La Réole. — Egl. 1889.
Ruines du chât. de Talbot. — Au bourg, vieilles maisons en bois.

**MOUILLAC** (SS. Gervais et Protais, auj. St-Fort). Cant. Fronsac. — Petite égl. rom. restaurée 1855. — Nef 3 m. 80 de large sur 4 m. 15 de h., épaisseur des murs : 0 m. 80. Lambris coupant l'arc triomphal dont le sommet apparaît au-dessus des toits. — Extrados de l'arc triomphal orné d'une rangée de pointes de diamant ou d'étoiles. — Bas-côté nord ajouté. — Abside à 7 pans coupés, avec chacun grande arçade, 2 ou 3 corbeaux par pan soutiennent la corniche.

**MOULIETS** (St-Martin). Cant. Pujols. — Egl. rom. fruste. — Porte xie s. à linteau droit. — Chapiteaux de l'arc triomphal (2 personnages, l'un nu, l'autre habillé; ange tenant de chaque main un autre personnage nu dont la tête est dévorée par un tigre ou un lion). — Chaire entaillée dans une pile sud de l'arc triomphal. — Chœur, 5 m. 54 de larg., arc triomphal, 3 m. 22, nef 7 m. 58. — Abside semi-circul. à corniche fort simple, en très bel appareil. — Intéress. pierres tombales dans le cimet. adjacent.
*Bibl.* L. Drouyn, *Var. gir.* II, 294-97, fenêtre, tombeau.
2 tumuli. — Aux Brules, Motte du Barry, motte féodale, 64 m. de diamètre, fossés. — Chât. de Rigaud, jadis aux ducs de Lorges, xve, xviie s.
Egl. St-Ferdinand, au village de Piquesègue, 1859.

**MOULIS** (St-Saturnin). Cant. Castelnau. — Belle **égl. rom.** Plan primitif : abside, 2 absidioles, long chœur, transept, nef unique, 2 bas-côtés ajoutés (xiiie s.), couverts de fausses voûtes (1862). — Façade ouest à 2 étages; au bas porte en arc brisé, surmontée de plusieurs voussures en plein cintre et en retrait retombant de chaque côté sur 4 fortes colonnes, accostée de 2 portes feintes; décoration moins riche qu'à l'abside; au-dessus, 3 arcades ogivales (XIVe s.) avec colonnes aux angles, chapiteaux très ornés, accostés de tête d'anges; ce 1er étage manque de couronnement. Bénitier extér. à g. du portail. — Nef de 15 m. de long sur 7 de large, voûtée en berceau brisé renforcé de doubleaux à ressauts supportés par des pilastres armés de colonnes engagées. 2 chapiteaux du nord (géométriques), 3 du sud (feuillages, 2 personnages). — Carré du transept voûté en berceau plein cintre, placé plus haut que celui du chœur; bras du transept en berceaux transversaux, peut-être refaits. 3 contreforts peu saillants sur le mur terminé en triangle. — Abside et absidiole nord (celle du sud auj. démolie) voûtées en cul-de-four. (Axe du chevet infléchi vers le sud), chœur voûté en berceau plein cintre. Arcatures intér. et extér. à ce chevet, « le plus riche de la Gironde » à l'intér. (L. Drouyn). — Intérieur : 2 arcatures superposées; les inférieures s'entrecroisant de façon à produire des arcs aigus, à la façon normande; 3 arcatures de chaque côté du chœur, à chaque étage, la centrale plus haute et plus large. Les colonnettes intermédiaires sont doubles, ainsi que les chapiteaux, dans le chœur; dans l'abside, colonnettes doubles ou pilastre accosté de colonnettes, à l'étage supérieur. Archivolte supérieure des 3 (ou 6) arcades du chœur à torsades, et, au-dessous, 2 rangs de chevrons brisés; il en est de même en haut et en bas, et aussi à l'étage supérieur de l'abside; dans le bas de l'abside, 3 archivoltes n'ont que 2 rangs de chevrons brisés, 3 autres et 2 moitiés ont des fleurons.. — Chapiteaux richement ornés (palmettes enroulées, lions perlés surmontés d'oiseaux, Tobie et son poisson, lions, oiseaux et poissons, palmes). Tailloirs (échiquiers, rinceaux, feuillages). Bandeau très riche au-dessus des arcatures inférieures (oiseaux, animaux, rinceaux, figures humaines horizontales, échiquiers). Autre bandeau au-dessus des arcatures supérieures, plus simple. 2 colonnes engagées sur fort pilastre séparent le chœur de l'abside. Fenêtre dans l'arcade centrale supérieure du chœur; 3 fenêtres dans la partie supérieure de l'abside; toutes ébrasées à l'intérieur.

Extérieur : abside semi-circulaire divisée verticalement, avec le chœur, en pans par 7 groupes de 3 colonnes engagées aux angles et 2 contreforts, l'un au nord, l'autre au sud. Archivoltes des fenêtres du chœur, unies; archivoltes des 3 fenêtres de l'abside, décorées de rinceaux et de chevrons brisés. (Chapiteaux des 5 fenêtres (palmes, pommes de pin), tailloir, (rinceaux). Chapiteaux des grandes colonnes (oiseaux, palmes, personnages, etc., Jérusalem céleste). Corniche à simple profils avec modillons sculptés (croix, entrelacs, losanges, étoiles, têtes de loup, cornets, boudins). Au-dessous de la fenêtre centrale, porte ouverte (XVIIe ou XVIIIe s.), auj. murée. — Absidiole nord, garnie de colonnettes, avec une fenêtre unique oblongue; absidiole sud remplacée par une tour ronde, servant de cage d'escalier. — Clocher-tour sur la croisée du transept, supporté par de massifs piliers (XIVe s). — Pierre tumulaire de la mère de l'archev. Pey-Berland, placée (1858) au-devant de l'autel du bas-côté nord. — Vitraux de Villiet et de Lieuzères.

*Bibl*. Durand, *C. R. des M. H.*, 1849, 10, avec plan, abside et façade. — Piganeau, dans *Bull. Soc. archéol.* V, 1878, 5-27, avec plan, portail, 2 vues de l'égl., développement du sanctuaire, intérieur, chapiteaux, archivoltes, corbeaux, bénitier. — Brutails, *V. Egl.* 74-76, avec plan, vue de l'abside, arcature du chevet. — L. Drouyn, *Notes archéol.* t. 48, 173-177. Mais. noble de La Salle de Poujeaux, mentionnée 1544.

**MOULON** (St-Vincent). Cant. Branne. — Egl. rom. à abside voûtée en cul-de-four. — Nef et bas-côté nord rebâtis (xvie s.). — Clocher à l'ouest (1855). — Chapelle St-Jean (1724). — Nef et bas-côté sud voûtés (1859). — Croix de cimetière (1530). — Croix de carrefour (xviie s.).
*Bibl*. L. Drouyn, *Bull. Soc. archéol.* 1875, 192-93 — Le même, eau-forte de la croix du cimetière, *Rev. Cath. Bx.* 1888, 675.
Tour rectangul. à mâchicoulis de l'Ansouhaite, xive s. — Chât. de Montleau, tours carrées xive s. — Motte de Tusquette à Saute-Can-de-Pontonille. — Tumulus de La Motte.

**MOURENS** (St-Martin). Cant. Sauveterre. — Egl. rom. — Clocher exigu, fortifié, avec bretèche à mâchicoulis, à l'ouest, remplaçant un anc. clocher-arcade par addition de 3 parois sur l'avant-corps. — Porte à 3 arcatures moulurées, pratiquée dans cet avant-corps; arcatures reposant de chaque côté sur 2 colonnettes à chapiteaux sculptés. — Marques de tâcherons sur l'archivolte moulurée de la porte. — Cloche (1743). — Statuette anc. de la Vierge.
*Bibl*. L. Drouyn, *Notes archéol.* t. 47, p. 48-54, plan, dessin du clocher, etc.

**MUSSET** (St-Martin). Commune Lavazan. — De l'anc. égl., il ne reste qu'un pan de mur servant de clôture au cimetière. — Cloche (1784). — Petite statue de St Jean, bois.
Moulin, jadis aux seign. de Castelnau-de-Mesmes.

# N

**NAUJAC** (Ste-Philomène). Cant. Lesparre. — Egl. 1852-60, clocher 1893.

**NAUJEAN** (St-Pierre). Cant. Branne. — Egl. rom. xiie s. fortifiée xvie s.— Chœur refait xive s. avec alors chevet droit. — Transept de même époque. — Cloches avec inscript. 1552 et 1676. — Grille de fenêtre, anc.
*Bibl*. L. Drouyn, *Var. gir.* I, 72-77, eau-forte de l'égl., chapiteaux, cordon, fenêtre grillée, meurtrières.
Ruines du chât. de Roquenave, xve s. — De Naujean, xvie s. remanié. — Chât. d'Arpaillan, xvie s. fossés. — Mais. noble de Thèze. xvie s. — Moulins d'Estanève et Estournet ou Pibouleau, xiiie s.

**NEAC** (St-Brice). Cant. Lussac. — Egl. 1867, clocher 1879.

**NERIGEAN** (St-Martin). Cant. Branne.—Egl. rom., 36 m. 60 de long. — Très archaïque et originale porte n'ayant plus, après restauration, que 2 voussures étrangement tourmentées. Accolade terminée par un bouquet frisé. — Clocher fortifié, 2 étages, auvent, xve s. — Nef unique, refaite et voûtée d'ogives très soignées, xvie s. Dans l'encadrement d'une fenêtre, mélange de colonnettes et de culs-de-lampe. Sur flanc nord, curieux contrefort, plus étroit au pied, à travers leq. est percée une fenêtre, — Sanctuaire et transept voûtés. — Croix de consécration simples. — Très belle croix de **Cimetière** (1546), mutilée (1793). — Jolie crédence du côté de l'Epître. — Bénitier extérieur (xvie s.). — Statue de N.-D. de Pitié (St Remède).

*Bibl.* L. Drouyn, *C. R. des M. H.* 1848, 14-15, avec façade, plan, détails des archivoltes du portail. — Le même, *Bull. Soc. archéol.* II, 1875, 193-200. avec porte, détails de l'égl.. croix du cimetière.

Ruines du chât. de Faurens, xvie s. avec chapelle de St-Arremedy, xvie s.

**NEUFFONS** (St-Martin-de-Taurignac). Cant. Monségur. — Egl. moderne à chevet carré. — Cloche (1552) avec inscription en minuscules gothiq.

Ruines du chât. de Madame.

**NIZAN** (**LE**) (St-Martin). Cant. Bazas.— Egl. en partie rom., attribuée aux Templiers, en partie refaite (xvie s.). — Abside (xie ou xiie s.) avec à l'intér. 2 rangs d'arcatures superposées; chapiteaux de style barbare (pommes de pin, moutons, lions affrontés). — Chœur n'ayant que l'arcature supérieure — Nef avec fausse-voûte. — Façade ouest couronnée d'un pignon, qui surmonte une porte (xive s.) aux chapiteaux tournés. — Clocher bâti en même temps que les bas-côtés (à voûtes d'ogives sur piles rondes), sur flanc sud du chœur (xive s.).

Douc de Couhé, butte de 12 m. de haut, fossés.

**NOAILLAC** (St-Jean). Cant. La Réole. — Egl. (xive s.) en forme de croix latine. — Nef non voûtée de 7 m. 75 de large sur 6 m. 20 de haut; murs de flanc de 0 m. 83 d'épaisseur. — Chapelles postérieures. — Sur flanc nord, chapelle de la Vierge (xve ou xvie s.), voûtée à nervures saillantes. — Beau retable, bois sculpté. — Cloche (1607) avec inscription.

A un carrefour, petit édicule religieux avec mur de fond et 2 piliers cubiques et un autel, récemment couvert d'une voûte d'arêtes, portant date (1687). On y fait station pour la Fête-Dieu.

Chât. du Roc avec 2 bastions. — De la Renardière, 1752.

**NOAILLAN** (St-Vincent). Cant. Villandraut. — Egl. castrale rom.; 3 nefs et 3 absides. — Arcatures dans le bas de l'abside centrale; chapiteaux intéress. — Arc triomphal étranglé. — Clocher-pignon, 5 baies et auvent .— Vierge. bois, au-dessus de la porte d'entrée.

A l'ouest du bourg, chât. de Noaillan, xiv<sup>e</sup> s., murs d'enceinte, xiii<sup>e</sup> s.

# O

**OMET** (N.-D.). Cant. Cadillac. — Egl. 1874-81. — Cloche 1774.

**ORDONNAC** (St-Romain). Cant. Lesparre. — Egl. xix<sup>e</sup> s. Ruines de l'abbaye de l'Isle (cf. ce nom).
Ancien pigeonnier curieux.

**ORIGNE** (St-Jean). Cant. St-Symphorien. — Egl. rom. 3 absides et 3 nefs. — Dévotion à St Eutrope.

# P

**PAILLET** (St-Hilaire). Cant. Cadillac. — Egl. rom. (xii<sup>e</sup> s.) n'ayant guère d'ancien que l'abside et le chœur. — Constr. d'une chapelle (1632). — 2 bas-côtés, celui du sud (xix<sup>e</sup> s.). — Abside semi-circulaire à l'intér., polygonale à l'extér.; chacun de ses 5 pans séparé par une colonne, 5 fenêtres sous archivolte; celle du midi est double, les 2 colonnes qui la divisent ont un chapiteau commun. Chapiteaux à personnages, animaux et feuillages. Corniche avec quelques corbeaux seulement sculptés. — Près de l'autel, côté Evangile, **statue de la Vierge** tenant d'une main l'Enfant, de l'autre une rose (xv<sup>e</sup> s.), côté Epître statue, pierre, de St Michel, restaurée (xiv<sup>e</sup> s.). — Retables.

Cintre de la porte principale, chapiteau, niche de l'anc. chapelle prieurale de Ste-Catherine-du-Désert.

Chât. de Paillet, xvii<sup>e</sup> s.

**PALAIS** (St-). Cant. St-Ciers-sur-Gironde. — Egl. rom. (xii<sup>e</sup> s.). Façade gothiq. intéressante (xiv<sup>e</sup> s.), type de l'architecture saintongeaise. Porte rom. ornée de 4 voussures en retrait retombant sur 3 colonnettes de chaque côté; archivolte supérieure décorée de feuilles de chêne et de pommes de pin; au-dessus, 5 arcatures ornées d'étoiles saillantes en pointes de diamant, séparées par de petites colonnettes accouplées; oculus entouré d'une bande sculptée (xiv<sup>e</sup> s.). — Clocher-pignon à 2 baies. — Nef lambrissée, refaite, de 7 m. 10 de large; côté nord réparé et dénaturé (v. 1839), inachevé. — Abside, voûtée en cul-de-four, de 3 m. 95 de largeur; chœur en berceau brisé de 5 m. 44. Fenêtres du chevet en plein cintre.

Au sud de l'abside, corniche à dents-de-loup, supportée par 8 corbeaux curieux (entre autres, femme aux crapauds).
*Bibl.* Marionneau, *C. R. des M. H.* 1853, 7-8, avec dessin de la façade.

**PARDON-DE-CONQUES** (St-). Cant. Langon. — Traces de litre au chevet de l'égl.
Chât. des Jauberthes, XIII<sup>e</sup> s., remanié à plus. époq., surtout XVII<sup>e</sup> s. Le célèbre évêq. de Bazas, Arnaud de Pontac, y décéda, 1605. Chapelle N.-D.-de-Pitié, 1418, vitrail XV<sup>e</sup> s.

**PAREMPUYRE** (St-Pierre). Cant. Blanquefort. — Egl. 1869.
Chemin romain de la Lébade, de Bx à Noviomagus. — Mais. noble de La Mothe-Caupène ou de Pichon, reconstr. 1651.

**PARSAC** (N.-D.). Cant. Lussac. — Egl. rom., remaniée. — Abside en cul-de-four, unie à l'extér., à 7 pans à l'intér, avec chacun arcature sur colonnes dont seuls les chapiteaux restent (entrelacs). Corniche à zigzags. — Arc triomphal étranglé. — Oculus à l'est entre voûte du chœur et celle de la nef. — Nef, 15 m. 20 sur 4 m. 30, renforcée après coup au dedans, de piliers à chapiteaux cubiques, au dehors, de contreforts à ressauts. De chaque côté, 3 arcades feintes à 2 voussures. Fenêtres du nord plus étroites et plus longues que celles du sud. Murs exhaussés. — Porte rom., 3 voussures, colonnettes aux chapiteaux ornés (feuillages, chimères). — Clocher carré, postér. à nef, restauré (XIX<sup>e</sup> s.) 2 étages séparés par corniche à modillons (masques grotesques), coupole au rez-de-chaussée. — Cloche XVI<sup>e</sup> s.
*Bibl.* Piganeau, *Bull. Soc. arch.* 1876, 129-133, croquis. — Brutails, *V. Egl.* 77-78, plan, 2 vues de l'égl., chapiteaux de la porte. Croquis de l'extér. — L. Drouyn. *Notes archéol.,* 47, 369-74, plan et dessins.

**PAUILLAC** (St-Martin). Canton. Egl. 1822. — 2 cloches 1784. — Dévotion à Ste Radegonde.

**PAUL** (St-). Cant. Blaye. — Egl. 1900.
Mais. noble de La Rivallerie.

**PAULIN** (St-). Cant. St-Vivien. — Egl. XIX<sup>e</sup> s. — Buste anc. de la V., marbre.

**PELLEGRUE** (St-André). Canton. — Belle et curieuse égl. rom. — Axe infléchi au nord. — Abside en cul-de-four, plus étroite que le chœur; 2 absidioles. — Transept voûté en ogives en berceau, centre éclairé par coupole byzantine avec bordure en échiquier, fin XII<sup>e</sup> s. — Corbeaux à l'intér., au nord, absents au sud. — Portail à 4 voussures ogivales moulurées, chapiteaux rom., à crochets et pommes de pin. Au-dessus, longue fenêtre à meneau. — Clocher-arcade sur façade ouest, détruit par la foudre, 1860. — Clocher carré sur coupole, non terminé ou démoli en partie. — Nouveau clocher, 1895. — Le sol déclive de l'ouest à l'est.

*Bibl.* Durassié, *C. R. des M.H.* 1846. Elévation ouest, plan, coupe en long.

Anc. bastide xiii<sup>e</sup> s. — Chât. de Boyrac, xv<sup>e</sup> s. — de Lugaignac, xviii<sup>e</sup> s. — de Puch de Gensac, tour à mâchicoulis xiii<sup>e</sup> s., chemin de ronde, et xviii<sup>e</sup> s.

**PERISSAC** (St-Pierre). Cant. Fronsac. — Egl. 1866, clocher 1869.

Tumulus. — Anc. mais. noble du Buisson.

**PESSAC** (St-Martin). Canton. — Egl. rom., très restaurée et agrandie, 1865.

Vestiges de voie antique. — Tumuli au Castera. — aux Poujeaux — à la Donne. — Chât. du Haut-Brion, xv<sup>e</sup>, xvi<sup>e</sup>, xvii<sup>e</sup>, xviii<sup>e</sup> s. — Ste-Marie de Belair ou Pape Clément.

**PESSAC-DE-GENSAC** (St-Vincent). Cant. Pujols. — Egl. rom., remaniée 1859. — Chapelle sud, xv<sup>e</sup> s. — Porte à 5 voussures, chapiteaux simples. — Clocher-arcade en briques à 3 clochetons terminés en pseudo-coupoles soutenues par colonnettes, d'inspiration byzantine.

Chât. de Nidasse, xv<sup>e</sup> s. remanié. — de Montbreton, xiv<sup>e</sup> s. remanié.

**PETIT-PALAIS** (St-Pierre). Cant. Lussac. — **Egl. rom.** (xiii<sup>e</sup> s.), en partie refaite (xvi<sup>e</sup> s.). Plan : abside, chœur, avant-chœur, nef. — Façade ouest, très large, à riche décoration. En bas, porte centrale séparée de 2 portes feintes par un groupe de 2 colonnes accouplées, lesquelles montent jusqu'au 2<sup>e</sup> étage; aux angles, autre groupe de colonnes accouplées. 6 voussures reposant sur des colonnes; la plus étroite, découpée en 5 lobes. Cintre des portes feintes semblablement dessiné. Cordon horizontal s'étendant à la naissance des arcatures sur toute la largeur de la façade. Dans l'angle nord et sud, au-dessus de l'arcature principale, une statue; au-dessus de chaque porte aveugle, un quadrupède. — 1<sup>er</sup> étage, légèrement en retrait sur le rez-de-chaussée, avec 5 arcatures aux chapiteaux très ornés et portées de chaque côté sur 2 colonnes; les 3 arcades centrales correspondent à la porte principale. — 2<sup>e</sup> étage, aussi en retrait sur le 1<sup>er</sup>, décoré dans sa partie centrale de 4 arcatures aveugles reposant sur de doubles colonnes, le tout somptueusement décoré. — Le sommet est un large pignon triangulaire. — Un cordon sculpté sépare le rez-de-chaussée du 1<sup>er</sup> étage; une corniche, soutenue par 6 modillons à têtes grotesques, le 1<sup>er</sup> du 2<sup>e</sup> étage. — Nef de 3 travées que sépare un pilastre avec colonne engagée avec beaux chapiteaux au nord; chaque travée subdivisée par une colonne intermédiaire portée sur un bahut et qui porte 2 arcades brisées. Flanc nord à contreforts à ressauts. — Abside semi-circulaire voûtée en cul-de-four et travée et chœur voûtés après coup d'ogives à nervures et étayés de 2 vigoureux contreforts. Avant-chœur, que surmonte le clocher carré, a une voûte analogue. Pourtour de l'abside remanié et anc. corbeaux obscènes remplacés. — Cloche (1624), provenant de l'abbaye de Faize.

*Bibl. C. R. des M. H.* 1848, 11, avec façade, et plan. — Brutails, *V. Egl.* 80-81, avec plan et façade. — Guinodie, *Hist. de Libourne*, 1re éd. t. III, 251-254.

**PETRONILLE (Ste-).** Comm. Gironde. — Egl. (xviie s.) dans le cimetière. — Sur la muraille du sanctuaire écusson peint aux armes des Dunoguez (1690).

**PEUJARD** (St-Martin, auj. N.-D.). Cant. St-André-de-Cubzac. — Fort intéress. **égl. rom.**, restaurée par Léon Drouyn. — Chevet rectangulaire ajouté (fin période gothiq.). — Nef de 4 travées dont 3 voûtées en berceau brisé; la 2e, à partir de l'est, porte un clocher rom., fortifié et surélevé (époque moderne), avec créneaux et échauguettes, elle est voûtée d'une coupole sur pendentifs dont l'intrados de l'arc de l'est est percé de 6 trous oblongs. Piliers formés d'un pilastre armé de 3 colonnes engagées avec chapiteaux à feuillages. Puissants contreforts au sud. Sur ce côté, arc de décharge sur la 1re travée est. Fenêtres haut placées dans les murs latéraux de la travée ouest. — Bas-côté nord. — Porte d'inspiration saintongeaise, encadrée de 2 contreforts, avec voussures d'une ornementation compliquée. Au-dessus, 4 arcades aveugles. Plus haut, corniche sur corbeaux.
*Bibl.* Brutails, *V. Egl.* 81-82, avec vue extér., et coupole.
A la Bertonne ou la Rousse, atelier préhistorique découv. 1878. — Chât. Peujard, xviie s.

**PEY D'ARMENS (St-).** Cant. Castillon. — Egl. rom. (xiiie s.). — Chapiteaux à facettes concaves et multipliées; d'autres, à feuillages dont les bases sont des boules rondes ou oblongues. — Clocher exhaussé (1863). — Fût de **croix de cimetière** (xvie s.).

**PEY-DE-CASTETS (St-).** Cant. Pujols. — Egl. rom. (xie s.), rebâtie presque entièrement dans style gothiq. (fin xiiie ou début xive s.). Bas-côté nord de même style (xvie s.). — Mur du chevet soutenu par 4 contreforts et surmonté de 3 pignons triangulaires. — Une travée mesure 6 m. 35 de large entre piliers sur 9 m. 03 de long. — Clocher, haute tour barlongue, à l'ouest, avec contreforts saillants, recouvert d'une toiture à 2 pentes entre 2 pignons exhaussés (xve s.). — Porte ouest (xive s.), chapiteaux à crochets relevés, très mutilés. — Peintures murales (xixe s.). — Croix de cimetière avec socle du (xvie s.).
*Bibl.* L. Drouyn. *Var. gir.* II, 317-21, avec vue de l'égl.
La Motte de La Prade ou de Piquesègue, fossé. — Chât. de Gamage, v. 1730. — Qq. vieux murs du chât. de La Bassecour — de La Gasquerie xive s. — Près de l'égl. maison xive s. — Moulins de la Houze, — du Gendarme, — de l'Espéruque.

**PHILIPPE-D'AIGUILHE (St-).** Cant. Castillon. — Egl. rom. — Chevet droit, voûté à nervures croisées (xiie s.). — Très curieuse nef, 13 m. 20 × 4 m.; son lambris primitif remplacé sur ses 2 premières travées orientales, par des coupoles grossièrement et irrégulièrement construites. Dans l'une, les pendentifs ont été commencés comme une voûte d'arêtes, mais continués différemment. — Clocher carré sur la croisée du transept; ce dernier, postérieur à la nef, bras du nord (1696). — Porte à voussures nues, à l'ouest, flanquée de 2 portes feintes plus petites. — Construct. d'une chapelle (1651). — Vieil encensoir.

Chât. d'Aiguilhe, xiv⁰, xv⁰, xviii⁰ s., détruit par un incendie, 1908.

**PHILIPPE-DU-SEIGNAL** (St-). Cant Ste-Foy. — Egl. réparée 1730.

Chât. de Bourgognade. xvi⁰ s., tours carrées, souterrain-refuge.

**PIAN** (N.-D.). Cant. St-Macaire. — Egl. 1900. — Au bas Pian, croix de carrefour, fin xvi⁰ s. — Dans le cimet., partie de l'anc. égl.

**PIAN** (LE). (St-Seurin). Cant. Blanquefort. — Egl. peu anc., restaurée v. 1840. — Chevet carré, voûté d'ogives, portant clocher rectang. — Pas de contreforts.— Cloche 1780.

Chât. Sénéjac, anc. domaine du maréchal d'Ornano.

Chambre de Mlle de Lamourous, transformée en oratoire.

**PIERRE D'AURILLAC** (St). Cant. St-Macaire. — Egl. neuve, sauf l'abside avec corniche sous nombreux corbeaux.

**PIERRE-DE-BAT** (St-). Cant. Targon. — Egl. rom. xii⁰, xiii⁰, xvi⁰ s., jadis fortifiée. — Fenêtres xvi⁰ s.— Portail xiii⁰ s. — 31 modillons sous la corniche de l'abside variés et frustes (billettes, têtes humaines et d'animaux, taureau, aigle, loup, lapins, aigle, poissons, colombes, chien courant, homme montrant son derrière, homme nu, homme tenant une barrique sur ses genoux, homme assis et buvant, autre jouant du violon, pommes de pin, etc., etc.). — Cloche 1572.

Au nord-est du moulin de La Place, substructions romaines.

**PIERRE-DE-MONS** (St-). Cant. Langon. — Egl. xvi⁰ s. restaurée; date 1554 encastrée dans le clocher. — Arc triomphal brisé.

**PINEUILH** (St-Martin). Canton Ste-Foy. — Egl. démolie par Huguenots, rebâtie 1689 et xix⁰ s.

**PIIS** (St-Martin). Comm. Blasimon. — Egl. rom. xiii⁰ s. à nef unique, rebâtie xvi⁰ s. — Chœur refait xiv⁰ s. — Lambris coupant les fenêtres.

**PLASSAC** (St-Pierre). Cant. Blaye. — Egl. xix⁰ s. — **Statue, bois**, xvii⁰ s., anciennement à Montuzet.

Belle mosaïque romaine.

**PLEINESELVE** (Ste-Madeleine). Cant. St-Ciers. — Restes d'une **égl. abbatiale de Prémontrés**, xiie ou xiiie s. Du plan primitif, il reste chevet, croisée et bras nord du transept, et une chapelle adjacente, voûtée 1835. — Chevet plat, contreforts, pignon en ruines, 3 fenêtres allongées avec arcatures cintrées en retrait et colonnettes aux angles, couronnées d'un cordon à petites étoiles. Au-dessus, grande ouverture en demi-cercle — Le tout est voûté d'ogives. — Sur croisée du transept, restes des pendentifs d'une coupole. — Chapiteaux et nervures soignées. — Longueur présumée de l'édifice primitif, 44 m. × 17 m. 60. — Simples traces de fondations de l'abbaye. — Cloche 1674.

*Bibl.* Marionneau, *C. R. des M. H.*, 1853, 8, vue du chevet. — Brutails, *V. Egl.* 82-84, plan, vue est, nord-est, vue de la façade sud.

Cavernes celtiques dans la roche. — Chât. de Lussan, xvie ou xviie s.

**PODENSAC** (St-Vincent). Canton. — Egl. goth. 3 nefs à peu près égales. On y travaillait, 1535. — Jolie abside polygonale. — Restauration, 1846 et 1894.

Petite égl. en ruines de Ste-Sportalie, xie s., jadis léproserie (Cf. L. Drouyn, *C. R. des M. H.*, 1866, 35-36).

Place de la Halle, mosaïque gallo-rom. iie s., découv. 1908. — Près de là, restes du chât., tour barlongue et tours carrées à plus. étages, xiiie s., poterne remaniée xve s.

**POMEROL** (St-Jean). Cant. Libourne. — Egl. 1899.

**POMPEJAC** (St-Saturnin). Cant. Villandraut. — Chevet seul anc. à 5 pans droits, 2 fenêtres latérales très étroites, à l'axe fenêtre ogivale, aux angles rentrants, colonnes à chapiteaux lisses, à tailloirs polygonaux. — Petite cloche carrée, xviie s., avec inscript. en gothiq. carrées.

A l'est de l'égl., traces de fossés et retranchements du camp de César. — Mais. noble de La Salle, 2 tours xvie s.

**POMPIGNAC** (St-Martin). Cant. Créon. — Egl. rom. détr. par incendie, 1899, reconstr. 1901-02. — Nef s'élargissant du côté du chevet; l'écartement des murs est de 7 m. 85 à l'ouest, de 9 m. à l'est. — Portail à voussures dont les 2 internes nues; sur une autre, personnages, ayant le haut du corps sur la tête de l'arc et les jambes sur l'intrados, formant un angle droit avec le buste. Oculus dans cette façade. — Clocher formant porche, xve s. — Dans le flanc sud, charmante fenêtre rom. — Beau retable xviie s., encadrant un tableau de l'Assomption. — Autre tableau xvie s. (Annonciation).

*Bibl.* L. Drouyn. *C. R. des M. H.* 1866, 37-38, fenêtre du sud.

Tour de Guérin-Castaing, jadis aux Carmes de Bx. — Restes du chât. de Bastrat.

**PONDAURAT** (St-Antoine). Cant. Auros. — Anc. **égl. ogivale** xive s., des Antonins fortifiée, jadis en forme de croix grecque, retouchée, 1525 et à diff. reprises, restaurée

et agrandie d'une travée, 1842 et 1865. — Ogives et formerets s'appuyant sur des culs-de-lampe au niveau du tailloir; seuls les doubleaux portent sur des colonnes engagées.
Chapiteaux assez curieux. — Contreforts gothiq. terminés
en fronton. — Encensoir de 0 m. 28 de haut.

Anc. couvent, auj. maison bourgeoise, entourant l'égl.
au sud et à l'est.

*Bibl. C. R. des M. H.*, 1843, coupe transversale, fenêtre,
profils.

Tour du chât. de Tamanhan. — A l'est du bourg, vieille
tour ronde de l'anc. mais. noble de La Tour, xvie s. — Moulins de Pondaurat, xiiie s. — de la Rose ou de Guiras fin
xiiie s. — du Carra, xiiie s. — de Montaras xvie s. — Au
nord de l'égl. maison Pauly, xive s.

**PORCHERES** (St-Pierre). Cant. Coutras. — Egl. xixe s.
Mottes ou buttes de Roussingau, — du Motteret, — du
Tuquet.

**PORGE (LE)** (St-Seurin). Cant. Castelnau. — Egl. rom.,
xive et xviie s. — Abside rom. — Egl. agrandie 1662, restaurée 1893. — Retables sculptés.
Station préhistoriq. de l'âge de la pierre polie.

**PORTETS** (St-Vincent). Cant. Podensac. — Egl. 1871.
Près du port, chenal xviie s. — Chât. de Portets mentionné 1277, rebâti xviiie s.

**POSTIAC** (N.-D.). Cant. Branne. — Egl. rom. — Chevet
droit fortement incliné au nord — Chœur et flanc nord de
la nef, fin xiiie s.; ce mur nord sans fenêtres, mais à 3 enfeux
ogivaux; flanc sud xiie s. cadran solaire primitif. — Porte
à archivolte externe très surbaissée paraissant plaquée.
*Bibl.* L. Drouyn, *Var. Gir.* I, 104-09.
Chât. de Roquenave, xiiie ou xive s. — du Retou, xive s.
— Moulin de Gayet, xive s.

**POTENSAC** (St-Martin). Comm. Ordonnac. — Cloche 1799..
A Barbehère, portion d'un dolmen découvert 1904.

**POUT (LE)** (St-Martin). Cant. Créon. — Egl. début xvie s
— Clocher-arcade 1742. — Croix de cimet. xvie s. — Sa-.
cristie 1616.

**PRECHAC** (St-Pierre). Cant. Villandraut. — **Très curieuse
égl.** xiie et xve s. intér. refait 1898.— 4 nefs dont 3 rom. à
absides, xie-xiie s.; la 4e, à chevet plat, au nord, xve s. — Abside principale en cul-de-four, ayant à l'intér. une arcature
de soubassement; marques de tâcherons. — 2 absidioles,
postér. à l'abside, voûtée d'ogives qui ne devaient pas exis-
ter à l'origine. — 4e nef nord à croisées d'ogives prismatiques.
— A l'extér., l'abside a une arcature avec corniche et 3 fenêtres, dont l'une dans un contrefort, les 2 autres sous les
arcs extrêmes de l'arcature. Chapiteaux des piliers curieux
(chiens se disputant un os, cônes de pin, personnages divers).

— Clocher à l'ouest à 5 baies ogivales avec double auvent et galerie, 1709; clocher-arcade aussi sur l'arc triomphal. — Portes à l'ouest, celle du milieu, gothiq. XIIIe s.— Constructions successives de l'égl.: d'un 1er édifice, il reste l'entrée de la nef, des piles et un arc transversal à la hauteur des 1ers piliers dont il est difficile de préciser le but; à une seconde période, appartient l'abside; les absidioles et bas-côtés, postérieurs; second collatéral nord, plus récent (Brutails). — Cloche 1705. — Dévotion à St Cloud, 7 septembre.

*Bibl.* L. Drouyn, *Bull. monum.* XXIV, 465-72. — Le même, *Notes archéol.* 46, 542-49, — Brutails, *V. Egl.* 84-86, plan, coupe en travers, abside.

Sur les bords du Ciron, habitations gauloises dans le sable, dites Margelles ou Marzelles, Clottes en gascon.— Petit chât. délabré de La Travette, mâchicoulis et meurtrières. — Ruines du **chât. de La Trave** ou de La Trau, constr. 1306, détr. 1454 et par les Huguenots, 1572.— Beau chât. de Cazeneuve, jadis aux sires d'Albret, XVe, XVIIe, XVIIIe s., en partie démoli XVIe s. et 1793, restauré v. 1840, fossés, jolie chapelle XVIe s. et 1680, 3 nefs, voûtes à nervures. — Sur le bord du chemin de Bazas à Préchac, près du ruisseau de Honburens, colombier XVIIe s. — Restes du chât. de Battant XIIIe s. — Moulin de Caussarieu.

**PREIGNAC** (St-Vincent). Cant. Podensac. ⟂ Vaste égl. 1733. — **Tombeau en pierre**, style Renaiss., de Pierre, écuyer et seigneur d'Armajan et de Lamothe, † 22 déc. 1572 (Cf. Sourget, *Bull. Soc. archéol.* 1878, 29-38. 3 pl.).

Au hameau de la Garengue, ruines de la chapelle St-Amand, de date inconnue, sans doute XIe s. — Chât. des Ormes, jadis d'Armajan, XVIe s., où s'arrêtèrent Charles IX, 1566, et les duc et duchesse de Montpensier, 1846, restauré XVIIIe s. — Chât. de Malle, XVIIe s. — de Suduiraut XVIIIe s. — Au bourg, vieilles maisons et vieux puits.

**PRESENTINE** (Ste-). Comm. Frontenac. — Egl. rom. XIe s. — Abside semi-circul. plus étroite que le chœur carré et que l'unique nef à charpente apparente. — Porte, début XVIe s. — Près de l'autel, enfeu, servant jadis de Veyrine pour enfants malades. — Traces de litre aux écussons écartelés de Foix et de Béarn. — Statue de St Jean, chêne, objet de dévotion. — Autre statue encastrée au-dessus d'une fenêtre. — Fonts bapt. anc. — Pierre tombale dans le cimet.

2 dolmens et une allée couverte à Bignon.

**PRIGNAC** (St-Pierre). Cant. Bourg. — Curieuse chaire monolithe sculptée. — Abside de l'anc. égl., auj. caveau funéraire. — Nouv. égl. 1871.

Chât. de Grissac, 1652, — du Grand-Jour, début XVIIIe s.

**PRIGNAC** (St-Martin). Comm. Lesparre.
Fontaine curieuse de Tartugère.

**PUCH (LE)** (St-Christophe). Cant. Sauveterre. — Fort intéress. égl. templière (xɪᵉ ou xɪɪᵉ s.). — Abside, voûtée en cul-de-four, lambrissée ainsi que le chœur. Sol incliné vers l'ouest de 0 m. 15 environ, dans ce chevet. Fenêtre percée dans le contrefort de l'axe. — Nef non voûtée. 6 m 35 de large, 4 m. 95 de haut; épaisseur des murs 0 m. 98. — Clocher-pignon, à l'ouest. — Porte à 3 voussures en retrait, l'interne (xɪvᵉ s.), les autres cintrées. Chapiteaux (feuillages, l'un à personnage). Au-dessus de la porte, corniche de billettes en échiquier soutenue par 7 modillons curieux (buste humain à tête de loup mordant une baguette, *obscœna*, autre loup, sirène tenant avec ses mains ses 2 queues, tête de loup dévorant 2 têtes d'animaux, buste de tigre dont les griffes tiennent un bâton transversal, groupe de 2 musiciens et 2 danseurs), quelques-uns martelés par un curé vertueux.
*Bibl.* L. Drouyn, *Var. Gir.* III, 348-350, avec eau-forte du portail.
Chât. Boudeau, fin xvɪᵉ s.

**PUGNAC** (N.-D.). Cant. Bourg. — Egl. 1861,
Chapelle St-Urbain, assez bien conservée, avec nef en partie sous charpente. Mentionnée (1685).

**PUISSEGUIN** (St-Pierre). Cant. Lussac. — Egl. rom. (fin xɪɪᵉ ou xɪɪɪᵉ s.). — Chevet plat, voûté en berceau brisé. — Arcatures aux murs intér. de la nef.— Portail à 4 voussures nues en retrait; seuls, l'intrados de la plus petite, décorée de lobes, et l'archivolte de la grande, ornée de feuillages. 2 portes feintes séparées de la grande porte par une colonne engagée. Voussures retombant sur 8 colonnes à demi-engagées, serrées les unes contre les autres. Chapiteaux cubiques accouplés, un chapiteau et une voussure pour 2 colonnettes; tailloirs à moulures convexes. — Clocher carré moderne. — Longueur de l'édifice : 24 m. 20 sur 6 m 80 de largeur. — Longueur du transept : 14 m. 40 sur 4 m. de large. Nef et transept voûtés en berceau plein cintre. — Croix de Mouchet (xvᵉ s. ou 1685) pierre, sommet disparu. (Cf. Mlle de Pierredon, *Bull. Soc. arch.* XXXVI, 1914, XXV).
*Bibl.* C. R. des M. H., 1845, 12.
A La Roque, souterrain creusé dans le roc. — Chât. de Puisseguin, xɪvᵉ s., assiégé 1587.

**PUJOLS** (N.-D. et St-Pierre, évêque, v. 1823). Canton. — Fort remarq. **égl. de transition,** jadis fortifiée et crénelée. — Processus de sa construction : 1° partie rom. avec contrefort plat, assez basse (moitié de la hauteur environ) occupant une portion des 2ᵉ et 3ᵉ travées, au nord et au sud à l'extér. l'appareil est moins beau; 2° reconstruction gothiq. au-dessus du contrefort plat (xɪɪɪᵉ s. avancé), comprenant 1ʳᵉ et 2ᵉ travées. Au xvɪᵉ s., on refit la partie supér. des 3ᵉ et 4ᵉ travées, et la 5ᵉ travée. Extér. du chevet paraissant plus ancien que l'intér. et fait en plusieurs fois ou tout au moins avec des matériaux anciens (Brutails). — Abside voûtée en cul-de-four; son rond-point exhaussé (1534). — Chœur plus large, en berceau brisé. — Nef, plus large encore, **en**

ogives avec personnages sur les nervures (1534). — Extér. du chevet, du chœur, de la nef garni d'arcatures tréflées et brisées, à riche soubassement et à fenêtres ornées. — Au sud-ouest, chapelle (XVIe s.) avec clef de voûte aux armes des Duras, seigneurs de Pujols; inscription sur contrefort extér. (1535). — Porte ogivale (XVe s.). — Clocher carré inachevé sur la travée de l'ouest. — A l'intér. près du chœur, splendide **sarcophage** chrétien, marbre gris (Ve ou VIe s.) avec strigiles, monogramme sur la face principale et couvercle avec imbrications; hauteur, socle et couvercle non compris, 0 m. 60 à peu près; a servi de cuve baptismale. — Calice à poinçons. — Encensoir 0 m. 20 de haut (XVIIe ou XVIIIe s.). — Restaurations importantes (1843-45 et 1895, 1902).

*Bibl.* L. Drouyn, *Var. Gir.*, II, 237-49, avec eau-forte de l'égl., vue au sud, fenêtre sud du chœur, plan, sarcophage, etc. — Brutails, *V. Egl.*, 86-89, avec plan, élévation sud. — Le Blant, *Sarcophages chrétiens de la Gaule*, p. 90.

Porches de la place. — Très beau chât. de Pujols, en partie ruiné; remparts, bastions, tours carrées. — La Motte Sicard, butte de 7 m. de h., 40 m. de long. 35 m. de larg. — Mais. noble de La Borie, XIVe s., dégradée.

**PUJOLS-SUR-CIRON** (St-Pierre-ès-Liens). Cant. Podensac. — Egl. rom. non voûtée. — Flancs du chœur se rapprochant vers l'est. — Bas-côté nord (fin période gothiq.). — Fort joli pilier entre nef et bas-côté. — Riche **porte** à voussures où sculptures se mêlent plus ou moins abondamment. aux moulures. Angles saillants des pieds droits arrondis. Chapiteaux formant une sorte de frise (entrelacs variés, feuilles grandes et régulières), tailloirs à damiers. Le tout d'un faire archaïque. — **Statue** de la V. et l'Enfant, pierre peinte et sculptée (XIVe s.). — Clocher carré. — Cloche (1682). — Fonts baptismaux anciens, pierre.

Chât. de La Salle, XIVe, XVIe s.

**PUY (LE)** (Ste-Anne). Cant. Monségur. — Anc. chapelle castrale, inclinée fortement vers le sud. — Chevet carré, voûté en berceau plein cintre. — Nef lambrissée, mais primitivement destinée à recevoir une voûte (cordon à la naissance de cette voûte projetée, dosserets auj. sans emploi, contreforts). Largeur : 6 m. 90, hauteur : 4 m. 63; épaisseur des murs, 0 m. 95. Flanc nord sans fenêtres, avec marques de tâcherons. Au sud, à l'extér., reprise dans le mur. A l'angle sud-est, contrefort rom. repris et allongé en contrefort gothiq. — Porte gothiq. à l'ouest et porche.

Chât. Gachon, XVIe s. — Motte de Chameyrac.

**PUYBARBAN** (St-Michel). Cant. Auros. — Egl. rom., refaite en partie — Chevet simple voûté en cul-de-four, avec traces de fenêtres anc. percées dans la voûte; pas de corbeaux. — Chœur voûté (XVIe s.). Doubleau séparant l'abside du chœur. — 2 chapiteaux intéressants à l'entrée du chœur (Vierge de face avec l'Enfant Jésus debout entre ses jambes, 2 anges non ailés à dr. et à g. soutiennent l'auréole, de chaque côté du chapiteau, 2 personnages assis sur un trône, encadrés chacun d'une arcade supportée par 2 piliers à chapiteaux).— Arc triomphal brisé de 3 m. 13 de largeur à bases étranges.— Nef lambrissée de 7 m. 80 de largeur. — Abside et flanc nord de la nef avec contreforts rom.; bas-côté ajouté au sud avec contreforts puissants et porte gothiq. — Clocher carré avec flèche en ardoises à l'est du bas-côté, croix de fer (fin XIII<sup>e</sup> ou XIV<sup>e</sup> s.). — Cloche (1564), avec inscription en minuscules gothiq.

Chât. de Puybarban, reconstr. XVIII<sup>e</sup> s. — Vieux colombier de la mais. noble du Barrail.

**PUYNORMAND** (St-Hilaire). Cant. Lussac. — Egl. rom. (XII<sup>e</sup> s.); nef abattue (XVI<sup>e</sup> s.) et remplacée avec addition de 2 bas-côtés terminés par une absidiole. — Axe de chevet infléchi vers le sud. — A l'intér., abside semi-circulaire à 7 arcades retombant sur des colonnes à chapiteaux historiés et à tailloirs striés; à l'extér., contreforts divisant l'abside en 5 pans et atteignant la corniche, soutenue par corbeaux à masques, sans perdre de leur épaisseur. — Clocher octogone, au sud-ouest, allongé dans le sens de la largeur, posé sur une souche rectangulaire, la transition s'opère au moyen de trompes. — Portail ouest à 2 arcades unies; la plus grande retombant sur 2 colonnettes grêles à chapiteaux dégradés; au-dessus, petites fenêtres étroites, puis gâble très bas. — Lutrin sculpté, bois de noyer. — Cloche (1641).

Chât. XVII<sup>e</sup> s. dans le bourg. — Vieilles maisons. — Vestiges du vieux chât. fort.


# Q


**QUENTIN-DE-BARON** (St-). Canton Branne. — Egl. rom. (XII<sup>e</sup> s.). Fortifiée (XVI<sup>e</sup> s.). — Façade ouest, avec contreforts plats, surmontée d'un clocher-pignon à 2 baies. — Porte cintrée, souvent restaurée; d'ancien il ne reste qu'un fragment du cordon qui la surmontait et de 4 de ses modillons (cavalier portant un oliphant, tête de monstre dévorant un homme, feuillages). — Nef rebâtie (début XVI<sup>e</sup> s.) et accompagnée, au nord, d'un bas-côté à chevet droit. Nef de 2 travées, bas-côté de 3. Les deux sont couvertes de belles voûtes à nervures prismatiques, que soutiennent d'épais et larges contreforts. Sur le mur du chevet du bas-côté, écusson écartelé des armes des de Piis et de Foix. — Chœur de 2 travées; voûte coupée en deux par un doubleau, chose rare. — Remarquable, riche et étrange abside, voûtée en cul-de-four, exhaussée et crénelée (XVI<sup>e</sup> s.), décorée d'arcatures intér. et extér. Divisée intér. en 7 pans (cintrés au rez-de-chaussée, droits au 1<sup>er</sup> étage) par des colonnes montant jusqu'à la corniche et à chapiteaux curieux (Centaure, Daniel dans la fosse et Habacuc, Centaure au repos, 4 personnages en lutte, sacrifice d'Abraham, homme soutenant un enfant, homme assis tenant sa barbe des deux mains, feuilles et fruits). Cordon à hauteur du 1er étage (dragon engoulant la queue d'un oiseau lequel engoule celle d'un autre oiseau et ainsi de suite jusqu'à la rencontre de lions contournés qui se mordent les pattes, puis succession de palmettes, un homme tenant un livre, palmettes, marguerites, tête de monstre dévorant 2 oiseaux, tête de griffons, tête de monstre dévorant les mains de 2 hommes). Cf. la suite de la description de cette riche ornementation dans L. Drouyn. Décoration extér. moins riche, mais vaut encore la peine d'être examinée, surtout le cordon; on y voit aussi un bas-relief représentant la Nativité. Corniches intér. et extér. supportées par des corbeaux sculptés valant aussi une étude (on y reconnaît des personnages seuls ou par couples, des feuillages, des moulures diverses, un *obscœnum virile*, un lièvre, un buste de loup appuyant ses 2 pattes antérieures sur un bâton qu'il tient dans sa gueule, femme la tête en bas s'accrochant à 2 anneaux scellés dans le bas du corbeau).

*Bibl.* L. Drouyn, *Rev. cath. Bx*, 1880, 101-104, 133-137, eau-forte de l'abside. — *C. R. des M. H.*, 1853, 6 chapiteaux et détails.

Ruines du chât. de Bisqueytan, xive s., chapelle xive s. et xve s.

**QUENTIN-DE-CAPLONG** (St-). Cant. Ste-Foy. — Egl. 1865.

Aux Moinards, souterrain-refuge. — Chât. de St-Quentin, traces de fortifications, reste de chapelle. — Mais. nobles de Langalerie xviiie s. — de Barbot.

**QUEYNAC** (N.-D.). — Comm. Galgon. — Egl. rom., ruinée d'Hospitaliers. — Fortifiée xve s. — Il reste le chevet, partie du flanc sud, la grande porte.

**QUEYRAC** (St-Hilaire). — Cant. Lesparre. — Egl. rom. reconstr. 1896-1901. — Statue mutilée, soi-disant de Charlemagne.

**QUINSAC** (St-Pierre). Cant. Créon. — Egl. 1872. — Cloche 1487. — Statues, marbre, proven. de La Sauve. — Calvaire, 1887, dans la paroisse, centre de pèlerinage annuel.

Sur bord de la Garonne, chapelle désaffectée de Ste-Foy de Montclairon, 1733, désaffectée.

Chemin Galous. — Tourelle, xvie s. du chât. de Pranzac. — Chât. Péconnet 1577. — Mais. nobles de Galeteau, puits 1566. — de Dubernet de la Bigueresse, au bord du fleuve, — Maison Conteneuil, 1645. — Vieux moulin de la Mar, sur La Jaugue.

# R

**RADEGONDE** (Ste-). Canton Pujols. — Egl. rom. (xiie s.). — Porte à l'ouest en avancée à 3 voussures dont une seule moulurée. Curieux tympan sans linteau où se voient (Dieu tenant un livre et bénissant, le péché originel, St Pierre et ses clefs, 2 personnages ayant des torches en main). Tailloir portant des feuilles. — Nef lambrissée de 6 m. 60 de large, arc triomphal de 2 m. 80. — Avant-chœur, couvert d'une voûte d'ogives étrange, portant jadis le clocher disparu. — Chapiteaux du chœur richement sculptés. — Abside couverte de dalles de pierre. Sa corniche, supportée par des modillons intéressants, se continue jusqu'au contrefort ouest du faux transept. — Bas-côté sud muré pour devenir presbytère. — Dans la nef, amorces de voûtes du xve s. des sommiers qui n'ont peut-être pas reçu les assises supérieures.

Vestiges d'un chât. fort des Templiers détr. 1312. — D'une redoute élevée par Henri IV, avec fossés. — Chât. du Pilet.

**RAUZAN** (St-Pierre). Cant. Pujols. — Egl. de diverses époques (xiie, xiiie, xive, xve s.). — Portail à l'ouest (xviie s.), très riche, composé d'une grande porte ogivale accostée de 2 portes aveugles plus petites. Les 5 archivoltes en retrait de la porte centrale, ornées de boudins, retombent sur des groupes de fines colonnettes reposant sur un socle. Chapiteaux très mutilés (feuilles de vigne et de lierre, têtes humaines, crochets, personnages entiers, etc.). Vantaux pourvus de clous, de verrous et de serrure (xviie s.). — Nef principale rom., refaite (xiiie s.), voûtée d'un berceau brisé à doubleaux; épaisseur de son mur nord 1 m. 50 (xiie s.). — Bas-côté sud, voûté en étoile (xvie s.). Il a, entraîné des reprises en sous-œuvre très hardies. Ses doubleaux ont sur leurs 3 faces libres de petits médaillons Renaissance. Nervures de la voûte ornées de petits motifs classiques. Clefs de voûte aux armes des Angevins, des Duras écartelées de Biron et de Foix. Grillages des fenêtres (xvie s.). — Chevet rom. plat à 3 fenêtres longues, étroites, en plein cintre. — Sacristie 1750. — **Calice, argent doré**, xviie s., se démontant, proven. du couvent de la Grande-Observance, d'après inscription sur le pied.

*Bibl.* L. Drouyn, *Var. gir.* 1, 221-28. — Le même, *Guienne Milit.*, I, pl. 30, vue du portail.

Station de la période du bronze. — Grotte à stalactites. — Magnif. ruines du **chât. de Duras**, restauré xve s., donjon cylindrique, 30 m. de h., xive s., pont à 3 arches ogivales. — Mais. nobles de La Salle, xive s. — Roquenègre, xive s. — Taris. — Au bourg, maison Mercade, xve s. — Moulins de Rauzan — de Ruipassat — de Roquenègre — du Luc — de l'Escassefort.

**REIGNAC** (St-Maurice). Cant. St-Ciers. — Egl. 1878. Au lieu dit Cutia, vieille chapelle du Bois ou de N.-D. de Verdot, dont il reste, en piteux état, façade et petit porche ogival. Réparée v. 1850 Pèlerinage, 8 septembre.

**REOLE (LA)**. Canton. — Anc. **égl. prieurale de Bénédictins**, constr. fin xiie, début xiiie s., on y travaillait aussi en 1278 et 1289, endommagée par Huguenots, 1577, réparée 1608, couverte d'une voûte sexpartite et ses murs exhaussés d'environ 10 m. 70, 1687-90. — Portail d'entrée au nord, xive ou xv<sup>e</sup> s., de style flamboyant, 3 voussures gothiq. en retrait; niches vides; menuiserie 1673. — Nef unique, 3 travées séparées par arcs doubleaux. Avec l'abside, 53 m. × 17 m. 80. Piliers formés de colonnettes engagées, alternativement plus fortes et plus faibles, soutenant arcs diagonaux et nervures secondaires de la voûte sexpartite. Chapiteaux soignés (au nord, en commençant par l'ouest, chimère, 2 sirènes et une grosse tête humaine grimaçante, charmante tête humaine, têtes de diables issant de feuillages, 2 jolies têtes humaines, grosse tête d'animal; au sud, en commençant par l'est : charmante tête de jeune homme barbu, feuilles d'acanthe et petites têtes d'anges souriants, feuilles d'acanthe et têtes d'anges). Chapiteaux des colonnes de l'arc triomphal (au nord, larges feuilles striées ou flabelliformes ou contournées en crosse, serpent enroulé tourné vers 2 personnages debout dans une espèce de boîte, chaire ou tribune; au sud, feuilles d'eau, palmettes enlacées, jolies têtes humaines et 2 personnages barbus, les jambes enlacées, tenant à hauteur de leur tête une espèce de lien, peut-être leurs cheveux, leur costume est très riche). Fenêtres ogivales de formes diverses établies dans les pénétrations des voûtes. A l'ouest, au-dessus des orgues, rosace d'un travail assez curieux (xviii<sup>e</sup> s.). — Un transept ajouté postérieurement; sur chacun de ces bras, 2 absidioles heptagonales et 2 chapelles (celle du sud de 1437, celle du nord du xiv<sup>e</sup> ou xv<sup>e</sup> s.). Dans chapelles du sud, 2 jolies crédences, malheureusement peinturlurées. Rosace (xvi<sup>e</sup> s.) dans le mur du bras sud. — Clocher quadrangulaire sur chapelle du nord, à l'est de la porte; son soubassement est percé de 2 fenêtres ogivales très évasées au dehors. Murs, calcinés par le feu, percés de meurtrières. Exhaussé (1844-45) par Durassié. Laide flèche, postérieure de quelques années. — Abside à 7 pans, mélangée de gothiq. et de rom. (xiii<sup>e</sup> s.). A l'extér., avance de la corniche supportée par de petits arcs feints contigus. A l'intér., galerie détruite (v. 1840), rétablie (1872), à ouvertures tréflées, au bas de 7 fenêtres ogivales, hautes et étroites. Dalles formant plafond plat entre le formeret et le mur. — Stalles (1690). — Cloche 1689. — **Mariage de la Vierge**, toile de Jean de Batses (1666). — Autre toile la **Vierge et l'Enfant** entourés d'anges. — Cloîtres (1756). — Magnifique monastère, commencé (1704), abritant naguère encore la sous-préfecture, la mairie, le tribunal civil, la gendarmerie, etc. Belles salles à voûtes d'arêtes; grilles et escalier, fer forgé, du serrurier de la Réole, Blaise Charlut (xviii<sup>e</sup> s.).

*Bibl.* L. de Lamothe, *C. R. des M. H.*, 1852, 6-7 plan, coupe de l'égl. — Brutails, *V. Egl.* 58-60, plan, vue intér., vue de l'abside, tribune, chapiteaux.

Chapelle de l'Hôpital, au nord de la ville, 1711. Splendide chaire, bois sculpté, 1692, provenant de l'égl. St-Pierre, avec bas-reliefs, albâtre, et statue demi-grandeur naturelle soutenant le corps de la chaire.

Restes importants d'une triple **enceinte**, xii<sup>e</sup>-xiv<sup>e</sup> s. — Ruines du **chât. fortifié des Quate-Sos** (4 Sœurs), fin xiii<sup>e</sup> s., assiégé 1345, démantelé 1629; 3 tours subsistent; celle du sud-ouest dite la Tomasse. — Anc. Hôtel-de-Ville, v. 1200, remanié xiv<sup>e</sup> et xv<sup>e</sup> s., le plus anc. de France. — Grande-Ecole, rue Ste-Colombe, fin xii<sup>e</sup> s., 2<sup>e</sup> étage xv<sup>e</sup> s. — Maison de la Synagogue, xii<sup>e</sup> et xiii<sup>e</sup> s., rue Blandin. —- Logis du Parlement ou Maison Lavaissère-Verduzan, xv<sup>e</sup> s., près de l'Hôpital. — Porte du Sault, xiii<sup>e</sup> s. — Vieilles maisons çà et là. —- Hôpital St-Jean, 1710. — Chât. du Séjour, tour ronde au sud, carréc à l'est, porte à bossages au nord; vieux puits à margelle.

**RETIS** (Ste-Catherine). Comm. Hostens. — Petite chapelle votive, chœur voûté d'ogives, le reste rectangul. Statue et fontaine Ste-Catherine, objets de dévotion populaire.

*Bibl.* Augier, *Bull. Soc. arch.*, 1881, 201-10, 3 pl. et *Aquitaine*, 1885, 753-754.

**RIMONS** (St-Hilaire). Cant. Monségur. —- Egl. rom. xii<sup>e</sup> s. servant de chai à la cure. V. 1.500 on conserva son chevet et on lui souda à l'est une vaste belle, haute et claire nef gothiq. de 2 travées à nervures sans chapiteau. Clefs de cette voûte curieuses, surtout celle de l'est (personnage plat très archaïque). Chœur rom. devenu celui de l'égl. gothiq. — Nef rom. comprenant 2 parties : portion est jusqu'au pilier inclusivement et portion ouest paraissant plus anc. et pourtant plus récente. Partie est offre de remarq. le pilier sud et les arrachements d'un autre pilier au nord, très intéressants car ils semblent être un support de coupole, genre de voûtement inexécuté. Dans portion ouest, fenêtre au sud, ébrasée à l'intér., présentant à l'extér. de nombreux claveaux; au nord, jolie porte gothiq. xv<sup>e</sup>-xvi<sup>e</sup> s. sans chapiteau et tourelle-escalier ajoutée montant au-dessus de l'anc. chœur. Dans les fenêtres du chœur, fûts des colonnettes cannelés ou décorés d'un réseau de losanges. — Nef gothiq. jadis fortifiée; goutterots surélevés percés de trous pour arquebuses; échauguette au nord-est sur un contrefort de la façade. Contreforts de cette nef puissants; obliques sur la façade.

Station préhistorique. — Chât. d'Ouvrard, xvi<sup>e</sup> s. —- de Belle-Assise, 1717.

**RIOCAUD** (St-Pierre). Canton Ste-Foy-la-Grande. — Egl. à 2 nefs de la période gothiq. (xv<sup>e</sup> ou xvi<sup>e</sup> s.) se terminant à l'est par un mur plat. Voûtes en blocages supportées par des piliers octogones. — Restaurée (1903) — A l'ouest de la nef du sud, porte (xiii<sup>e</sup> s.), sans doute seule partie anc.

**RIONS** (St-Seurin). Cant. Cadillac. — Egl. de divers styles. — A l'origine (xii<sup>e</sup> s.), elle avait le plan des grandes égl. rom. : abside, 2 absidioles, transept, nef unique. — De cette date, il reste l'abside, les absidioles et l'anc. transept, voûté en ogives dont les nervures retombent sur des culs-de-lampe à jolies figures humaines (xiii<sup>e</sup> s.). — Abside, voûtée en berceau en plein cintre, précédée d'un chœur, remaniée; on a enlevé les contreforts et modifié les percements, ajouté entre autres 2 fenêtres aux 3 existantes. Arcatures intér. Parmi les chapiteaux de cette abside (sacrifice d'Abraham, Daniel dans la fosse, animaux, feuilles diverses). — Absidioles, éga-

ement refaites, non tangentes à l'abside. — Nefs actuelles
(xive s.), chacune de 3 travées, de hauteur à peu près égale.
La dernière travée du sud-ouest irrégulière à cause de la rue
adjacente; elle se rétrécit. Voûtes d'arêtes de ces nefs reposant sur des piliers flanqués de colonnes. Une clef d'ogives
est accompagnée de 2 angelots dans une travée barlongue
du bas-côté où les nervures forment 2 angles plus grands et
2 angles plus petits. — Au-dessus de la fenêtre du sud-ouest,
tête antique. — Dans le bas-côté sud, crucifixion, pierre,
encastrée dans le mur, xve s. — Clocher-pignon à 2 baies sur
l'arc triomphal. — Clocher carré moderne quelconque à l'ouest.
— **Retable**, stuc (xviiie s.) dans le collatéral nord. — 2 cloches (1542 et 1622). Bourdon refondu, 1924.
— Restes du couvent des Cordeliers, à l'entrée de la ville
propriété particulière. — **Enceinte murale** assez bien conservée, xive s. — Porte du Lhian ou des Prisonniers, restaurée
xixe s. — Porte du nord xviie s. — Tour du Guet. — Citadelle à 3 étages xiiie s. — Fontaine des Dames ou Grotte
de Charles VII. — Au nord de l'égl. anc. bâtiment, dit l'Archevêché. — Au coin des rues de Lavidon et de la Tour-du-
Guet, anc. boutique, xve s.

**RIVET (LE)** (N.-D.). Commune Auros. — De l'anc. égl.
abbatiale cistercienne remaniée (xive s.), il ne reste que la
nef. — Abbaye restaurée (1885-86). — Cloître tapissé de lierre.
*Bibl.* abbé Larrieu. *L'abbaye Ste-M. du R.* dans *Rev. cath.*
Bx 1881, avec eau-forte de L. Drouyn.

**RIVIERE (LA)** (N.-D.). Canton Fronsac. — Au fond de
l'abside, **statue** de la Vierge avec l'Enfant, albâtre polychro-
mé (xve s.), de 0 m. 90 de haut, objet d'une spéciale dévotion.
(Augier, *Bull. Soc. archéol.* IX, 1882, 113-22).
Chât. xive s., remanié.

**ROAILLAN** (St-Saturnin, auj. St-Louis). — Canton Langon. — Egl. rom. avec abside et absidiole ajoutée plus tard
au sud. — Corniche à billettes. — Marques de tâcherons. —
Tabernacle provenant des Carmes de Langon. — Vieille statue de St Eutrope, bois, objet d'une certaine dévotion.

**ROMAGNE** (St-Vivien). Canton Targon. — Egl. rom.
(xiie s.), jadis fortifiée. — Abside semi-circulaire, moins
large que le chœur, en cul-de-four. — Oculus, à l'est, dans
l'axe. Jolies fenêtres. Corniche sur modillons. — Nef refaite
(xive s.), voûtée en étoile et 2 travées en berceau brisé sur
doubleaux retombant sur des corbeaux. L'un de ces derniers
montre un homme aux cheveux coupés sur le front et amassés
sur les oreilles (xiiie, xive s.). — Bas-côté ajouté (xvie s.), voûté
en étoile et à fenêtres flamboyantes. — Chapiteau à l'entrée
de l'abside (St Michel et le dragon). — A l'ouest, clocher-
pignon à 3 baies. — Au milieu de cette façade ouest, contrefort de 1 m. 65 sur 2 m. 64 de saillie — Croix de cimetière
moderne sur socle xvie s. — Cadran solaire au sud.
*Bibl.* L. Drouyn, *Var. Gir.* I, 123-33, avec eau-forte de

l'égl., plan, chapiteaux, corniche, eau-forte du portail, meurtrières.

Chât. de Sauvagnac, XIIIe et XIVe s. — Mais. nobles de Jonqueyres, fin XVe s. — de Fargereau. — Moulins de Sauvagnac, mentionné 1330. — de S. Quentin, ment. 1255.

**ROMAIN-DE-LA-VIGNAGUE (St-).** Canton Sauveterre. — Egli. rom. (XIIe s.), très légèrement inclinée vers le sud. — Abside en cul-de-four. Toiture recouverte de dalles en pierre dissimulées par un toit de tuiles. A l'est, fenêtre percée dans une seule pierre. Pas de contreforts. 3 m. 32 de largeur. — Chœur de 5 m. 16 de large; ses lignes de flanc s'élargissent, se rétrécissent et s'élargissent de nouveau. A l'ouest, de chaque côté, contreforts à glacis débordants. — Nef, 6 m. 22 de largeur, refaite (XIVe s. et récemment). — Clocher carré au-dessus du chœur, n'atteignant pas cependant son extrémité. Ce devait être à l'orgine un clocher-arcade. — Marques de tâcherons nombreuses.

A 500 m. du bourg, traces d'un moulin, 1313.

**ROMAIN-LA-VIRVEE (St-).** Canton Fronsac.— Egl. rom. (XIIe s.).— Abside voûtée en berceau. — 3 nefs dont les 2 secondaires ajoutées, celle de gauche (1780), d'après une inscription. — Oculus gothiq. dans la façade (début XIVe s.). — Clocher. rom. à l'ouest de la nef.— Bas-reliefs à l'intér. de l'égl. et à la porte du cimetière, exécutés (1754-89). — Dans mur latéral du collatéral gauche, châsse sur console en fer doré enfermant une relique de St-Romain, donnée par l'abbaye de St-Denis, près Paris (1769), d'après inscription. — Egl. restaurée (1871).

*Bibl.* Augier, Bull. *Soc. archéol.* IX, 1882, 177-84.

A Gargouilley, station préhistorique. — Chât. de Barres, XIVe s. défiguré. — Ruines du chât. de La Garde, XIVe et XVe s. — Chât. Beaubleil, 1700, tour Michel-Montaigne.

**ROQUEBRUNE (St-Jean).** Canton Monségur.— Egl. d'Hospitaliers (XIIe et XIIIe s.) démolie en partie (1794-95), restaurée (1808). — Abside à chevet plat garnie, ainsi que la nef, de bancs de pierre. — Nef de 2 travées de 6 m. 39 de largeur, lambrissée, voûtée primitivement sans doute; en effet, ses murs ont 1 m. 15 d'épaisseur. — Au nord, contreforts, corbeaux et porte en arc brisé avec 4 arcatures en retrait, et tympan ajouré « d'un type assez rare dans le pays et très soignée » (Brutails). Porche militaire.— Au sud, mur refait vers l'est à partir du 1er groupe de colonnes— Chapiteaux historiés. — Anc. bénitier servant d'auge et de réservoir à eau.

Station néolithique. — Restes de l'anc. Commanderie. fossés, assiégée 1652, auj. presbytère et mairie.

**ROQUILLE (LA) (St-Jean-Porte-Latine).** Canton Ste-Foy-la-Gde. — Egl. cédée aux Protestants (1804), rendue presque en ruines aux Catholiques (1838). — Clocher-pignon à une baie sur la façade. — Nef très courte et chevet droit.

**RUCH** (St-Etienne). Canton Sauveterre.— Egl. rom. (xII[e] s.).
— Abside en cul-de-four, chœur en berceau. Flancs de ce
dernier se rapprochant vers l'est afin d'augmenter la profondeur apparente de l'édifice. — Nef ogivale voûtée (1865).—
Porte d'entrée refaite (xIV[e] et xV[e] s.).— Egl. défigurée par
les restaurations (1855 et 1870). — Entre chœur et abside,
retable (xV[e] s.) ayant à droite une porte à accolade, à gauche,
une armoire. — Au sud, piscine (xV[e] s.) — Corbeaux de la
corniche particulièrement indécents (péchés capitaux).
*Bibl.* L. Drouyn, *Var. gir.* II 456-60, avec eau-forte de
l'égl., plan, porte du presbytère.
Grande-Maison, anc. prieuré bénédictin, xIV[e] s. — Tour
d'Ausone, fin xV[e] s., restaurée xIX[e] s., auj. mairie.— Chât.
de Vaure, xIII[e] s.— de la Haille, xIV[e] s. — Mais. nobles de
Courteillac. xVIII[e] s. — de la Taillade, xVI[e] s.

# S

**SABLONS** (St-Martin). Cant. Guîtres.— Egl. rom. refaite
sauf abside, 1864; le chœur a été dénaturé. Corbeaux de la
corniche (têtes d'hommes et d'animaux, croix, billettes,
échiquiers).
A l'e. du bourg, vieux chât. de Laubardemont auj. moulins.

**SADIRAC** (St-Martin), Cant. Créon.— Egl. jadis fortifiée,
restaurée 1898, clocher 1863. — **Croix de cimet.** gothiq —
Pierre tumulaire du potier Saracin, xVII[e] s.
2 tumuli, les Matrusques, à Piron. — Chât de Tustal.
xV[e] s. — de Verdus, xV[o] s. — Mais noble de Labadie,
xVIII[e] s.

**SAILLANS** (St-Seurin). Cant Fronsac. — Egl. rebâtie
xVII[e] s. abside semi-circul., corniche et corbeaux. — Portail
xIV[e] s. à 4 voussures ogivales retombant sur colonnes et
pieds-droits. — Vierge assise, avec Enf. Jésus sur ses genoux,
et S. Simon Stock, marbre blanc, 1523. — **Croix de cimetière**, 1543, bien conservée, avec statuettes (Ste Madeleine,
St Antoine, Ste Catherine, St J.-Bapt. à l'étage infér.; St
Pierre, St Gabriel, St Paul, St Michel, à l'étage sup.; au 4[e]
étage, symbole des Evangélistes en bas-relief).— 2 bénitiers
anc. dont l'un 1619.
*Bibl.* L. Drouyn, *C. R. des M. H.*, 1847, 16.— Le même,
*Croix de procession*, etc. pp. 10., n. XIX, planche VIII, n. 3.
Chât. de Carles, xV[e] s. porte xVII[e] s.

**SALAUNES** (N.-D.) Cant. Castelnau. — Egl. 1865.
Station préhistorique.

**SALIGNAC** (St-Pierre). Cant. St-André-de-Cubzac. — Egl.
rom. xII[e] s., remaniée, fortifiée. — Abside, 2 absidioles,

transept, nef. — Grande et belle abside, pans coupés, colonnes aux angles. Arcature unique à l'intér. s'élevant presque du sol à la voûte. Corniche reliée au mur par large cavet entre les corbeaux et les chapiteaux des colonnes. Cordon à bâtons brisés. — Voussure de l'arc triomphal ondulée et ornée de bâtons brisés sur 2 rangs. — Sur les flancs, on a utilisé les fenêtres à l'aide de pénétrations. — 2 clochers sur les bras du transept, XVIe s., celui du nord, repris, XIXe s.

Chât. Maurinat, XVIIe s.

**SALLEBŒUF** (N.-D.). Cant. Créon. — Egl. 1866, gardant au nord une chapelle XIVe s. — Sur route de Créon, 2 croix.

Station préhistorique. — Mottes féodales de La Tour. — de Rétoret — aux Mousses. — Mais. nobles de Vaquey — de Rivalet, 1628 — du Pavillon, XVIIIe s. — Chât. de La Salle XVe s.

**SALLEBRUNEAU** (St-Jean). Comm. Frontenac. — Petite égl. templière, début XIIIe s., ruinée. — Nef non voûtée, 6 m. 84 de larg., murs de 1 m. 35 d'épaiss.— Porte gothiq. surmontée d'un clocher-arcade rom. — **Fonts baptismaux**. gisant sur le sol, pierre, fin XIIe s.

*Bibl.* L. Drouyn, *Var. gir.* III, 11-14, eau-forte des ruines.

Allée couverte de Séraphone. — Chât. fort ruiné, XIVe s. anc. manoir des chevaliers de Malte.

**SALLES** (St-Pierre). Cant. Belin. — Egl. 1862. — Inscriptions XIIe et XIIIe s.

Mosaïque et débris gallo-rom. — Château XVIIe s. — Station de l'âge de fer découverte par le Dr. Peyneau.

**SALLES (LES)** (St-Pierre). Cant. Castillon. — Petit égl. rom. intéress. à 2 nefs dont la plus anc. est sans doute la plus petite, au nord; toutes deux terminées par une abside, celle de la grande nef, plus prolongée et plus vaste. Cette dernière, polygonale à 7 pans coupés, sans contreforts, avec corniche se continuant jusqu'au contrefort ouest du faux transept. — Avant-chœur sous coupole à pendentifs, sur pilastres avec colonnes engagées. Chapiteaux primitivement décorés (dents de loup, de scie, échiquiers), auj. presque unis. — Absidiole (sacristie), circul., en cul-de-four comme l'abside; sa travée est a une voûte en berceau dans le sens transversal jetée postérieurement; sa travée ouest, une voûte d'ogives. Elle est étayée d'un gros contrefort. — Dernière travée de la nef couverte d'une voûte d'arêtes. — Porte ouest, de style goth. abâtardi. — Clocher au-dessus de la coupole; il a été surélevé d'un étage.

*Bibl.* Brutails, *V. Egl.* 66-67, plan, coupole.

**Menhir de Puy-Landry.**

**SAMONAC** (St-Martin). Cant. Bourg. — Egl. XVe s. res taurée à div. époques. — Bas-côté nord 1784, sud 1789. — Rez-de-chaussée du clocher s'ouvrant à l'ouest de la nef; arcade du sud-ouest datée 1789. — A la cure, statuettes et sculptures détériorées d'une croix de cimetière XVIe s. démolie

— Petit bénitier xviiie s. dans le pilier en face de la porte latérale. — Cloche 1825. — Dévotion à St Justin.

Qq. traces de l'anc. chât. Rousset, jadis fortifié. — Au village de Tourteau, tour xvie s. de l'anc. mais. noble de Calmeil.

**SAUCATS** (St-Pierre). Cant. Labrède. — Egl. rom. — Corniche extér. de l'abside avec corbeaux abîmés (feuilles, entrelacs, croix). — Egl. restaurée v. 1865, clocher 1873.

Station préhistorique.

**SAUGON** (Ste Madeleine). Cant. St-Savin. — Egl. reconstr. 1862. Cloche 1677.

**SAUMOS** (St-Amand). Cant. Castelnau. — Egl. dont la tête offre une forme de transition entre l'abside ronde et le chevet carré. — Bas-côté nord plus large que la nef. — Portail à voussures sculptées. — Clocher à sommet triangulaire. — Retable du maître-autel (xviie s.).

Station préhistorique.

**SAUROS** (St-Laurent, auj. St-Louis). Commune Birac. — Egl. de l'époque gothiq. — 2 chapelles ajoutées forment transept; celle du nord détruite. — Nef lambrissée ayant pour ses doubleaux des pieds-droits très plats; pas de formerets, donc pas de berceau possible; les doubleaux, dans le dessein de l'architecte, devaient servir à porter la charpente. 7 m. 90 de largeur; épaisseur des murs 0 m. 80. — Clocher à auvent, à l'ouest, sans pignon.

*Bibl.* Piganeau, *Bull. Soc. arch.* VI, 1879, 23-25.

Chât de Sauros, xive s., remanié xvie s., au sud de l'égl.; cheminée xviie s. — Casterasses, ruines d'un chât. xve s., à 1 km. ouest du bourg., avec Tour de Labarte, peut-être anc. prison.

**SAUTERNES** (St-Pierre). Cant. Langon. — Abside rom. à marques de tâcherons. — Chapelle de N.-D. (1674), autr. chapelle (1676), chapelle de St Léon (1715). — Au presbytère, vieille toile de l'école italienne (St Jean-Baptiste au désert).

Chât. Yquem, xvie s., remanié, xviie s.

**SAUVE-MAJEURE (LA)** (N.-D.). Cant. Créon. — Anc. **égl. abbatiale de Bénédictins** en ruines, xiie et 1219-31, réparée fin xve s., début xvie s.; 1639-45, écroulée, début xixe s., ruines consolidées 1882. — Une des plus belles égl. de nos contrées. — Plan : 5 absides communiquant entre elles, large transept, nef et 2 bas-côtés. — Les 5 absides voûtées en cul-de-four, la principale plus profonde; les autres allant en décroissant de chaque côté. Abside principale divisée verticalement en 3 parties par de longues colonnes engagées, horizontalement en rez-de-chaussée et 2 étages. A chaque pan, au 1er étage, fenêtre à colonnettes et riche encadrement; au 2e étage, 4 arcatures par pan soutenues par 5 colonnettes. — Petits chœurs en avant des 3 grandes absides, voûtés en berceau sur doubleaux; voûte du chœur principal disparue. — Transept, 40 m. d'envergure sur 12 m. de large; fenêtre flamboyante, xv<sup>e</sup> s, à l'extrémité nord; à l'angle nord-est arrachements d'une chapelle à 2 étages. — 5 piliers soutenant les voûtes des nefs. — Bras nord du transept, tribune ouest, et peut-être haut de clocher, fin du gothiq. — Façade en grande partie démolie. — Clocher sur la nef du sud, entre les 3<sup>e</sup> et 4<sup>e</sup> piliers (2<sup>e</sup> travée) à partir de l'est, encore debout. Souche carrée, tour octogonale à 3 étages; le 2<sup>e</sup> étage orné de grandes et belles fenêtres, xii<sup>e</sup> s., murées sur partie de leur hauteur. Flèche pyramidale ayant à sa base une galerie ruinée. — Riches chapiteaux à feuillages ou historiés au chevet et dans les bas-côtés. Clef de voûte et chapiteau (sacrifice d'Abraham), autres clefs de voûte (Nativité, Présentation, Fuite en Egypte). — Dans le chevet, côté Epître, crédence; côté Evangile, petit placard haut placé et à feuillure (tabernacle), l'un et l'autre de style flamboyant, xv<sup>e</sup> s. — Intrados d'une croisée d'ogives, au sud-est, décoré de fleurs à 4 ou 5 pétales.

*Bibl.* L. de Lamothe, *C. R. des M. H.* 1851, 67, plan des ruines, coupe en travers, en long, abside ruinée, dessins de Lacourrière. — L. Drouyn, Eau-forte dans *Rev. cath. Bx,* 1885. — Brutails, *V. Egl.* 60-66, plan, coupes en travers et en long sur la nef, vue de la partie sud-est de la nef, vue extér. du chevet, vue sud du clocher, clef de voûte, chapiteaux. — Cirot de la Ville, *H. de la Grande-Sauve,* 2 vol. 1844-45 passim. — L. Drouyn, *Album de la G. S.,* 1851, 16 pl. — Le même, *Choix des types les plus remarquables de l'architecture du Moyen-âge en Gironde,* 1846.

**SAUVE (LA)** (St-Pierre). Egl. paroissiale. — Jolie porte au sud. — Statues à l'extér. du chevet (St-Jacques, St Pierre, N.-D., St Michel). — Nef voûtée d'ogives sur plan à peu près carré. — Bas-côté nord, fin de la période goth. xvi<sup>e</sup> s., soigné dans certaines parties. — Chevet plat, fin xii<sup>e</sup> ou début xiii<sup>e</sup> s., percé à l'est de 3 longues fenêtres plein cintre, celle du milieu plus haute et plus large; au nord et au sud, 2 baies jumelles plein cintre, surmontées chacune d'un oculus. — Peintures murales du chœur xiii<sup>e</sup> s. et de la nef xvi<sup>e</sup> s., restaurées 1864, représentant dans le chœur, à l'est les personnages sculptés à l'extér., et au-dessus des fenêtres, St Michel et le dragon; sur le mur nord (Adorat. des Mages); sur le mur sud (St Martin à cheval donnant son manteau); sur le pilier cylindrique auq. est adossée la chaire (Jésus sur la croix entre la V. et St Jean), cette dernière datée, 1560. — Enormes **chapiteaux rom.** sculptés, à personnages, xii<sup>e</sup>-xiii<sup>e</sup> s., servan, de bénitier, à l'entrée de l'égl. — **Tombeau de St Gérardt** xiii<sup>e</sup> s., au fond du bas-côté. — **Vitrail** 1535. — Stalles xvi<sup>e</sup> s. — Balustrade 1672. — Bénitier, pierre, 1782. — Croix de cimet. Renaiss.

*Bibl.* de Castelnau d'Essenault. *C. R. des M. H.* 1866, 12-24.

**SAUVETERRE** (N.-Dame). Canton. — Egl. fin xiii<sup>e</sup> s., rebâtie, ne conservant d'ancien que son abside gothiq. à pans coupés et contreforts saillants, — Corniche sur modillons à têtes. — Cette égl. est « un spécimen de l'architecture rationnelle des bastides ». (Brutails). — Fenêtres sans meneaux.

Anc. bastide XIIIᵉ s.— 4 **portes** de l'enceinte XIIIᵉ s., subsistent : St-Léger, au nord; St Romain, à l'est; de la Font, au sud.; Saubotte, à l'ouest.

**SAUVEUR-DE-PUYNORMAND** (St-). Cant. Lussac. — Egl. voûtée seulement (1691). — Pierre tombale (XIIᵉ s.). Tertre de Maragon, avec fossés.

**SAUVEUR-DU-MEDOC** (St-). Cant. Pauillac. — Egl. rom. (XIIᵉ s.). — Abside assez remarquable avec ses colonnes engagées et sa corniche sur modillons. Chapiteaux fort simples à stries posées le long d'une rainure ou autour d'un petit trou. Fenêtres soignées. — Clocher sur la travée d'avant-chœur voûtée d'ogives. Cette voûte intéressante par son dispositif.

Mais. nobles de Semignan, fossés. — de Fontesteau.

**SAUVIAC** (Ste-Praxède). Cant. Bazas.— Egl. rom. (XIᵉ s.), remaniée (un peu av. 1840), « une des plus anciennes du pays, elle doit dater du commencement du XIᵉ s. » (L. Drouyn). — Chevet plat beaucoup plus étroit que la nef; à son entrée, 2 chapiteaux rom. — Arc triomphal de 2 m. 87 de largeur. — Nef lambrissée, 7 m. 49 de large. Une fenêtre sur le flanc nord conserve ses petites vitres enchâssées dans le plomb. — Façade sud très défigurée.

Substructions du vieux chât., XIVᵉ s, à 700 m. sud-ouest de l'égl. — Chât. moderne de Sauviac, XVIIᵉ s.

**SAVIGNAC-D'AUROS** (St-Jean l'Ev. auj. St-Roch). Cant. Auros. — Egl. rom. constr. sur un banc de coquillages. — Chœur incliné au sud., avec arcatures aux chapiteaux assez bizarres. Soubassements des arcatures et tailloirs descendant de l'ouest vers l'est. — Façade à 3 portes dont 2 feintes. — Clocher-pignon à balcon. — Chapelle de St Roch, XVIIIᵉ s., centre de pèlerinage. — Statue de Ste Anne, bois.

Sur route de Langon à Aillas dans un bois, La Motte, butte de 10 m. de h., avec fossés.— Chât. Savignac, fin XIIIᵉ s., rebâti XVᵉ s., entièrement restauré XVIIIᵉ s.; cheminée XVᵉ s., tour 1578. — Chât. de Bonnegarde, XVᵉ s.

**SAVIGNAC-SUR-L'ISLE** (St-Félix). Cant. Guîtres.— Egl. XVIᵉ ou XVIIᵉ s., à 2 nefs. — Chevet plat. — Porte sous porche. — 2 cloches 1735 et 1738.

*Bibl.* Augier: *Bull. Soc. arch.* 1891, CXI-CXV.

Petit mais remarq. château, début XIVᵉ s., avec auprès restes d'un autre petit chât. XVIIᵉ s.

**SAVIN** (St-). Canton. — Egl. 1860.
A l'est du bourg, débris du chât de Saujan.

**SELVE** (St-). Cant. Labrède. — Egl. xixᵉ s. — Clocher-effroi.

Camin Gallian, voie romaine. — Beau chât. xviiᵉ s., au sud du bourg.

**SEMENS** (St-Martin). Cant. St-Macaire. — Egl. xixᵉ à 2 clochers parallèles.

Chât. de Gravelines, xviiᵉ s. — Maison fortifiée de Techoires.

**SENDETS** (St-J.-Bapt. Décollation). Cant. Grignols. — Egl. jadis fortifiée, d'un beau rom. primitif, réparée 1873. — Abside ronde en bas, polygonale en haut, fenêtres étroites. — Chœur voûté en arêtes. Chapiteaux grossièrement sculptés (homme et serpent, grosse tête et 2 oiseaux, femme nue et 2 oiseaux). Fenêtres plus hautes qu'à la nef. — Arc triomphal brisé et étranglé; ses pieds-droits, déversés par en haut. — Nef fort courte; surélevée pour la défense, xivᵉ s., face nord portant corbeaux et trous. — Porte sous 4 voussures sans ornements. — Cimetière fortifié, xivᵉ s., avec fossé.

A Ripes, douc ou tumulus de 60 m. de circonférence. — A Bacquerisse, 3 pierres énormes.

**SEURIN-DE-BOURG** (St-). Cant. Bourg. — Egl. 1860. Station néolithique.

**SEURIN-DE-CURSAC** (St-). Cant. Blaye. — Egl. xixᵉ s. — Chapiteau mérovingien, marbre gris, auj. bénitier. — Décollation de St Jean, **toile**, xviiᵉ s. — Vieux clocher pentagonal.

2 belles buttes féodales : le Terrier de la Garde-Roland, le Terrier dou Pey long.

**SEURIN-SUR-L'ISLE** (St-). Cant. Coutras. — Egl. xiiiᵉ s., jadis fortifiée, ruinée par les Huguenots, relevée, restaurée, 1843, abside exhaussée alors. — Porte refaite xivᵉ s., et peut-être égl. entière rebâtie sur fondat. rom. — Bas-côté sud xviᵉ s.

Chât. du Rieu, xviᵉ s. — de Charbonnières.

**SEVE** (St-). Cant. La Réole. — Egl. rom., refaite xviᵉ s. — Charpente intéress. — Nef, 6 m. 15 de large; 4 m. 45 de h., murs de 0 m. 85 d'épaiss.

**SIGALENS** (St-Pierre). Cant. Auros. — Egl. xviiᵉ s.

Ruines du chât. de Caubeyran, xvᵉ s., à côté de l'égl. de Monclaris.

**SILLAS** (N.-D.). Comm. Grignols. — Egl. rom., remaniée. — Arc triomphal avec pieds-droits très déjetés. — Banc autour du chevet et dans partie de la nef — Porche et corbeaux d'un porche antér., à l'ouest. — Autre porche au sud. — Porte ouest en arc brisé. — Madone debout, bois, atrocement plâtrée.

**SOULAC** (N.-D. de la Fin-des-Terres). Cant. St-Vivien. — Splendide **égl. d'un anc. prieuré bénédictin** (xiᵉ-xiiᵉ s.), remaniée (xivᵉ s.) et son sol exhaussé de 3 m. 60; à demi ensevelie sous les sables à partir du xviiᵉ s.; dégagée et restaurée (1860 et années suivantes). — Plan : abside et 2 absidioles, transept, 3 nefs de hauteur à peu près égale. — Façade ouest, presque entièrement rom., sauf la porte (xivᵉ s.). — Porte primitive murée sur flanc sud, au droit de la 2ᵉ travée, à partir de l'ouest. — Clocher carré à l'angle sud-est de la façade (période avancée du gothiq. xvᵉ s.), servant de balise. — Nef de 4 travées, (44 m. de long sur 5 m. 50 de large) bas-côtés (43 m. sur 3 m 50). Ces 3 nefs voûtées en berceau brisé. Mur nord garni à l'intér. de 3 pilastres et, au-dehors, de contreforts. Mur sud, au lieu de pilastres, a de simples consoles; sans contrefort, car de ce côté il était soutenu par le monastère. Double série de 4 piliers séparant nef des collatéraux; ils sont formés de 4 demi-pilastres, armés d'une colonne engagée que surmonte un chapiteau; ces piliers sont reliés entre eux par des arcs doubleaux à 2 rouleaux. Chapiteaux de la nef (feuilles de fougère, imitations de chapiteau corinthien, animaux fantastiques, personnages de fantaisie); tailloirs décorés de rinceaux. A noter, 3 colonnettes (xivᵉ s.) à l'extrémité extér. de la nef sud. — Piliers entre transept et nef très vigoureux; celui du nord a un escalier et aussi un chapiteau original (châsse posée sur un autel, avec gros cierge, pèlerin sans tête, les mains appuyées sur un bâton, on a cru y reconnaître la châsse de Ste Véronique). — Le transept devait primitivement porter une tour dont il ne reste rien. — Chapiteaux de l'arc triomphal (St Pierre en prison, St Pierre-ès-liens). — Absidioles refaites, xixᵉ s. — Chœur assez long; il communiquait avec chacun des chœurs collatéraux par un grand arceau dont le sommet émerge de 0 m. 85 au-dessus du sable. — Chapiteaux de l'arc doubleau, qui sépare l'abside du chœur. (Daniel dans la fosse, sacrifice d'Abraham). — Abside semi-circul., ajourée de 3 fenêt., ornée à l'intér. de 5 arcatures plein cintre; son sommet également orné d'une suite de petites arcatures aveugles, divisées 4 par 4 par une colonne engagée; disposition reproduite à l'extér. Chapiteaux de l'arcature non sculptés, sauf ceux qui surmontent les colonnettes de l'arcade centrale représentant tous les deux (Daniel dans la fosse). Ces colonnettes, très courtes, sont en marbre vert. — Statue de N.-D de la Fin-des-Terres, 1891, sous ciborium en bois, orné de statuettes (Ste Véronique, St Zachée, St Martial, St Léonce, St Fort, Ste Bénédicte), centre d'un pèlerinage très fréquenté.

*Bibl. C. R. des M. H.* 1847, 8. dessins des ruines. — abbé Mesuret, *N.-D. de S. ou de la F. des Terres.* Lesparre, 1865 réédité sous ce titre : *Ste Véronique, apôtre de l'Aquitaine, son Tombeau et son culte à S. ou N.-D. de la F.-des-T.* Toulouse 1877. — L. Drouyn, *Bull. Soc. Arch.* 1874, 75-80, 8 chapiteaux. — Le même, *Rev. cath. Bx* 1883, 223, 2 eaux-fortes. — Dom Maréchaux, *N.-D. de la F. des T. de S.* Bx 1893. — Un membre de la Soc. fr. d'archéologie, *Vingt siècles du Médoc et de S.-s.-mer.*, plans et cartes, 1907. — Brutails, *V. Egl.* 92-96, plan, coupe en travers, en long, vue du chevet.

**SOULAC** (Ste-Marie), au Jeune Soulac. — Egl. 1745, nef unique, 20 m. 30 × 7 m. 20.

**SOULIGNAC** (N.-D.). Cant. Targon. — Chevet voûté en croisée d'ogives. — Croix de cimet. 1610.

**SOUSSAC** (St-Hilaire). Cant. Pellegrue. — Egl. rom.. 1260, d'après Cirot de la Ville, restaurée 1852. — Cloche 1767. Voie antique entre Soussac et Aurioles.

**SOUSSANS** (St-Romain). Cant. Castelnau.— Egl. 1874. — **Pietà**; Bas-relief, albâtre, fin xve s. (Christ en Croix). (cf. Augier, *Bull. Soc. arch.* XII, 100, 1 pl.). — Cloche 1771.
**Tour ruinée de Bessan**, de l'anc. chât. xiiie s. et xve s. — Chât. La Tour de Mons.

**SULPICE-DE-FALEYRENS** (St-). Cant. Libourne. — Egl. rom. (xie ou xiie s.). — Voûte du chœur en berceau reposant sur corniche à traces d'échiquiers. Au-dessous de cette corniche, 7 arcatures appliquées en plein cintre retombant sur des colonnes engagées aux chapiteaux barbarement décorés (stries courbes et vigoureuses dans le sens oblique, tiges entrelacées). Corbeaux grotesques (péchés capitaux). Contreforts gardant leur épaisseur jusqu'en haut; celui de l'axe supprimé pour ouvrir une porte. — A l'intér., dans la 2e arcade du côté de l'Evangile, inscription en creux. — Porte en plein cintre au sud, restaurée.— Clocher-pignon moderne sur l'arc triomphal. — Construct. du bas-côté nord et allongement de l'anc. nef à l'ouest (1845), du bas-côté sud (1859-60). — Fontaine St-Martial, pour les maux d'yeux.
Chât. de Lescours, xive, xve s., avec fossés. — Sur route de Castillon, le Castellot, xive s. — Remarq. **menhir de Pierrefitte.**

**SULPICE-DE-GUILLERAGUES** (St-). Cant. Monségur. — Egl. rom. — Abside semi-circulaire inclinée au sud. — Largeur du chevet 4 m. 10, de l'arc triomphal 3 m. 43, de la nef, 5 m. 70; épaisseur des murs 1 m. 18. — Chœur voûté, nef à fausse voûte récente; l'appui des fenêtres est à 5 m. 20 au-dessus du sol. — Porte, auj. au nord, vers l'ouest, jadis plus vers l'est, dans un avant-corps couvert par un pseudo-toit en appentis formé de 3 assises, qui subsistent en partie; déplacée par la construction d'une chapelle (xve ou début xvie s.). — Clocher-arcade sur l'arc triomphal. — Echauguette au nord-ouest du chœur. — 2 vieux plateaux cuivre repoussé (Création).
Chât. de Guilleragues, xve, xvie s., incendié à la Révolution, auj. fort dégradé. — Ruines du chât. de Caze, xive xve s.

**SULPICE-DE-POMMIERS** (St-). Cant. Sauveterre. — Egl. rom., remaniée xixe s. — Portail (xiiie s ). — Marques de tâcherons. — Croix de cimetière (xviie s.).— Cloch (1728).

**SULPICE-D'IZON** (St-). Cant. Carbon-Blanc. — . Egl. d'origine rom. (XIIᵉ s.), très restaurée (1898). — Bas-côté nord, restauré (fin XVᵉ s.), orné de voûtes prismatiques et augmenté d'une chapelle de St Roch. — Façade (XIIIᵉ s.) avec porte de 4 archivoltes, ogivales, la plus externe ornée d'étoiles, les autres formées de tores; elles retombent sur des têtes humaines, qui servent de chapiteaux aux colonnettes. Au 1ᵉʳ étage, arcature trilobée. — Clocher oblong à l'entrée ouest de la grande nef, voûté en berceau ogival. Ses arcs retombent sur des colonnes engagées à chapiteaux sans ornements. Sommet et côté sud de ce clocher (début XIXᵉ s.). — Nef avec contreforts (XVIᵉ s.). — Chœur revoûté à nervures prismatiques (fin XVᵉ s.). — Arc doubleau séparant l'abside du chœur et arc triomphal brisés, retombant sur colonnes engagées aux curieux chapiteaux (de l'arc doubleau : tête de monstre tenant dans sa gueule armée de dents aiguës des fleurs, qui terminent la queue du lion du chapiteau précédent; animal hybride tenant de l'oiseau et du serpent; 2 serpents enlacés; puis branchages entrelacés, mélangés de pommes de pin; — de l'arc triomphal : oiseau à tête humaine tenant dans ses serres un homme étendu sur le dos, puis lion dévorant les jambes d'un homme la tête en bas, queue de lion divisée en 2 tiges et ornée à chaque extrémité d'une fleur, un oiseau perché sur sa tête lui becquète les oreilles; à côté, personnage debout couvert d'une tunique, son cou, ses bras, ses jambes sont enchaînés par des liens, entre ses pieds est une tête humaine coupée et renversée). — Abside voûtée en cul-de-four avec arcature en plein cintre sans moulures. Gros contreforts (XVIIᵉ s.) Corniche sur modillons assez curieux (entrelacs, tonneaux, obscénités, têtes de lion et de bœuf, homme à tête d'animal, autre homme avec une sorte de cangue, oiseaux entrelacés, 2 personnages vêtus, l'un le ventre en l'air, ses pieds s'appuyant sur sa tête, l'autre accroupi sur le premier, joue d'un instrument). — Plusieurs tableaux (copie du mariage de Ste Catherine, du Corrège; St Roch, de Quinsac-Monvoisin, XIXᵉ s.). — Belle croix de cimetière (XVIᵉ s.). — Cloche (1635).

*Bibl. C. R. des M. H.* VIII, 1847, 15. — L. Drouyn, *Bull. Soc. archéol.* II, 1875, 27-39, avec façade, croix, chapiteaux, corbeaux. — Le même, *Choix des types.* — Le même, *Actes de l'Académie de Bx*, t. II. — Mlle Montalier, eau-forte de la croix du cimetière, dans *Rev. cath. Bx*, 1888, 674.

Station de l'âge du bronze. — Voie romaine de la Caussade. — Mais. noble de Cantin, XVIIIᵉ s.

**SYMPHORIEN** (St-). Canton. — Grande égl. gothiq. à 3 nefs (fin XVᵉ s.). — Abside à 5 pans coupés éclairée par 5 fenêtres. — Voûtes à liernes dans les bas-côtés, parallèles aux doubleaux. Clefs de voûte (Bon-Pasteur avec sa houlette et ses brebis, Ste Catherine et sa roue, seigneur avec cuirasse et cuissards, écusson de France). — Contrefort sur le flanc sud aux armes des de Goth — Façade masquée par un porche. — Clocher à crochets et à pinacles. — Longueur de l'édifice 25 m. 50 × 17 m. 50 de largeur. — Croix de cimetière sculptée (xiii⁰ s.), devant l'égl.

*Bibl.* Durand, *C. R. des M. H.*, 1851, p. 8, t. XII.


# T


**TABANAC** (N.-D.). Cant. Créon. — Egl. 1874. — Sarcophage, vi⁰ s., auj. au Musée des Antiques à Bx.

Qq. vestiges de l'anc. chât. de Renon. — Maison à tourelles, le Carmelet, xvii⁰ s. — Mais. noble du Luc.

**TAILLAN (LE)** (St-Hilaire). Cant. Blanquefort. — Egl. 1860.

Chât. du Taillan, xvii⁰ s.

**TAILLECAVAT** (N.-D.). Cant. Monségur. — Intéress. égl. rom. — Nef, 8 m. 80 de larg., 8 m. 60 de h.; mur de flanc sud de 1 m. 50 d'épaiss. — Bas-côté nord xvi⁰ s. Sur les 2 faces latérales du bas-côté et sur la face nord, amorces de voûtes à nervures pénétrantes. — Dans partie ouest de la nef au sud, 2 piliers à colonne engagée ont des chapiteaux godronnés, puis un ressaut élargissant la nef de 0 m. 93 et un autre la rétrécissant de 0 m 10. Contreforts rom.; au nord contreforts gothiq. puissants (1 m. 07 sur 1 m. 39). Fenêtres rom. (une au moins bouchée au sud) haut placées, appui intér. très ébrasé; fenêtres gothiq. ébrasées des 2 côtés. Fenêtre de l'est remaniée. — Porte ouest gothiq. — Au sud, porte et porche. — Clocher-arcade à 1 et 4 baies. — Cloche. 1808, avec longue inscription.

Station préhistorique. — Qq. vestiges du chât. démoli en 1790.

**TALENCE** (N.-D. des Douleurs). Banlieue de Bx. — Centre d'un pèlerinage à une statue de N.-D. des Douleurs ou de Rama, xv⁰ s. — Egl. 1837-47.

Chât. de Thouars, restauré, — de Cholet, xviii⁰ s., — de Peixoto, pavillon constr. par Louis. — du Prince-Noir, fin xv⁰ s. — Raba, v. 1783 —, de Talence.

**TARGON** (St-Romain). Canton. — Egl. rom. fin xii⁰, xiii⁰ s. — Sanctuaire carré, 4 colonnes rom., 4 fenêtres ornées de colonnettes aux angles extér. — Riche encadrement du portail, entre autres figures (femme au crapaud, Adorat. des Mages). — Clocher-carré au nord-ouest, le plus curieux de la Gironde, xvi⁰ s., étage supér. 1673, fortifié, appuyé de contreforts obliques et d'une tourelle sur face nord. — Sacristie xviii⁰ s. — Cloche 1517, proven. de Toutigeac. — Inscription 1623. — Grand Christ, xvi⁰ s., restauré 1897.

Restes de l'ancienne Eglise St-Genès de Toutigeac.

*Bibl*. Rabanis et Lapouyade, *C. R. des M. H.* 1847, 13.
2 chapiteaux.
Dans le bourg, vieilles maisons. — A Pey-Faure, maison
XVI<sup>e</sup> s. — Camp romain de l'Houstau-Nau.

**TARNES** (St-Martin). Cant. Fronsac. — Anc. clocher-
arcade devenu tour par adjonction de 3 côtés. — Porche
au sud.

**TAURIAC** (St-Etienne). Cant. Bourg. — Egl. rom. assez
intéress. — Abside ronde au-dedans, polygonale au-dehors,
gros contreforts. Fenêtres inégales et dissemblables. A l'est,
arc de décharge encadrant à l'extér. la fenêtre. — Sur un
chapiteau de la nef, tailloir fait d'un bandeau et de 7 tores
superposés. — Joli portail rom. à arcatures nues, 2 portes
feintes. A l'extrados de la plus grande voussure, archivolte
relevée de petits motifs. Dans l'une des fausses portes, tympan décoré (Agneau portant la croix avec des oiseaux, rinceaux, monstres dont la queue se termine par un enroule-
ment); dans l'autre, incomplet et délabré, guerrier à cheval
foulant un captif. 2 chapiteaux gallo-rom., marbre. Sur un
chapiteau (martyre de St Etienne); sur un tailloir (2 quadrupèdes se poursuivant). Au-dessus du cordon de la porte,
au 1<sup>er</sup> étage, galerie figurée. Corniche de cette façade à bâtons brisés. — Croix de Bichet, à un carrefour, à 5 ou 600 m.
au nord de l'égl., 1588.
*Bibl*. Daleau, *Bull. Soc. arch.* 1898-99, 207-08, 1 pl. —
L. Drouyn, *Notes archéol.* 47, 275-80.
Fontaine des Fées ou Fons Galline. — Légende (Daleau,
*Soc, Archéol.*, IV, 17-18).
A côté de l'égl. vieilles maisons. — Chât. de Labarde
XVI<sup>e</sup> s. — de Macô, XVI<sup>e</sup> s., traces de fortifications — du
Piat, XVIII<sup>e</sup> s. — A la Louse, fuië intéress.

**TAYAC** (N.-D.) Cant. Lussac. — Egl. rom. XII<sup>e</sup> s. — Porte
ouest refaite XVI<sup>e</sup> s., restes de corbeaux de l'anc. porte rom.
— Clocher carré également refait et crénelé, XVI<sup>e</sup> s. — Corbeaux de la corniche (lion contourné, 2 personnages enlacés,
femme nue dans une position indécente).
Station gauloise découv. 1893.

**TEICH (LE)** (St-André). Cant. La Teste. — Egl. 1923-24.
A Lamothe, fort intéress. station préhistoriq. et gallo-
rom. récemment découverte. — par le Dr. Peyneau, 1915-20
Chât. de Ruat.

**TEMPLE (LE)** (St-Sauveur). Cant. Castelnau. — Inscription 1370. — Pierre tombale dans le cimet., avec croix, longue
épée et évangile sur le couvercle. — Pierre tombale de jeune
chevalier, XIV<sup>e</sup> ou XV<sup>e</sup> s., encastrée dans le socle d'une
croix érigée 1823. — Clôche 1664. — Dévotion à St Clair.
Station préhistorique de l'âge de la pierre polie.

**TERRE (Ste-)** (N.-D.). Cant. Castillon. — Egl. XII<sup>e</sup>, XIII<sup>e</sup> s.
XV<sup>e</sup> s., jadis fortifiée. — Coupole découronnée sous le clocher, à la

croisée du transept. — Porte ouest surmontée d'un arc en accolade. — Façade refaite xvie s. — 2 bas-côtés (1781).

**TESTE (LA)** (St-Vincent). Canton. — Anc. chapelle cas trale des captaux de Buch, agrandie xixe s. — Cloche 1734. — Fontaine et dévotion à St Jean, 24 juin.

*Bibl.* Gustave Labat — Le vieux La Teste et le château des Captaux de Buch 1900; comte de Sarrau, *Aquitaine* 1911, 562, 581, 601.

Tumulus de la dune du Grand Baron.— Au cimet., qq. vestiges du chât. fort du captal de Buch.

**TEUILLAC** (St-Pierre). Cant. Bourg. — Egl. rom. avec abside et ruines d'une absidiole nord; elle devait au xie s. avoir 3 absides. — Bas-côté nord ajouté. — Porte et façade unie goth. xive s. — Clocher carré à un étage.

Vieille fuie au chât. moderne de Peychaud.

**THIL (LE)** (St-Hilaire). Comm. Masseilles. « Le type de l'égl. bazadaise réduite à sa plus simple expression » (Brutails). — Pas de sacristie. — Fonts octogonaux 1755.

**THOUMEYRAGUES** (N.-D.). Comm. Les Lèves. — Egl. rom. dont il ne reste qu'une partie; bas-côté nord xiiie s.

Chât. de Beaulieu, xive, xve s., dégradé. — de La Beauze, xviie s., gravement endommagé, 1718.

**TIZAC-DE-CURTON** (N.-D.). Cant. Branne. — Jolie égl. rom., au chevet rectang. soigné, avec voûte gothiq. mais à butées rom. — Murs de 1 m. 25 d'épaiss.— Porche, l'un des plus anc. de la Gironde.

Près de l'égl., vieux moulin de La Brède.

**TIZAC-DE-GALGON** (St-Pierre). Cant. Guîtres. — Egl. rom. très restaurée, 1877. — Bas-côté sud très étroit xvie s. — 2 cloches, 1506? et 1780.

*Bibl.* L. Drouyn, *T. de G.*, étude histor. in-8, 1875.

Au sud-ouest de l'égl., chât. de La Taste, xviie s. — La Motte Lambreville, butte de 6 m. de haut. — Anc. mais. noble de Taillefer, xvie et xviiie s.

**TOULENNE** (St-Saturnin). Cant. Langon. — Egl. anc. rebâtie en partie, 1823. — Chaire sculptée, xvie s. prov. des Carmes de Langon; l'abbé Lacave dit des Ursulines.

A La Gravière, mosaïques et puits romains.

**TOURNE (LE)** (St-Etienne). Cant. Créon. — Egl. 1876, clocher 1895. — Cloches, 1598 et 1767. — **Statue en bois**, xiiie s. — Restes de l'anc. égl. rom.

Moulin du Pic, xive s. — Au bourg, maison 1687.

**TOURTIRAC** (St-Pierre-ès-liens). Comm. Gardegan. — Petite égl. rom. intéress. jadis fortifiée, refaite partiellement 1607, d'après inscript. sur murs latéraux du chevet. — Abside en cul-de-four. Arc plein cintre séparant chœur de la nef lambrissée; il retombe sur double colonne aux chapiteaux décorés (feuillages), tailloirs à bâtons brisés. — Faux transept supportant une coupole isolée et un clocher carré. Escalier desservant les voûtes partant d'une certaine hauteur au-dessus du sol. — Façade ouest avec porte à 4 voussures, 2 portes feintes, corniche à dents-de-scie. — Cloche 1741

**TRAZITS** (St-Christophe). Comm. Gajac. — Petite égl. gothiq., très remaniée 1833. — Chevet polygonal, lambrissé, mais destiné à être voûté car il y a des colonnes engagées aux angles intér., des formerets et des contreforts saillants. — Cloche xve s., peut-être la plus anc. en Gironde, avec inscript. en majuscules gothiq. — Dévotion à St Blaise, 3 février, pour maux de gorge.

**TRELODY** (St-). Comm. Lesparre. — Egl. reconstr. 1858.

**TRESSES** (St-Pierre). Cant. Carbon-Blanc. — Egl. reconstr. 1858, mais anc. clocher fortifié, xiiie s. — **Bénitier** 1609, avec armoiries.
*Bibl.* de Castelnau d'Essenault, *C. R. des M. H.*, 1866, 55-67. 4 plans du clocher.

**TROJAN** (St-). Cant. Bourg. — Egl. rom. bas-côté ajouté. — Fenêtre percée dans un contrefort de l'abside.

**TUZAN** (LE) (St-Jean). Cant. St-Symphorien. — Egl. 1867. — Roue garnie de clochettes, appelée la Gloria ou le Réveillon, sonnée à Noël, les Jeudi et Samedi Saints, la veille de la Pentecôte. 1620.

# U

**UZESTE** (N.-D.). Cant Villandraut. — Anc. **égl. collégiale** (xiie, xiiie, xive s.), Centre d'un pèlerinage au Moyen-âge. Consacrée (1313). — Portail sud (xive s.) avec tympan mutilé (couronnement de la Vierge, placée entre 2 anges). Rosace (fin xiiie s.). Sur même face sud cadran solaire un peu perfectionné. — Portail ouest, moderne. — Portail nord rom. — Clocher carré de 52 m. (xve s.) à l'angle nord-est. Son rez-de-chaussée est un couloir. 2 étages avec chacun balustrade carrée, et flèche octogonale un peu grêle pour sa base. Au 1er étage, salle du trésor. — Nef et 2 bas-côtés voûtés de voûtes sexpartites. Fenêtres de la nef très petites et haut placées. 12 piliers, alternativement robustes et fluets, formés de 6 ou 8 colonnes engagées. Contreforts peu saillants. — Déambulatoire sur lequel s'ouvrent 3 chapelles à forme trapézoïdale et à fenêtres à meneaux de style flamboyant, couvert, ainsi que les chapelles, de voûtes sexpartites. — Abside à 5 pans coupés (xive s.), couronnée avec le chœur d'une balustrade sous laquelle se détachent des arcs-boutants. — Au centre de l'abside, **tombeau** du pape Clément V vide de ses ossements depuis 1572, (terminé 1359), avec statue gisante du pontife en marbre blanc; tête mutilée par les Huguenots; épitaphe en lettres gothiq. gravées en creux.— Dans déambulatoire, dalle funéraire avec figure gravée de chevalier (xiiie s.).— Dans bas-côté nord, jolie statue d'évêque bénissant (début xiiie s.).— **Statue** de la Vierge, à grain fin, de 1 m. 50 de haut, socle compris (xive s.) restaurée par le curé Brun (xxe s.).

*Bibl.* de Lamothe et L. Drouyn, *Choix de types*, etc.— *C. R. des M. H.* IX, 1848, p. 20 avec tombeau de Clément V; XI, 1851, p. 8-9, avec plan par Duphot, et vue de l'abside; XIII, 1852, p. 63, avec autre vue de l'abside, et coupe de l'égl.— de Laurière et Eug. Muntz, dans *Mém. Soc. Antiq, de France*, X, 5e série, 1887, p. 275.— Dr Berchon, abbé Brun, Brutails, dans *Bull. Soc. archéol.* XVIII, 1893, 1-15 avec 7 pl.—Brutails, *V. Egl.* 118-121, avec plan, vue de l'intér., vue prise du nord-est.— Piganeau, *Soc. arch.*, 1913, 128-34.

Qq. vestiges du vieux chât. d'Illon, sur le Ciron.— Maisons xve s., près de l'égl.

<h1 style="text-align:center">V</h1>

**VALEYRAC** (N.-D.). Cant. Lesparre. —Egl. v. 1850.

**VAYRES** (St-Jean). Cant. Libourne.. — Egl. rom. très restaurée, 1849 et 1870.

Beau chât., donjon carré xixe s., remanié fin xvie s., assiégé 1649; façade nord xviie s. Henri IV y logea; de même a duchesse d'Angoulême, 1823.

**VENDAYS** (St-Seurin) Cant. Lesparre. — Vaste égl. 1866.

A la Pinasse, station préhistor. — Traces de voie romaine, le chemin de la Reine.

**VENSAC** (St-Pierre). Cant. St-Vivien. —Egl. rom. à 7 pans, très restaurée, v. 1850.

Mais. noble de Tastes, 3 tours à créneaux, douves.

**VERAC** (St-Cibard). Cant. Fronsac. — Egl. rom. xiie s. — Abside décorée d'arcatures, colonnes engagées. Les grands arcs sont à ogives surbaissées. — Nef lambrissée, restaurée 1727; étroites fenêtres ébrasées à l'intér. — Porche masquant porte, restauré 1828. — Sur façade ouest, corbeaux à figures fantastiq.— Clocher carré, partie supér. d'un autre appareil que le bas. — Dévotion à N.-D. de Bon-Secours, 24 mai.

Tour de Vérac, anc. moulin exhaussé 1776.

*Bibl.* Armes préhistoriques découvertes, 1710, 1776, 1836. P· Trial, *Société Archéologique de Bordeaux*, t, XXXIX 1923, 59-63.

**VERDELAIS** (N.-D.). Comm. Aubiac, cant. St-Macaire. — Egl. 1384, incendiée par les Huguenots 1562, relevée 1609. De cette dern. époque datent façade, transept, chœur, sacristie, tribunes et galeries du fond. Du xixe s., voûte du milieu et galeries depuis le transept, chapelles, bas-côtés, 1864, clocher, incendié 1870, refait 1872. — Le plus célèbre des pèlerinages de la Gironde. — Basilique mineure, 1924. — Calvaire 1856-69, restauré 1910-11. — **Statue** miraculeuse de la V. avec l'Enf. Jésus, bois, xiiie s., couronnée 1856.

*Bibl.* P. Proust, célestin, *Guide des pèlerins à V.* 1678, plus. édit. — abbé O'Reilly, *H. de V.* Bazas, 1840) — Chan. Gaussens, *V. pittoresque et religieux*, Bx. 1885. — Ph. Gobillot, *N.-D. de V.*, 1926.

**VERTHEUIL** (St-Pierre). Cant. Pauillac. — Anc. **égl. abbatiale** de Chan. rég. de St-Augustin.— Egl. rom. comprenant nef, 2 bas-côtés, déambulatoire sur leq. s'ouvrent 3 chapelles. Dévastée par les Huguenots (1572), restaurée à plus. reprises (xixe s.). — Porte rom. de style saintongeais sur façade sud du bas-côté, à l'extrémité ouest, remaniée (xve s.), mutilée (xviie s., xviiie s.). Voussures richement décorées (personnages, plantes, file de bonshommes se tenant par la barbe). — 2 clochers, seul celui du nord fort intéressant, il a 2 étages, le 1er quadrilatère, orné de colonnes engagées reposant sur des culs-de-lampe, le 2e octogonal, à fenêtres cintrées, découronné.— Nef de 40 m. 30 de long à voûtes en pierre à nervures ogivales (fin xve s.) — Bas-côté sud à 3 voûtes ogivales; bas-côté nord, à voûtes modernes de même style. Ces voûtes remplaçaient un compromis de voûtement entre la voûte d'arêtes et la coupole. Une clef porte une fleur de lys.— 3 piliers à l'ouest, plus anciens, ont une sculpture riche et très belle (personnages et scènes); chapiteaux des autres piliers, plus monotones et plus pauvres (feuillages stylisés). — Déambulatoire séparé de la nef et des bas-côtés par 6 piliers composés de 4 colonnes. Il est divisé en 7 travées trapézoïdales par des arcs transversaux en plein cintre, voûté en berceau rampant en forme de demi-tronc de cône. — Dans paroi nord du chœur, **encorbellement** de style gothiq., pierre (fin xve ou xvie s.), d'abord support d'orgue, puis tribune (xviiie s.). — Chapelle centrale, carrée, avec voûte demi-cylindrique; les 2 autres, semi-circulaires et voûtées en quart de sphère. Toutes 3 exhaussées et fortifiées (xvie s.).— **Stalles** curieuses (xve s.). — **Lutrin**, bois (xve s.). — **Fonts baptismaux** pédiculés, pierre (xve s.).— Vieille croix dans le cimetière. — Restes voisins au nord des bâtiments claustraux, reconstr. (xviiie s.), salle capitulaire.

*Bibl. C. R. des' M. H.* 1848, 17-18, avec plan et coupe en long. — Brutails, *V. Egl.* 121-24, avec plan, porte, tribune, coupe en travers, clocher, chapiteaux, corbeaux.

Tumulus. — Chât. de Vertheuil, xie, xiiie s., assiégé 1592. — Vestiges du vieux chât. de Reysson.

**VIGNONET** (St-Brice). Cant. Castillon. — Egl. rom. xiie s. en moyen appareil à joints, fin et très beau, remaniée. —

Bas-côté xviiie s. — Chevet plat au dehors, rond en dedans.
— Fenêtres de la nef haut placées pour la défense.
Tumulus de La Motte.

**VILLAGRAINS** (St-J. Bapt.). Comm. Cabanac. — Egl.
1878. — Chapiteaux de l'anc. égl. abandonnés au dehors
(cf. Brutails *Album*, pl. 4). — Cloche 1544. — Fontaine de
dévotion St-Jean.

**VILLANDRAUT** (St-Martin). Canton. — Egl. 1866.
Imposantes **ruines du chât. fortifié**, constr. par Clément V.
endommagé par les Huguenots, 1572, assiégé par le maréchal
de Matignon 1592. 6 tours saillantes de 27 m. de haut. —
Au bourg, fontaine du pape Clément, recouverte d'une voûte
gothiq.

**VILLEGOUGE** (St-Pierre). Cant. Fronsac. — Egl. rom.
xie s., restaurée 1880 et 1890. — **Porte** xve s. d'aspect rom.,
5 voussures en arc brisé, courtes colonnes aux chapiteaux
énormes très dégradés (figures grotesques, entrelacs) et aux
bases polygonales. Vaste porche. — Nef 4 travées, 4 fenêtres
au sud, 14 m. 25 sur 4 m. 70. Chapiteaux des colonnes des
arcs doubleaux décorés de feuillages. Les 2 premières travées
à l'est voûtées d'ogives surbaissées, fin xiie s., les autres,
primitivement aussi en ogives, ont perdu leur lambris en
1890. Contreforts sud anciens. — Clocher carré au nord de la
dernière travée à l'ouest. — Confessionnal, chêne sculpté,
du Fr. Eusèbe, Passionniste, v. 1880.

**VILLEMARTIN** (St-Jean). Comm. Mouliets. — **Egl. templière** (fin xiie s.), **ruinée**. — Nef à chevet droit ni voûtée ni lambrissée; sa charpente est effondrée; 6 m. de large; murs de
1 m. 15 d'épaisseur. La travée qui formait le chœur avait des
voûtes à nervures, auj. tombées, reposant aux 4 angles sur
2 colonnes jumelles; l'une des 2 colonnes s'arrête à mi-hauteur
sur un cul-de-lampe à têtes humaines (roi, reine, évêque,
diable à grande bouche, grandes dents et oreilles), 3 fenêtres
éclairent cette travée. 2 autres fenêtres, l'une au nord, l'autre
au sud. — A l'extér., rangée de corbeaux tout autour de
l'égl. à une hauteur de 2 m. 33. — Porte principale au sud
de la 1re travée, à 3 arcs nus en retrait dont le plus étroit,
septilobé; le plus extérieur, orné de 2 rangs de dents-de-
loup. Ce dernier retombe sur les pieds-droits; les autres sur
6 colonnettes, 3 de chaque côté, avec chapiteaux (feuilles,
homme agenouillé soutenant le tailloir de sa tête et de ses
mains, feuilles d'acanthe, tête humaine barbue). — Clocher-
arcade à 2 baies cintrées sur la façade ouest. — Crédence
dans le mur du côté de l'Epître et, en face, armoire géminée
dans la muraille. — Litre aux armes des Durfort-Duras —
On projetait de vendre ces ruines (1920). On les a classées
(1920).
*Bibl.* L. Drouyn, *Var. gir.* II, 304-07, avec eau-forte du
clocher et du portail sud, et dessins de chapiteaux.

**VILLENAVE-DE-RIONS** (St-Martin). Cant. Cadillac. — Egl. XIX⁰ s.

A Doule, qq. murailles d'un vieux chât.

**VILLENAVE-D'ORNON** (St-Martin). Cant. Pessac. — Egl. rom. (XII⁰ s.), remaniée. — Belle abside rom. (XII⁰ s.) en appareil soigné, voûtée en cul-de-four. A l'extér., divisée verticalement en 3 pans par 2 colonnes engagées aux curieux chapiteaux, horizontalement par un cordon mouluré. à hauteur de l'appui des fenêtres, en un soubassement et un étage. Fenêtres, à l'étage, richement encadrées, à l'extér. et à l'intér., de chapiteaux bizarres (serpents, oiseaux, astéries). Corniche soutenue par corbeaux (ornements variés, animaux, divers personnages, un jouant d'un flageolet, un autre portant un tonneau). Chapiteaux des piliers intérieurs (entrelacs, feuillages, cercles, étoiles, losanges). — Chœur devenu le carré d'un transept, voûté d'un berceau brisé élevé, avec colonnes engagées aux 4 angles (XII⁰ s.). — Bras du transept voûtés, d'ogives (fin XVI⁰ s. ou XVII⁰ s.). — Nef et bas-côtés couverts de fausses-voûtes. Mur du bas-côté nord roman, conservant une vieille fenêtre. Contreforts du mur sud, de la période goth., porte percée de ce côté (XVII⁰ s.).— Clocher carré à toit plat à l'angle sud-ouest. — Dans la chapelle du transept nord, au bas de l'autel, **panneau** en pierre sculpté et peint (St-J.-Bapt. et la Vierge, puis le Christ en croix avec sa mère et St Jean l'Evangél., enfin St Martin et son manteau (XV⁰ s.). — Autre panneau en pierre sculptée (Christ en croix et la Vierge) encastré dans la muraille. — Chapiteau (XII⁰ s.) dans le jardin de la cure.

*Bibl.* Brutails, *V. Egl.* 125-26, avec plan, vue de l'abside. chapiteaux. — Rebsomen, *La Garonne...* 279-80.

Peut-être anc. bastide. — Restes de dolmens à Sarcignan. — **d'aqueduc romain** à Madères, au moulin de Vayres. — Chât. de Sallegourde, XVI⁰ s. — de Courrejean, XVIII⁰ s. — de Carbonnieux, XVII⁰ s., belle cheminée. — Au chât. de Geneste, puits Renaiss.

**VILLENEUVE** (St-Vincent). Cant. Bourg. — Egl. rom. — Abside et 2 absidioles tangentes à l'abside. Nef, bas-côté, absidiole sud XIX⁰ s. dans le style XIII⁰ s. — Robuste, mais élégant clocher gothiq. sur bras nord du transept. Pour le consolider, on a garni son rez-de-chaussée de vigoureuses ogives, au profil épais, XIII⁰ s. 2 fenêtres gothiq. sur chacune de ses faces. — **Bénitier, marbre** antique. — **Cloche** 1491.— Tombes, pierre, autour de l'égl., sur l'une, date MCLXXI.

Chât. de Barbe, reconstr. un peu av. 1789. — Anc. mais. nobles d'Escalette et de Mendoce.

**VINCENT-DE-PERTIGNAS** (St-). Cant. Pujols. — Egl. très curieuse d'origine rom. XII⁰ s. — A l'ouest, superbe porte rom. à voussures et à chapiteaux historiés (Présentation, St Michel et le dragon, Centaure) — Nef, 6 m. 74 de large × 8 m. de haut; murs de 1 m. 19 d'épaiss., jadis lambrissée, ayant auj. voûte gothiq. dont les formerets cachent en partie les fenêtres très hautes. Au-dessous de cette voûte, on voit sur le pignon ouest les amorces d'une voûte plein-cintre. — Charpente 1755. — Bas-côté de 4 travées au nord, voûté à la française, début xvi<sup>e</sup> s.; fenêtres ogivales à meneaux flamboyants. — Chapelle de St-Jean-Bapt. 1738, de St-Michel 1767. — Avant-chœur voûté d'une coupole byzantine reposant sur arcs plein-cintre, eux-mêmes portés par 4 énormes piliers cantonnés de colonnes engagées, 8 chapiteaux dont 4 historiés (sacrifice d'Abraham, chute d'Adam et Eve, serpent et centaure décochant des flèches contre 2 oiseaux à tête de femme, homme renversé dormant sous un arbre et accosté d'un ange et d'un monstre), 2 sans ornementation, le 7<sup>e</sup> à tiges avec pommes de pin à leur extrémité, le 8<sup>e</sup> à feuilles d'acanthe. Coupole surmontée d'un clocher carré et fortifié à 2 étages, l'infér. xiv<sup>e</sup> s., le supér. refait v. fin xvii<sup>e</sup> s. Porte dans la paroi est de la nef, en haut et à dr., à laq. on accédait par une échelle et qui permettait de se réfugier dans le clocher. Auj. on monte à ce clocher par un escalier logé à l'intér. et dans l'angle de la nef, fait après coup et obstruant une partie de la porte supér. dont le chanfrein file derrière cette maçonnerie ajoutée. — Chœur, très court, plus étroit que la nef. — Sacristie transportée du nord à l'est, 1728.

*Bibl.* de Lalande, *C. R. des M. H.* 1851, 7-8. — L. Drouyn, *Var. gir.* II, 4-18, plan, chapiteaux, colonnes du portail, vue de l'égl., plan du clocher.— Brutails, *V. Egl.* porte, fig. 300, coupe en travers sur la nef, fig. 257.

Chât. de Naujan, xiv<sup>e</sup> s.— de la Nauze, xvi<sup>e</sup> s. — Mais. nobles de Berdel, xiv<sup>e</sup> s. — dè Courros, xv<sup>e</sup> s. — de La Chaux, xv<sup>e</sup> s., xviii<sup>e</sup> s. — de Roquette, fin xv<sup>e</sup> s.— du Pin, xv<sup>e</sup> xvi<sup>e</sup> s.— Vieille maison de la dîme au village de l'ucheron — Moulins du Barbier, xvi<sup>e</sup> s. — de Gamage, xv<sup>e</sup> s. —de Cantemerle, de Rieumartin, du Temple.

**VIRELADE** (N.-D.). Cant. Podensac. — Egl. 1866. Ruines du chât. de Castelmoron, xiii<sup>e</sup>, xiv<sup>e</sup> s. — Maison 1649 au bourg.

**VIRSAC** (St-Genès). Cant. St-André-de-Cubzac. — •Curieuse pet. égl. rom. très anc., maladroitement restaurée. — Nef voûtée, 5 m. 20 de larg. × 5 m. 60 de haut; murs de 0 m. 50 d'épaiss. seulement. — Croix de cimet., fer, sur colonne ionique cannelée, xviii<sup>e</sup> s.

**VIVIEN** (St-). Cant. St-Savin. — Egl. 1867. — **Croix de cimet.** xvi<sup>e</sup> ou xvii<sup>e</sup> s.

**VIVIEN-DE-BOISSAN** (St-). Cant. Monségur. — Egl. à nef rom., très large et bas-côté xvi<sup>e</sup> s.— Abside, chœur, clocher refaits. — Portail rom. au nord remanié; porte empâtée. Chapiteaux (collier de boules, lion rampant). Corniche de billettes portée par 2 colonnes engagées et des corbeaux (lion contourné, tête-de-loup rongeant un bâton, homme jouant de la lyre, personnage tenant une barrique, tête de tigre et de serpent, qui a la tête près d'une femme nue).

*Bibl.* L. Drouyn, *C. R. des M. H.* 1866, 45-46.

**VIVIEN-DE-MEDOC** (St-). Canton. — Egl. rom. jadis fortifiée, ne gardant d'anc. que sa riche et belle abside, elle-même restaurée, 1880-82. — Nef refaite v. 1850. — **Abside** à 9 compartiments verticaux, groupes de colonnes dans l'angle rentrant des pieds-droits, ceux-ci embellis d'une file horizontale de dessins courants. Horizontalement, l'abside. comprend un rez-de-chaussée, avec soubassement aveugle, 2 étages, 2 cordons richement sculptés; un autre cordon court tout le long à hauteur de l'imposte des fenêtres du 1er étage Au 1er étage, fenêtre ou arcade aveugle par pan avec archivoltes décorées; de plus, des fenêtres feintes ont un tympan historié, chose fort rare (Hérode recevant la tête du Précurseur sur un plat). Au 2e étage, 2 arcades géminées sans archivolte. A l'intér., arcatures retombant alternativement sur une colonne et une console; frise romane en haut et sur la face ouest du pied-droit de l'arc-triomphal (pèsement des âmes par saint Michel). Corniche extér. avec corbeaux séparés par des métopes. Parmi les chapiteaux intéress. (oiseaux affrontés buvant à un calice, monstre dévorant tête humaine, personnages gauchement groupés, feuillages, entrelacs); tailloirs décorés de 2 rangs de dents-de-loup. Largeur de l'abside 5 m. 85 × 5 m. 60 de profondeur.

*Bibl.* L. de Lamotthe, *C. R. des M. H.* 1848, 10-11, abside, plan. — L. Drouyn, *Notes archéol.*, 37, 217-28. — Brutails, *V. Egl.* 116-17, vue de l'abside, arcature extér. du chevet.

# Y

**YZANS** (St-) (St-Brice). Cant. Lesparre. — Egl. xixe s.

**YVRAC** (Ste-Marie). Cant. Carbon-Blanc. — Egl. rom. très remaniée à la moderne, xviiie et xixe s. — Base du clocher rom. — Fonts baptism. formés d'une cuve octogonale (dessin de L. Drouyn, *Bull. Soc. arch.* 1875, 149).

---

## PETIT GLOSSAIRE DES MOTS TECHNIQUES

**Abside** : Extrémité de l'égl., ronde ou polygonale, où se trouve l'autel.

**Acrotère** (croix) : Croix placée au sommet des pignons.

**Appareil** : Forme, taille, agencement des matériaux d'une construction.

**Arc** : Construction formée d'un segment de cercle ou d'une combinaison de plus. segments de cercle. *Arc brisé*, composé de 2 arcs de cercle; *arc en accolade*, de 4 arcs de cercle. L'arc brisé n'est pas l'apanage exclusif de l'art gothique.

**Arc-boutant** : Arc en quart de cercle, extér. à un édifice. élevé pour s'opposer à la poussée des voûtes.

**Arc-de-cloître** : Proprement coupole à 4 pans ou coupole bâtie sur plan polygonal.

**Arc triomphal** : Grand arc séparant le sanctuaire de la nef.

**Arcade** : Ensemble d'un arc et de ses pieds-droits.

**Arcature** : Série d'arcades de dimensions médiocres. *Arcature aveugle*, arcature appliquée contre une paroi.

**Archères** ou meurtrières : Fentes ou rainures verticales dans un mur, par où l'on tirait l'arbalète ou l'arc.

**Archivolte** : Ensemble des moulures concentriques d'une baie ou d'une arcade.

**Arêtes** (voûte d') : Formée par l'intersection de 2 berceaux dont les clefs sont au même niveau. Ce croisement divise la voûte en 4 quartiers ou voûtains.

**Arqué** (tombeau) : Enfeu.

**Auvent** : Petit toit en appentis.


**Barbacane** : Ouvrage de défenses bas, avancé, couvrant une porte, etc.

**Bas-côté** : Collatéral d'une nef centrale, moins élevé qu'elle.

**Bas-relief** : Sculpture ressortant en saillie médiocre sur fond de pierre, de marbre, de bois, *Haut-relief* ou *plein-relief*, saillie se détachant presque complètement.

**Bâtons brisés** : Ornement dessinant une série de chevrons tangents.

**Berceau** (voûte en) : Formée d'un arc prolongé (on dit *Berceau plein cintre*, en arc brisé, surhaussé, etc.).

**Bretèche** : Logette évidée par le bas en mâchicoulis, plaquée contre un mur au-dessus d'un point faible.


**Cantonné** : Se dit d'un pilier carré aux 4 faces ornées d'une colonne engagée ou d'un pilastre.

**Carré** ou **croisée du transept** : Travée centrale du transept, entre chœur et nef.

**Cathédrale** : Egl. siège d'un évêque.

**Chanfrein** : Biseau ou arête abattue à 45°.

**Chapiteau** : Partie du haut de la colonne, qui pose sur le fût.

**Chevet** : Partie est d'une église.

**Chœur** : Partie plus ou moins allongée de l'église entre l'abside et le transept.

**Claveaux** ou **voussoirs** : Pierres en forme de coins qui constituent un arc; leurs joints convergent vers le centre de l'arc. Voussoir se dit de préférence, quand il s'agit d'une voûte.

**Clef** : Claveau supérieur de l'arc ou de la voûte.

**Clocher-arcade** : Pan de mur ou pignon, percé de baies pour les cloches.

**Cloître** : Les 4 galeries encadrant un préau, près d'une cathédrale, collégiale ou abbaye.

**Collégiale** : Eglise desservie par des chanoines autres que ceux du Chapitre cathédral.

**Colonne** : Support de section ronde ou polygonale surmontée d'un chapiteau. *Colonne engagée* dans le mur de partie de son diamètre.

**Contrefort** : Pilier saillant engagé renforçant un mur contre
la charge ou la poussée, à l'extér. d'un édifice.
**Corbeau** : Pierre en saillie horizontale sur un parement. On
dit aussi (un peu improprement) *modillon*.
**Corniche** : Partie supérieure de l'entablement ou d'un mur
faisant saillie.
**Coupole** : Construction en forme de sphère surmontant un
édifice, ou voûte en forme demi-sphérique ou ovoïde.
**Créneau** : Echancrure rectangul. au sommet d'un mur for-
tifié.
**Crochet** : Ornement en forme de petite crosse, qui décore les
rampants d'un gâble ou les arêtes d'un clocheton.
**Croisée** : Cf. *Carré*.
**Croisée d'ogives** : Formée d'ogives en X.
**Cul-de-lampe** : Pierre en saillie en forme de cône ou pyramide
renversée.
**Cul-de-four** : Demi-coupole recouvrant une abside.

**Déambulatoires** : Bas-côtés tournants enveloppant le chœur
et l'abside. On dit aussi pourtour du chœur.
**Donjon** : Tour principale du château-fort.
**Dosseret** : Bout de mur en saillie sur un autre mur, servant
de jambage à une baie, de pied-droit à un arc.

**Doubleau** : (arc) Arc en saillie sous une voûte en berceau,
destiné à la renforcer.
**Droite** d'une égl. : Côté de l'Epître; *gauche*, côté de l'Evangile, du moins dans le langage commun.

**Ebrasement** : Ouverture d'une baie suivant un plan oblique.
**Echauguette** : Guérite pour le guetteur sur un encorbellement
ou un contrefort.
**Encorbellement** : Construction en saillie soutenue par un ou
plusieurs corbeaux.
**Entablement** : Poutre de pierre horizontale, reposant sur des
colonnes, comprenant l'architrave, la frise et la corniche.
**Extrados** : Surface convexe d'un arc ou d'une voûte.

**Fer-à-cheval** (arc en) : Plus développé que le plein-cintre.
**Flanqué** : Garni sur les flancs.
**Fresque** : Peinture à l'eau exécutée sur enduit frais.
**Fronton** : Ornement architectural, triangulaire, posé sur l'en-
tablement, couronnant la partie supérieure d'un édifice.
**Fuë** ou **Fuie** ; Petit Colombier.

**Gâble** : « Murette triangulaire dans laquelle s'emboîte un
arc » (Brutails).
**Géminé** : Double, accolé.
**Gloire** : Auréole qui enveloppe le corps entier.
**Gorge** : Moulure concave demi-ronde.
**Goutterot** (mur) : Partie haute du mur correspondant à la
gouttière, à l'égoût du toit.

**Haut-relief** : Cf. *Bas-relief.*
**Hourds** : Galeries de bois volantes.

**Imposte** : Tablette saillante posée sur le pilier ou le pied-droit et qui porte les sommiers.
**Intrados** : Surface concave d'un arc ou d'une voûte.

**Jambages** : Montants d'une baie.
**Joint** : Epaisseur de mortier unissant 2 pierrres juxtaposées, ou simple ligne formant cette juxtaposition en l'absence de mortier.

**Larmier** : Moulure saillante qui doit écarter d'un mur les eaux de pluie.
**Lierne** : Nervure rejoignant la clef de voûte au sommet des doubleaux et des formerets.
**Linteau** : Poutre de pierre horizontale reposant sur les pieds droits d'une baie.

**Mâchicoulis** : Sorte de balcon muni d'un parapet et percé à la partie inférieure d'un trou pour le jet vertical de projectiles.
**Meneau** : Montant léger de pierre, qui partage une fenêtre en plusieurs divisions.
**Métopes** : Dalles entre les corbeaux d'une corniche.
**Modillons** : Corbeaux ornés soutenant une corniche.

**Nef** : Partie de l'ég. allant du portail au chœur ou au transept.

**Ogives** : Arcs de renfort en forme d'X se croisant sous la voûte gothique. L'ogive n'a rien de commun avec l'arc brisé, à tort appelé ogive. L'ogive proprement dite a souvent, au contraire, la forme d'un plein-cintre.

**Parement** : Face visible d'une pierre ou d'un mur.
**Pendentifs** : Triangles concaves entre les 4 doubleaux qui supportent une coupole.
**Pénétrations** (voûtes à) : Se dit de 2 voûtes en berceau qui se rencontrent mais dont la flèche de l'une est plus réduite que celle de l'autre.
**Pieds-droits** : Montants verticaux qui portent l'arc.
**Pilastre** : Pilier engagé avec chapiteau, servant souvent de fond à une colonne peu distante du mur.
**Pilier** : A proprement parler, colonne carrée sans chapiteau.
**Porche** : Vestibule extér. d'une égl., constituant un abri.
**Portail** : Ou grande porte, ou aussi façade d'une église.
**Prismatiques** (moulures) : Qui donnent l'impression des arêtes d'un prisme.

**Rampants** (d'un pignon, d'un gâble) : Ses côtés obliques.
**Refend** (mur de) : Qui forme séparation dans l'intér. d'un bâtiment.
**Rempart** : Proprement levée de terre, ordinairement revêtue d'un mur.

**Remplage** : Réseau léger de pierre formant la garniture intérieure d'une baie gothique.

**Ressaut** : Brusque saillie d'une ligne d'architecture. Son contraire est le retrait.

**Rond-point** : Extrémité de l'église opposée au grand portail.

**Rosace** ou **Rose** : Grande baie circulaire.

**Rouleaux** (arc à) : Formé de plusieurs bandeaux concentriques, en retrait les uns sur les autres.

**Sommier** : Première assise de pierre horizontale sur laquelle repose un arc.

**Tailloir** : Tablette épaisse surmontant le chapiteau.

**Transept** : Nef transversale, formant croix avec la nef et les bas-côtés, donc placée entre nef et chœur; le transept comprend la croisée et les deux bras.

**Travée** : Espace entre 2 supports dans une nef.

**Triforium** : Série de percements au-dessus des grandes arcades de la nef centrale.

**Trompes** (coupole sur) : Celle où, pour racheter le carré sous la coupole, pour passer du plan carré de la salle au plan circulaire de la calotte, on inscrit un arc biais que l'on raccorde, en-dessus avec les murs de la salle, par un quart de sphère, par un demi-cône, par une petite-voûte en forme de coquille.

**Trumeau** : Pilier divisant en 2 baies la porte d'une église.

**Tympan** : Dans une porte, espace compris entre le linteau et l'arcade.

**Voussure** : Chacun des arcs concentriques formant l'archivolte d'une baie, d'une porte.

# NOTES ET OBSERVATIONS

# NOTES ET OBSERVATIONS

La Pierre Fitte, à Saint-Sulpice de Faleyrens

Jugazan. — Dolmen de Curton

Saint Martin de Sescas

Petit Palais

Castelvieil

Lalande de Fronsac

Blasimon

Saint-Emilion

Bazas

Saint-Seurin de Bordeaux

Abside de Montagne

Abside de Saint-Quentin-de-Baron

Abside de Langoiran

Abside de Soulac

Clocher de St-Emilion

Clocher de Saint-Vincent de Pertignas

Clocher de la Sauve

Clocher d'Uzeste

Chapiteaux de La Sauve (en haut)
Haux — Saint-Seurin de Bordeaux.
Sainte-Croix de Bordeaux (en bas)

Bordeaux. — Intérieur de la cathédrale St-André

Saint-Emilion — Intérieur de l'église monolithe.

Sarcophage mérovingien à Saint-Seurin de Bordeaux.

Saint-Seurin de Bordeaux. — Fonts baptismaux en bronze.

Croix de Saint-Sulpice d'Izon

Cloître des Cordeliers à Saint-Emilion

Moulin Neuf à Espiet

Moulin de Labarthe à Blasimon

Château de Roquetaillade

Château de La Brède

Château de Cadillac

Château de Lassalle à Clairac